Scriptor Praxis

MARKUS BRENK / CLAUDIA HIDDING-KALDE (Hrsg.)

Gemeinsam über Unterricht und Schule nachdenken

Reflexives Lernen und kollegiale Hospitation

Die Herausgeber
Prof. Dr. Markus Brenk ist Professor für Erziehungswissenschaft (Schulpädagogik, Didaktik der Musik) im Lehramtsstudiengang (Gymnasium, Gesamtschule) an der Hochschule für Musik in Detmold.
Dr. Claudia Hidding-Kalde ist Grundschullehrerin und Mitglied im Kompetenzteam für Lehrerfortbildung im Kreis Recklinghausen.

Die Autoren
Prof. Dr. Wilhelm Wittenbruch hatte bis zu seiner Emeritierung einen Lehrstuhl für Allgemeine Didaktik/Schulpädagogik an der Universität Münster.

Micheline Prüter-Müller war Lehrerin am Friedrichs-Gymnasium Herford, später an der Geschwister-Scholl-Gesamtschule Detmold. Sie arbeitet als Beratungslehrerin, Supervisorin und Coach und ist in der Lehrerfortbildung sowie als Hauptseminarleiterin im Studienseminar Detmold tätig.

Dr. Ulrike Kurth arbeitet als Dozentin in der Erwachsenenbildung, ist Lehrbeauftragte an der Universität Bielefeld am Institut für Pädagogische Psychologie und ist vom PAD für das Land NRW als Moderatorin für Europäische Bildungsprojekte beauftragt.

Prof. Dr. Ekkehard Mascher lehrt als Honorarprofessor an der Hochschule für Musik Detmold im Rahmen der Schulmusikausbildung Musikpädagogik und befasst sich im Center for Worldmusic der Universität Hildesheim mit einer interkulturell orientierten Musikpädagogik.

Projektleitung: Gabriele Teubner-Nicolai, Berlin
Redaktion: Doreen Wilke, Berlin
Umschlaggestaltung: Kerstin Zipfel, München
Umschlagfoto: © lightpoet-Fotolia.com
Layout/technische Umsetzung: fotosatz griesheim GmbH

www.cornelsen.de

Die Links zu externen Webseiten Dritter, die in diesem Titel angegeben sind, wurden vor Drucklegung sorgfältig auf ihre Aktualität geprüft. Der Verlag übernimmt keine Gewähr für die Aktualität und den Inhalt dieser Seiten oder solcher, die mit ihnen verlinkt sind.

1. Auflage 2013

© 2013 Cornelsen Schulverlag GmbH, Berlin

Das Werk und seine Teile sind urheberrechtlich geschützt.
Jede Nutzung in anderen als den gesetzlich zugelassenen Fällen bedarf der vorherigen schriftlichen Einwilligung des Verlages. Hinweis zu den §§ 46, 52 a UrhG: Weder das Werk noch seine Teile dürfen ohne eine solche Einwilligung eingescannt und in ein Netzwerk eingestellt werden.
Dies gilt auch für Intranets von Schulen und sonstigen Bildungseinrichtungen.

Druck: CPI – Clausen & Bosse, Leck

ISBN 978-3-589-03916-6

 Inhalt gedruckt auf säurefreiem Papier aus nachhaltiger Forstwirtschaft.

Inhalt

Vorwort 5

Einleitung *(Hidding-Kalde/Brenk)* 6

1 Der Ist-Zustand: Reflektieren in Schule und Ausbildung *(Hidding-Kalde)* . 11
1.1 Erfahrungen aus Schulpraxis und Lehrerbildung *(Prüter-Müller/Kurth)* 12
1.2 Ergebnisse der Schulforschung *(Brenk)* 26

2 Reflektieren als Grundkompetenz von Lehrpersonen *(Hidding-Kalde)* ... 29
2.1 Der subjektive Ansatz – die eigene Praxis als Lernanlass nutzen 29
2.2 Was bedeutet Reflexion? 32
2.3 Pädagogische Nachdenklichkeit und der Kreislauf von Reflexion und Aktion 37
2.4 Organisationsformen Reflexiven Lernens *(Brenk/Mascher)* 40

3 Merkmalkataloge für „guten Unterricht" und ihre Funktion in Kernbereichen „Reflexiven Lernens" *(Wittenbruch)* 48
3.1 Was Merkmalkataloge für „guten Unterricht" in Gang setzen (wollen) 48
3.2 Was „Nachdenken über Unterricht" an Vorstellungen über „guten Unterricht" freilegen kann 50
3.3 Was Lehrpersonen über Merkmalkataloge für „guten Unterricht" wissen sollten, um die Qualität ihres Unterrichts zu steigern 58

4 Unterricht beobachten und dokumentieren *(Brenk)* 66
4.1 Kollegiale Unterrichtsbesuche 66
4.2 Beobachtung von Unterricht 68

5 Unterricht nachbesprechen und verbessern *(Hidding-Kalde)* 86
5.1 Gespräche planen und strukturieren 86
5.2 Vom Betroffensein zur reflexiven Distanz 89
5.3 Unterricht im Studium nachbesprechen und verbessern *(Brenk)* 93
5.4 Unterricht im Studienseminar nachbesprechen und verbessern *(Prüter-Müller)* 97

6 Leitideen für die Reflexion gewinnen *(Brenk)* 103
6.1 Weshalb Leitideen wichtig sind 103
6.2 Richtlinien/Lehrpläne als Quelle für Leitideen 105
6.3 Schulprogramme als Quelle für Leitideen 106

7	**Unterricht mehrperspektivisch deuten – Theorie und Praxis verbinden** *(Hidding-Kalde)*	108
7.1	Reflexive Irrtümer	108
7.2	Verschiedene Perspektiven einnehmen	110
7.3	Theorie und Praxis verbinden	118
8	**Lernanlässe schaffen – an Praxisbeispielen lernen** *(Brenk)*	123
8.1	Umgang mit einer (sich nicht ereignenden) Störung im Unterricht	123
8.2	Zwei Unterrichtseinstiege	126
8.3	„Fragen"	129
8.4	Regeln im Schulalltag *(Hidding-Kalde)*	131
8.5	An einem Projekt lernen *(Kurth)*	135
8.6	Lernanlässe schaffen im Studium – Aufbau und Kontinuität von Lernsituationen mit reflexivem Charakter	142
8.7	Lernanlässe schaffen – Praxisbeispiele aus dem Studienseminar *(Prüter-Müller)*	143
9	**Eine Reflexionskultur in der Schule aufbauen** *(Hidding-Kalde)*	147
9.1	Kooperation „von unten"?	147
9.2	Die Rolle der Schulleitung	150
9.3	Mit schulexternen Beratern zusammenarbeiten	155
9.4	Verbindlichkeit und Kontinuität schaffen	157
10	**Reflexives Lernen in Studium und Referendariat** *(Brenk)*	159
10.1	Das Studium als Ort forschenden und reflexiven Lernens	160
10.2	Reflexives Lernen im Referendariat *(Prüter-Müller)*	163
11	**Zusammenfassung und Ausblick** *(Hidding-Kalde / Brenk)*	167

Nachtrag: Reflexives Lernen hat Tradition.
Historische Notizen zur „Kultur der didaktischen Reflexion" *(Wittenbruch)* 171

Literatur 185

Vorwort

Das Konzept kollegialer Praxisreflexion, das diesem Praxisband zugrunde liegt, beruht auf dem Programm „Reflexives Lernen". Dieser Ansatz wurde in den 1980er Jahren im Kontext „Ideographischer Schulforschung" an der Universität Münster durch Wilhelm Wittenbruch und Kollegen entwickelt. Die Wörter „Reflexivität" bzw. „reflexives Lernen" sind gegenwärtig zwar in aller Munde, wenn es um Grundprinzipien der Lehrerbildung, vor allem bezogen auf deren „zweite Phase", geht. Bei näherem Hinsehen auf die Bedeutung dieses Terminus zeigt sich aber, dass damit nicht unbedingt das gemeint ist, was dieser Band beabsichtigt. Die vorliegende Publikation ist vielmehr von dem Grundgedanken geleitet, dass es darum gehen muss, in allen Phasen der Lehrerbildung aus der Verknüpfung von Praxisreflexion, pädagogischen Alltagstheorien von Lehrpersonen und wissenschaftlicher Theorie zur pädagogischen Nachdenklichkeit, d. h. zur handlungsleitenden pädagogischen Urteilsfähigkeit beizutragen. Reflexives Lernen geht über den mit diesem Begriff häufig gekennzeichneten Selbstbezug von Lehrpersonen (Selbstreflexion, Selbststeuerung und Selbstmanagement) hinaus und meint eine Verankerung des pädagogischen Handelns in dem umfassenderen Kontext eines wechselseitigen Bezuges von Praxis und Theorie. Hiermit stellt sich das Programm in eine historische Reihe, die innerhalb der Lehrerbildung auf die spiralhaft gedachte Verknüpfung von theoretischer Beschäftigung mit pädagogischen Problemstellungen und reflektiertem praktischen Handeln setzt, wie sie bereits im 19. Jahrhundert in der Lehrerbildungstradition der Schüler Friedrich Herbarts ausgearbeitet wurde.

Wir danken den Mitautorinnen und Mitautoren für ihre Kooperation und kritischen Hinweise, besonders Wilhelm Wittenbruch dafür, dass er u. a. in einem Nachtrag an diese Lehrerbildungstradition erinnert, klärend auf die „Erfindung" und auf den ursprünglichen Umfang des Begriffs „Reflexives Lernen" eingeht und ihn dabei an die richtige Stelle rückt, ferner dass er das dritte Kapitel beigesteuert und die Herausgeber mit kritischem Rat unterstützt hat.

Webcode: Sie können die Kopiervorlagen aus dem Internet als pdf-Datei herunterladen. Sie finden dazu eine Zahlenkombination jeweils unten auf der Buchseite. Geben Sie diese unter www.cornelsen.de/webcodes ein. Achten Sie bitte darauf, dass beim Ausdrucken bei Seitenanpassung „In Druckbereich einpassen" aktiviert ist, damit Sie eine DIN-A4-Seite bekommen.

Detmold und Dorsten, im Juli 2013

Markus Brenk *Claudia Hidding-Kalde*

Einleitung

Claudia Hidding-Kalde und Markus Brenk

Kollegiale Reflexion von Schule und Unterricht – was ist damit gemeint?

Lehrpersonen sprechen in der Schule laufend über ihren Schulalltag: Über Ereignisse im Unterricht, über ihr Fach, über das Verhalten einzelner Schülerinnen und Schüler, über Kolleginnen und Kollegen, über Eltern. Dabei geben sie Informationen weiter, drücken Freude oder Ärger aus, treffen Absprachen oder stellen Fragen. Die Gespräche finden im Lehrerzimmer statt, auf dem Flur, im Pausenhof oder irgendwo zwischen Tür und Angel. Außer um Schule geht es oft auch um private Themen. Einen solchen kommunikativen Austausch kann man informell oder intuitiv nennen. Er findet spontan statt. Er folgt keinen festen Regeln und hat keine vorgegebenen Themen. Keinesfalls sollte man ihn für das Funktionieren einer Schule gering schätzen: Er stärkt das soziale Band zwischen den Lehrpersonen, indem er Verständnis und Anteilnahme bietet. Er dient aber auch zum Austragen von Meinungsverschiedenheiten und Konflikten. Er macht informelle Hierarchien ebenso sichtbar wie Sympathien und Antipathien im Kollegium.

Neben dem informellen Austausch gibt es im schulischen Alltag aber auch eine Reihe formalisierter Anlässe für Gespräche. Das sind namentlich die Lehrerkonferenzen, in denen vorwiegend organisatorische Fragen besprochen werden, aber auch Fachkonferenzen, Klassen- und Jahrgangsteamsitzungen, Zeugniskonferenzen, Teilkonferenzen zu bestimmten Themen, Elterngespräche, Elternabende und die Schulkonferenz. Auch in diesen Gesprächen ist der Schulalltag ein ständiges Thema. Sie sind, von Elterngesprächen einmal abgesehen, meist streng geregelt. Typischerweise müssen die Teilnehmer Tagesordnungen abarbeiten und Beschlüsse fassen.

Das eigene Handeln in den Blick nehmen

All diese informellen und formellen Wortwechsel, Gespräche und Diskussionen beschäftigen sich mit einzelnen Aspekten des Unterrichts und des sonstigen Schullebens: Die Fachkonferenz hat Fragen eines bestimmten Unterrichtsfachs zum Gegenstand, bei der Zeugniskonferenz geht es um die Leistungen, die die Schülerinnen und Schüler erbracht haben, usw. Doch wo und wann besteht für Lehrpersonen die Gelegenheit, im kollegialen Gespräch die unterschiedlichen Perspektiven zu bündeln und das eigene berufliche Handeln als Ganzes in den Blick zu nehmen? Wo gibt es Foren, in denen sie sich über ihren Unterricht und über pädagogische Fragen austauschen können? In diesem Buch geht es um eine Form des Lehrergesprächs, die sich inzwischen mehr und mehr verbreitet, nämlich um die kollegiale Praxisreflexion. Ganz allgemein und vereinfacht gesagt, meint diese Wortschöpfung, dass Lehrpersonen über ihre Schulpraxis nachdenken und über sie sprechen mit dem Ziel, die Praxis zu verbessern. Schulpraxis ist dabei vor allem, aber nicht ausschließlich, der Unterricht als Zentrum des Schullebens.

Eine solche Reflexion – verstanden im alltagssprachlichen Sinn als genaues und zielgerichtetes Nachdenken – steht nicht isoliert, sondern ist in einen zyklischen Ablauf eingebettet: Ihr geht die genaue Beobachtung und Dokumentation des schulischen Alltags voraus, beispielsweise einer Unterrichtsstunde oder eines anderen Ereignisses des Schullebens. Die Reflexion hat aber auch Folgen, wenn die beteiligten Lehrpersonen aufgrund ihrer gewonnenen Einsichten beginnen, ihre Praxis neu zu gestalten. Dabei geht es nicht um revolutionäre Neuerungen, sondern um das kontinuierliche Überprüfen und Justieren des eigenen beruflichen Handelns, um das Gewinnen von Urteils- und Entscheidungskraft, um das Einüben einer Grundhaltung der „pädagogischen Nachdenklichkeit".

Kontinuierliches Überprüfen und Justieren des Handelns

Die Praxisreflexion, wie wir sie in diesem Buch verstehen, dient damit der Entwicklung von Unterricht und Schule. Sie soll als Strategie verstanden werden, den eigenen Berufsalltag zu erforschen, zu verstehen und zu verbessern. Dadurch sollen Lehrpersonen befähigt werden, ihre Schule bewusst als pädagogischen Raum wahrzunehmen und auszugestalten. Wenn diese nicht allein reflektieren, sondern die Möglichkeiten gemeinsamer Arbeit nutzen, kann man dies „Kollegiale Reflexion der Schulpraxis" nennen.

Ein pädagogischer „Reflexionsansatz"

Die Reflexion der Berufspraxis ist ein Thema, das nicht nur auf das Berufsfeld Schule beschränkt ist. Man kennt sie in vielen Gebieten, beispielsweise in der sozialen Arbeit oder im Gesundheitswesen, aber auch in der Wirtschaft. Dementsprechend existiert eine Vielzahl unterschiedlicher Ansätze, Begründungen und praktizierter Formen. Für Schulleitungen ist beispielsweise die Supervision vorgesehen, die in der psychotherapeutischen Ausbildung und in der Sozialarbeit wurzelt. Andere Lehrkräfte können diese allerdings in der Regel nur auf privater Basis nutzen. An manchen Schulen werden verschiedene Konzepte der kollegialen Fallberatung (auch Intervision genannt) und der Organisationsentwicklung praktiziert. Eher im medizinischen Bereich findet man Praktiker, die nach der Balint-Methode arbeiten, einem psychoanalytischen Gruppensupervisionsmodell. In Wirtschaftsunternehmen kennt man den schillernden Begriff des „Coaching", hinter dem sich meist Beratungsformen für Führungskräfte verbergen. Dieses Modell hat inzwischen in adaptierter Form Eingang in die Lehrerausbildung gefunden. All diese Ansätze fächern sich noch in die verschiedensten Spielarten aus, sodass allgemeingültige Definitionen fast nicht möglich sind.

kollegiale Reflexion als genuin pädagogischer Ansatz

In diesem Buch soll mit der gemeinsamen, der kollegialen Reflexion der Schulpraxis ein genuin pädagogischer Ansatz vorgestellt werden, das eigene Handeln der Lehrperson zu erforschen und zu reflektieren. Er kann sich auf eine reichhaltige Kultur didaktischer Reflexion berufen (siehe WITTENBRUCH/ WERRES 1992). In seinem Zentrum steht die pädagogische Unterrichtsentwicklung. Den Unterricht sehen wir als Kernaufgabe der Schule, auf die das professionelle Augenmerk in besonderer Weise zu richten ist. Damit grenzt sich unser Verständnis der kollegialen Reflexion von anderen Reflexionsformen der Praxis ab, und zwar sowohl was den Gegenstand der Reflexion als auch das methodische Vorgehen betrifft. Anders als beispielsweise die Supervision zielen wir weniger darauf ab, das subjektive Befinden der Lehrperson und ihre Stellung im sozialen Gefüge der Schule in den Blick zu nehmen. Das bedeutet zwar nicht, dass die sozialen Beziehungen der Lehrpersonen untereinander und zu Schülerinnen und Schülern, Eltern usw. ausgeblendet werden. Doch soll sich die kollegiale Reflexion in erster Linie dem pädagogischen Geschehen und seiner Veränderung durch Reflexion widmen. Anders als die kollegiale Fallberatung will die Praxisreflexion im hier verstandenen Sinn nicht (in erster Linie) den pathologischen Fall bearbeiten, sondern auch und gerade alltägliche, unauffällige Ereignisse als Lernanlass nutzen. Sie dient nicht als „Feuerwehr" in kritischen Situationen, sondern als kontinuierlicher Begleiter. Mit diesen Markierungen soll allerdings keinesfalls die Berechtigung oder der Wert anderer Reflexionsformen bestritten werden. Vielmehr geht es nur um eine Abgrenzung, die Missverständnissen und falschen Erwartungen vorbeugen soll.

Reflexivität als Lehrerkompetenz

In diesem Zusammenhang ist eine weitere Grenze zu ziehen: Reflexivität als Lehrerkompetenz ist noch kein freiwilliges reflexives Lernen. Wenn in diesem Buch von Unterrichtshospitationen und Unterrichtsbesprechungen die Rede ist, meinen wir damit das gemeinsame reflexive Lernen von „gleichgestellten" Lehrpersonen, nicht so sehr Lehrproben oder Schulinspektionen. Letztere nutzen zwar auch das Instrument der Unterrichtsbeobachtung, sie dienen aber in erster Linie der Kontrolle und Beurteilung, weniger dem fachlichen Austausch (siehe dazu näher Abschnitt 9.2). Dennoch wird hier auch der Umgang der Ausbildungsseminare mit Lehrproben thematisiert.

In welchen Kontexten das gemeinsame Reflektieren über Schule und Unterricht eine Rolle spielen kann, zeigt die folgende Matrix:

Kollegiale Reflexion von Schule und Unterricht	im Studium	im Referendariat	im Lehrerkollegium/in der Fachgruppe	in „administrativen Qualifizierungsvorgängen
Situationen/ Anlässe	U-Hospitation (4.1), Fallanalyse (6; 8.6), U-Simulation (8.6), Praxisforschung (2.1), Beteiligung an Schulforschungsprojekten (10.1)	U-Hospitation (1.1.2), U-Besuch (4.1), U-Versuch (1.1), Fallanalyse (5.4; 8.7), U-Simulation (3.3)	Koll. U-Hospitation in Fachgruppe und Stufe (3.1), Schulprogrammarbeit (1.2), Praxisforschung/ Qualitätssicherung an der Einzelschule (2)	Regelbesichtigung (1.1.1), Schulinspektion (3)
Organisationsformen	(Forschungs-)Seminare (10.1), Tages- und Blockpraktika (8.6), Praxissemester (10.1), Accompagnato (2.4.2)	Kern- und Fachseminar (5.4), Lehrproben (5.4), Accompagnato (2.4.2)	Pädagogische Konferenz (4.1), Schulinterne Lehrerfortbildung mit externen Beratern (1.2)	U-Revision bei Bewerbung und Regelbesichtigung (1.4.1), Päd. Konferenz (4.1)
Mögl. Zielsetzungen	Hinterfragen eig. Denkens und Handelns (1; 2.1; 3.2), Konkretisierung theoretischer Ideen und Konzepte (2.3)	Verknüpfung von Handlungswissen mit Lehrerwissen und Forschungswissen (1.1.2; 2.3; 8.7), Übung zur Stärkung der päd. Urteilskraft (3.2; 3.3 N II/III)	Erweiterung der Wissensbasis/ Reflexive Distanz zur Schulroutine (2.4.1), Schulentwicklung, Evaluation (1.2)	Verbindung von interner/externer Evaluation (3.3; 9,3), aktive Fragehaltung gegenüber wiss. Theorien und normativen Forderungen (6)

Techn.-org., räumliche, komunikative Voraussetzungen	Kooperation von ZfSL, Hochschulen und Schulen: U-Hosp. und Einbettung in Seminararbeit (10.1), Schriftlich fixierte Materialien (3.2; N II)	Zeitweise Trennung von Lern- und Leistungssituationen (5.4), Symmetrische Kommunikation (5.4)	Regeln für Auswertungsgespräche (3; 3.1; N III), Ethik der Anerkennung (3)	Möglichkeit zum Dialog (3.3), Möglichkeit zur individuellen Reflexion und Stärke-/Schwäche-Analyse (3.3)
Schwierigkeiten/ Stolpersteine	Erwartung praktischer Rezepte (5.3), mögl. Anpassung an vorgegebene päd. Praxis und Routineverfahren (5.3), Zu wenig Personal- und Zeitressourcen für gründliche Praxisreflexion (10.1)	Asymmetrie des Ausbildungsverhältnisses (Meister/Schüler) (5.4), Leistungssituationen/Benotungspraxis (1.1.2; 5.4), Konkurrenz um Stellen (1.1.2)	Geringe Erwartungen an wiss. Theorie (3.2), Handlungsdruck der Praxis (1.1.1; 9.2), Einzelkämpfertum/ Angst vor kollegialer Einmischung und Deprivatisierung des Unterrichts (9.1), Mangelnde Kontinuität (9.4)	Unreflektierte Übernahme vorgegebener Qualitätskriterien (3.3), Momentaufnahmecharakter (3), mangelnde Dialogmöglichkeiten (3.3)

Überblicksmatrix: Kollegiale Reflexion von Schule und Unterricht (Ziffern → Kapitel des Buches, N → Nachtrag, U → Unterricht)

Der Ist-Zustand: Reflektieren in Schule und Ausbildung

Claudia Hidde-Kalding

Teilt man die Ansicht, dass die kollegiale Praxisreflexion ein sinnvoller oder sogar notwendiger Bestandteil der Lehrerprofessionalität ist, stellt sich zwangsläufig die Frage: Wie kann sie praktisch durchgeführt und im Schulalltag verankert werden? An dieser Stelle liegt die Achillesferse jedes Reformvorhabens. In der Regel werden Schulreformen in der Politik, in Ministerien, Schulverwaltungen und zunehmend auch in privaten Einrichtungen erdacht und dann „von oben" implementiert. Und je schneller die Reformen aufeinander folgen und je schriller die Reformrhetorik schallt, desto eher wird Schulreform in den Schulen bestenfalls noch als lästiges Nebengeräusch wahrgenommen. Wir versuchen mit diesem Buch, einen anderen Akzent zu setzen. Die hier vorgestellten Überlegungen und Anleitungen beruhen auf dem Programm des „Reflexiven Lernens", das bereits seit den 1980er Jahren an der Universität Münster entwickelt worden ist (WITTENBRUCH 1991). Es fußt auf den Ideen der sogenannten Handlungsforschung (im englischen Sprachraum Action Research genannt). Bei dieser Art der Forschung arbeiten Forscher und „Erforschte" gemeinsam daran, die Praxis zu verändern. Seither ist das „Reflexive Lernen" in zahllosen Einzelveranstaltungen und teils mehrjährigen Kooperationen gemeinsam mit Praktikern verschiedener Schulformen erprobt und stärker ausgearbeitet worden. Daher können wir in Anspruch nehmen, ein Konzept zu verbreiten, das sich als praxistauglich erwiesen hat. Wir setzen also auf eine realisierbare Schulreform „von innen".

Schulreform „von innen" realisieren

Die Frage zu beantworten, wie man kollegiale Praxisreflexion erfolgreich und dauerhaft betreibt, ist das Anliegen dieses für die Praxis geschriebenen Buches. Daher findet man begründete Anleitungen zum Beobachten und Dokumentieren von Unterricht ebenso wie zum regelgeleiteten Nachbesprechen und Verbessern des Unterrichts. Dem praktischen Teil vorangestellt ist ein „normatives Angebot" dazu, was guten Unterricht ausmachen kann. Neben dem Schulalltag wird jedoch auch die Reflexion in der Lehrerausbildung thematisiert. Hier geht es darum, wie Unterrichtshospitationen und -besprechungen in der Lehrerbildung von Anfang an eingeübt werden können.

Die Beispiele in diesem Buch

Wir arbeiten in diesem Buch vielfach anhand von Beispielen aus dem Schulalltag. Diese Beispiele stammen teils aus der eigenen Praxis der Autoren, bisweilen modifiziert, um mögliche Rückschlüsse auf beteiligte Personen zu verhindern. Teils sind sie dem Projekt „Schulentwicklung konkret" entnommen. Dieses Projekt, geleitet von WILHELM WITTENBRUCH, war ein gemeinsames Schulentwicklungsprojekt von pädagogischen Praktikern und Theoretikern: eine mehrjährige Zusammenarbeit von Schulforschern der Universität Münster mit Lehrerinnen der neugegründeten Grundschule Gievenbeck-Südwest (heute: Mosaikschule) in Münster (vgl. ausführlich WITTENBRUCH/LENNARTZ 2003; WITTENBRUCH 2004; HIDDING-KALDE 2010). Die Reformarbeit verfolgte das Ziel, in einem gemeinsamen Lernprozess die Praxis des Unterrichts und des Schullebens zu beobachten, zu analysieren und zu verbessern. Die Projektgruppe strebte dabei eine Verständigung von Theorie und Praxis an, und zwar auf der Grundlage eines Theorie-Praxis-Verhältnisses, wie es hier im Abschnitt 7.3 vorgestellt wird (vgl. WITTENBRUCH 2004, 705). Ein wesentlicher „Motor" des Projekts war dabei reflexives Lernen, d.h. die gemeinsame Reflexion von Unterricht und Schulleben. Das Projekt „Schulentwicklung konkret" baute auf der Tradition der „Mobilen Lernwerkstatt Münster" auf. Diese Lernwerkstatt wurde bereits in den 1980er Jahren am Institut für Schulpädagogik und Allgemeine Didaktik der Universität Münster gegründet. Sie bot Kollegien eine mobile Lehrerfortbildung an. Im Zentrum des Projekts „Schulentwicklung konkret" und der „Mobilen Lernwerkstatt Münster" stand jeweils das Entwickeln pädagogischer Nachdenklichkeit: einer Grundhaltung der Lehrperson, die bereit und in der Lage ist, ihre pädagogische Praxis zu erforschen und zu verbessern.

gemeinsame Reflexion als Motor der Schulentwicklung

1.1 Erfahrungen aus Schulpraxis und Lehrerbildung

Im folgenden Abschnitt geben schulpädagogische Praktiker und Theoretiker einen Einblick in ihre Erfahrungen mit Praxisreflexion. Ein vorsichtiges Fazit bereits vorweg: Über ihre Bedeutung wird zwar viel diskutiert, sie wird aber in Schulen selten tatsächlich praktiziert. Über diese vielleicht nicht überraschende Erkenntnis kann man nicht einfach hinweggehen. Denn für das Fehlen einer Kooperations- und Reflexionskultur an unseren Schulen gibt es Gründe, mit denen man sich beschäftigen muss, wenn man Änderungen bewirken will.

1.1.1 Erfahrungen aus der Schulpraxis

Eine erste Annäherung an das Thema der kollegialen Praxisreflexion sollen Erfahrungen zum „Sprechen über Unterricht" ermöglichen, wie man sie aktuell an Schulen machen kann. Dazu ein Beispiel aus der Praxis einer Grundschule:

Pädagogische Erfahrungen als Thema gemeinsamer Reflexion

PRAXIS

Die Klassenlehrerin einer dritten Klasse kehrt nach einwöchiger Abwesenheit in die Schule zurück und hält eine Mathematik-Stunde. Am Ende der Stunde, die störungsarm verlaufen ist, meldet sich eine Schülerin und fragt: „Bekommen wir eine Sonne?" Die Klassenlehrerin fragt überrascht nach, was damit gemeint sei. Die Schüler erzählen, dass die Vertretungslehrerin nach jeder Unterrichtsstunde, in der die Schüler das von ihr gewünschte Verhalten (Aufmerksamkeit, Mitarbeit, wenig Störungen) zeigen, eine Sonne an die Tafel malt. Für fünf Sonnen teilt sie an jeden Schüler ein Stück Schokolade aus.

In der Pause spricht die Klassenlehrerin ihre Kollegin an. Diese berichtet, von solchen Methoden habe sie im Studienseminar erfahren und diese bei ihren bisherigen Stationen erfolgreich eingesetzt. Sie kenne das auch noch aus ihrer eigenen Schulzeit. Im Pausengespräch stellt sich weiter heraus, dass auch andere Kollegen ähnlich arbeiten. Ein Kollege berichtet, seine Schüler erhielten einen Stempel ins Heft, wenn sie schriftliche Arbeiten gut erledigt hätten. Wer mehrere Stempel bekommen habe, erhalte einmal „hausaufgabenfrei". Das handhabe er schon seit je so und wolle dies auch beibehalten. Eine weitere Lehrerin erzählt, dass sie ihre Schüler für gute Leistungen gelegentlich mit gezeichneten „Smileys" belohne, doch vergebe sie bei mehreren gelungenen Arbeiten keine zusätzliche Belohnung. Die Klassenlehrerin ist irritiert. Sie selbst hält es generell für unangemessen, Schülerleistungen auf diese Weise zu honorieren. Sie argumentiert, Selbstverständlichkeiten wie die Aufmerksamkeit der Schüler im Unterricht dürften nicht belohnt werden. Auch setzten ihre Kollegen mit dem Verteilen von Süßigkeiten und „hausaufgabenfrei" falsche Anreize. Die Vertretungslehrerin erklärt, wie sie ihren Unterricht gestalte, sei ja wohl ihre Sache. Da lasse sie sich nicht hineinreden.

Anhand dieser Episode sollen hier nicht etwa Fragen der Leistungserziehung und der sogenannten Belohnungssysteme erörtert werden. Sie soll vielmehr daraufhin untersucht werden, was sie über den Alltag von Reflexion und Lehrerkooperation an der betreffenden Schule aussagt und welche Befunde möglicherweise verallgemeinert werden können.

Lernanlässe für Lehrpersonen

Die Episode ist zunächst aufschlussreich, weil sie etwas über „Lernanlässe" für Lehrpersonen mitteilt. Was bewegt die Klassenlehrerin, einen Aspekt des Unterrichts gegenüber ihren Kollegen zum Thema zu machen? Offenbar der Umstand, dass die Vertretungslehrerin die Schülerinnen und Schüler ihrer Klasse auf eine Weise zu motivieren versucht, die ihren eigenen pädagogischen Vorstellungen widerspricht. Sie befürchtet die unerwünschte Folge, dass sie Aufmerksamkeit nicht mehr als selbstverständliche Voraussetzung für einen gelungenen Unterricht betrachten, sondern nun auch an sie die Erwartung richten, dafür mit „Sonnen" und Schokolade belohnt zu werden. Die Klassenlehrerin ist mit der Praxis unzufrieden und entscheidet sich deshalb, das Gespräch zu suchen. Das Bedürfnis, über Unterricht zu sprechen, entsteht typischerweise dann, wenn derartige „Dissonanzen" auftreten (vgl. WITTENBRUCH 2004, 705), sei es innerhalb des eigenen Unterrichts, sei es wie hier im Verhältnis zum Unterricht von Kolleginnen und Kollegen. Insofern kann man das Beispiel sicherlich verallgemeinern.

Ein weiterer Blick auf diesen Lernanlass zeigt aber: Man kann ihn nicht als „pathologischen Fall" einordnen im Sinne schulischer Geschehnisse oder Verhaltensweisen der schulischen Akteure, die in besonderer Weise vom üblichen Schulalltag abweichen. Oft erachten Lehrpersonen nämlich nur und gerade das Besondere oder Auffällige der näheren Betrachtung für würdig, beispielsweise den Fall eines „schwierigen" Schülers, über den kollegial beraten wird, die Einführung einer neuen Unterrichtsmethode, die sorgfältig geplante Vorführstunde eines Referendars, die allen Anforderungen der Prüfer genügen soll, usw. In dem Beispiel verhält es sich anders: Die „unauffällige", alltägliche Praxis bildet den Anlass, eine pädagogische Frage zu erörtern. Keineswegs ist also das Bedürfnis nach Reflexion auf außergewöhnliche, eben „pathologische" Fälle beschränkt. Vermutlich muss das Bedürfnis manchmal erst noch geweckt oder bewusst gemacht werden, wenn Lehrpersonen etwa darauf verweisen, sie böten doch nur „normalen" Unterricht an.

Alltägliche Praxis als Lernanlass

Gibt es eine Kooperations- und Reflexionskultur?
Die Episode kann – zweitens – danach befragt werden, welche „Infrastruktur" die betreffende Schule den Lehrkräften für den kollegialen Austausch über Unterrichtsfragen bietet. Ein Bedürfnis nach diesem Austausch besteht – auf welche Weise können die Lehrpersonen ihm nachkommen? Gemeint ist mit „Infrastruktur" nicht die sachliche Ausstattung der Schule, sondern feste und verbindliche Formen, in denen sich ein solcher Austausch vollziehen kann, z.B. regelmäßige Gesprächskreise, Hospitationen mit anschließenden Unterrichtsbesprechungen u. Ä. Die geschilderte Episode erlaubt nur eine indirekte Antwort: Die Klassenlehrerin hat von einem wichtigen Aspekt des Unterrichts der Vertretungslehrerin, dem Benutzen

„Infrastruktur" für kollegialen Austausch

eines „Belohnungssystems", nur zufällig erfahren, nämlich durch die Wortmeldung einer Schülerin. Die beiden Lehrerinnen haben anscheinend vor den Vertretungsstunden ihre Unterrichtsmethoden nicht aufeinander abgestimmt. Der Klassenlehrerin war auch die Arbeitsweise der beiden weiteren Kollegen bislang unbekannt. Tatsächlich ist an der Schule keine regelmäßige gemeinsame Reflexion der Praxis eingerichtet. Auch Hospitationen, in denen man den Unterricht des Kollegen kennenlernen könnte, finden bislang nicht statt. Jede Lehrperson ist nur für einen „Ausschnitt" der Schule zuständig und verantwortlich, nämlich für ihren Unterricht in einem bestimmten Fach in einer bestimmten Klasse. Dadurch wird das Sprechen über Unterricht zu einem punktuellen, anlassbezogenen Ereignis.

Die Erfahrung, dass eine Kooperations- und Reflexionskultur nicht existiert oder nur schwach ausgebildet ist, kann man an Schulen vielerorts machen. Selbst dort, wo intensiv kooperiert wird und wo ein vertrauensvolles Klima herrscht, steht das „Kerngeschäft", also der Unterricht und das Gestalten der Schule als eines pädagogischen Raums, oft nicht im Mittelpunkt der Zusammenarbeit. Die Kooperation beschränkt sich dann auf organisatorische Fragen oder auf den Austausch von Unterrichtsmaterialien. Der konkrete Unterricht wird dagegen kaum in den Blick genommen. Dieser Befund ist auch von den Ergebnissen der empirischen Schulforschung gedeckt (siehe dazu unten Abschnitt 1.2). Das bedeutet allerdings nicht, dass die Praxis keinerlei Reflexionsstrategien entwickelt hätte: Als solche sind Supervision, kollegiale Fallberatung und Modelle der Organisationsentwicklung bereits genannt worden, in deren unmittelbaren Fokus allerdings nicht die Reflexion und Verbesserung des Unterrichts stehen (siehe unten Abschnitt 2.2). Sie werden an vielen Schulen genutzt. Zu bezweifeln ist jedoch, dass die gemeinsame Reflexion der Praxis durchweg als essentielles Element einer gelingenden Schule angesehen wird. Die Supervision beispielsweise dürfte nach Erfahrungen, die man im Alltag machen kann, eher eine „Feuerwehrmaßnahme" sein, wenn in einem Kollegium starke Konflikte auftreten.

Reflexionsstrategien der Praxis

Hemmnisse einer gemeinsamen Reflexion

Drittens die Frage, welche Hemmnisse einer gemeinsamen Reflexion von Praxis, etwa auf der Grundlage von Unterrichtshospitationen, entgegenstehen. Weshalb ist es beispielsweise weitgehend unüblich, den Unterricht anderer Lehrpersonen zu besuchen und anschließend zu besprechen? Die Episode kann einige Anhaltspunkte geben:

- Das Ausweichen in ein „Pausengespräch" zeigt: Die traditionelle Organisation von Schule ist nicht auf solche Aktivitäten der Lehrpersonen ausgerichtet. Jenseits des „Stundenhaltens" und der formalisierten Konferenzen ist ein Raum für Reflexion und Kooperation schlicht nicht vorgesehen. Die Struktur der Schule ist gekennzeichnet durch die starren Raster der Fächer und des Stundenplans. Diese bilden eine konstante Routine, die wie selbstverständlich vorausgesetzt und tradiert wird.
- Das Sprechen über Unterricht kann konfliktträchtig sein: Die reine Sachfrage, also die Entscheidung, ob Belohnungssysteme an der Schule einheitlich ausgestaltet sein sollen und gegebenenfalls in welcher Weise, bildet dabei nur die oberste Schicht. Gravierender erscheint, dass die Sachfrage nur schwer unabhängig von den handelnden Personen zu sehen ist. Eine Lehrkraft ist in ihrer beruflichen Tätigkeit als Person weit mehr beteiligt, als dies in vielen anderen akademischen Berufen der Fall ist: So werden im Unterricht bisweilen nicht nur pädagogische Überzeugungen, sondern auch charakterliche Dispositionen (z. B. Extra- oder Introvertiertheit) oder politische oder religiöse Anschauungen offenbar.
- Die Besorgnis, die Autonomie zu verlieren, spielt eine Rolle, wenn die Vertretungslehrerin in unserem Beispiel sagt, sie lasse sich in ihren Unterricht nicht „hineinreden".
- Unterrichtsbesuche werden aus einer berufsbiographischen Sicht als (unerwünschte) Leistungssituationen wahrgenommen: In solchen Leistungssituationen wird die (angehende) Lehrkraft durch die Schulaufsicht überprüft; der Zugang zum Beruf hängt davon ab, ob diese Prüfung erfolgreich verläuft. Die Leistungssituation bildet insoweit einen Gegensatz zu reinen Lernsituationen, in denen „Fehler" keine negativen Folgen haben.
- Ein weiteres Hemmnis kann das Fehlverständnis davon sein, was sich überhaupt als Gegenstand der Reflexion eignet. So hört man Lehrpersonen sagen: „Ich kann doch nur Frontalunterricht" oder „Mein Unterricht ist doch nichts Besonderes". Wie bereits oben dargelegt, sind jedoch nicht nur Besonderheiten und „pathologische Fälle" mögliche Lernanlässe.
- Wer reflektiert, muss eine Distanz zum Geschehen aufbauen, die sich auch in der verwendeten Sprache niederschlägt. Doch gerade eine angemessene Sprache zu entwickeln, fällt nicht leicht. Das betrifft zunächst das Fachvokabular, aber auch die Frage, wie man einerseits Kritik übt, ohne zu verletzen und ohne die Person zu treffen; andererseits wie man Kritik annimmt. Gerade wenn man im Kollegium den viel zitierten

Gründe für Hemmnisse gemeinsamer Reflexion

„Nichteinmischungs-Pakt" geschlossen hat, fehlen hier erprobte Formen des Umgangs.

Schlüssel zum Aufbau einer Kooperations- und Reflexionskultur

Aus diesen Erfahrungen aus der Schulpraxis lässt sich eine wichtige Folgerung ziehen: Zum Aufbau einer Kooperations- und Reflexionskultur gibt es zwei Schlüssel. Der eine betrifft die Lehrpersonen selbst: Sie müssen das „Reflektieren", also die entsprechenden Arbeits- und Kommunikationsweisen erlernen und einüben (siehe dazu die Kapitel 3–8). Hier müssen Universitäten und Lehrerausbildungsinstitutionen ihre Verantwortung übernehmen. Der andere betrifft die Institution Schule: Sie muss Räume schaffen, damit die Reflexion ein fester Bestandteil des Schulalltags wird (siehe dazu Kapitel 9).

Schlüssel zum Aufbau einer Reflexionskultur

1.1.2 Erfahrungen aus dem Referendariat
Micheline Prüter-Müller

Welche Rolle übernimmt die Lehrerausbildung im Studienseminar, damit angehende Lehrkräfte die Arbeits- und Kommunikationsweisen der Praxisreflexion erlernen und einüben? Hat sie Möglichkeiten, über die Lehrerseminare in die Institution Schule förderlich hineinzuwirken? Eine Bestandsaufnahme nach 15 Jahren Hauptseminararbeit der Verfasserin, die hier nur einen sektoriellen Einblick gewähren kann, ergibt ein gemischtes Bild. Äußerungen von zwei Referendaren aus dem Jahr 2012 mögen dies verdeutlichen (alle Zitate sind wörtlich, aber anonym):

Erlernen und Einüben von Praxisreflexion

> **PRAXIS**
> 1. „Ich weiß überhaupt nicht mehr, was ich denken soll. Mein Fachleiter fand meinen zweiten Unterrichtsbesuch wohl wieder nicht gut. Aber er hat gar kein richtiges Urteil abgegeben. Nur Alternativen entwickelt. Die leuchten mir ja auch alle ein. Aber wie fand er jetzt das, was ich selber geplant und unterrichtet hatte? Ich konnte kaum schlafen heute Nacht und traue mich nicht, ihn noch einmal anzusprechen."
> 2. „Jetzt, nach meinem ersten Unterrichtsbesuch, weiß ich, wie so eine Stundenbesprechung ablaufen kann, und fühle mich erleichtert. Es war ein angenehmes Gespräch. Der Fachleiter legte die graphische Darstellung der Schritte einer Unterrichtsnachbesprechung in die Mitte und alle Beteiligten haben sich daran gehalten. Ich wurde zunächst in vielen meiner Handlungen bestärkt und das war für mich sehr angenehm. Punkte, an denen ich verbessernd weiterarbeiten möchte, wurden gemeinsam ausgewählt und besprochen. Es wurde mir sehr konkret und wertschätzend gesagt, wie ich mich verbessern könnte. Meine

schriftliche Reflexionsaufgabe nach dem Unterrichtsbesuch haben wir auch gemeinsam entwickelt und sie hat mich wieder ein Stück weiter gebracht. Der Fachleiter hat sie zugesandt bekommen und für mich hilfreich kommentiert. Eine Note erhalte ich erst nach dem dritten Unterrichtsbesuch, aber ich glaube, ich bin auf einem ganz guten Weg."

Das Referendariat führt durch die geschilderten Dissonanzen innerhalb der Ausbildungskultur zu Verunsicherungen oder aber es kommt zu einer authentischen und selbstsicheren Ausprägung einer Lehrerrolle. Maßgeblich als administrative Vorgabe für die Praxisreflexion sind die vom Ministerium NRW entwickelten Standards kompetenzorientierter Lehrerbildung. Anleitungen zu kooperativer Praxisreflexion finden in vielen Formen statt und viele dieser Elemente werden regelmäßig und verbindlich angewendet.

Normative Urteile über Unterricht vermeiden

Dennoch handeln Ausbildende möglicherweise auf eine nichttransparente und daher unberechenbare bzw. ungeschickt konfrontierende Weise, die wenig Raum für eigenständige unterrichtsbezogene Reflexion lässt, indem häufig statt Raum für Beschreibungen und Deutungen von Unterrichtssituationen zu geben noch immer normativ über Unterricht geurteilt wird. Auf der anderen Seite reagieren Referendarinnen und Referendare oft scheu und fordern bereits verbindlich eingeführte Instrumente eines fairen und symmetrischen Austausches nicht wirklich ein. Zu groß ist der Beurteilungsdruck. Zu sehr hoffen sie noch immer, z. B. über gute Tipps den Unterricht verbessern zu können.

Diese Bestandsaufnahme zeigt einige Gründe auf, warum sich Kolleginnen und Kollegen im späteren Berufsleben möglicherweise gegenüber Kooperation verschließen. Oft verstehen sie das Unterrichten nach dem Referendariat geradezu als Befreiung, weil sie endlich die Türen geschlossen halten dürfen und niemand mehr hineinredet. Oder die Fallhöhe in den Berufsalltag ist zu hoch und Zeit für Praxisreflexion bleibt auf der Strecke. Hier muss die Institution Schule Räume schaffen, damit positive Erfahrungen weiterhin wirksam sein können, z. B. durch Hospitationsgruppen, einen *Jour fixe* für Hospitationen oder feste Referendarskoalitionen.

Raum für positive Erfahrungen schaffen

Beispielkontext: Die neue Prüfungsordnung in Nordrhein-Westfalen
Im Jahre 2011 wurde in NRW eine Prüfungsordnung verabschiedet, die auf diesen Befund reagiert. Das frühere Haupt- und jetzige Kernseminar, d. h. die überfachliche Ausbildung, wurde aus der Beurteilung herausgenommen. Einige Unterrichtsbesuche werden durch personenbezogene Beratung ersetzt. Die Unterstützung individueller Lernwege im Professionalisierungsprozess ist intendiert. Kollegiale Fallberatung wird verpflichtend

angeboten und mehrmals wiederholt. Die Leitungen von Kernseminaren werden für personenbezogene Beratung mit Coachingelementen ausgebildet, um im Wesentlichen selbstreflexive Prozesse im Sinne der Stärkung personaler Kompetenzen anzuregen. Die Erfahrungen mit dieser Prüfungsordnung sind noch jung. Sie zeigen jedoch sehr deutlich, dass Praxisreflexion als Mittel der Unterrichtsverbesserung anerkannt und angenommen wird. Belastend bleibt hingegen der Zeitdruck, da die Ausbildung auf anderthalb Jahre verkürzt wurde.

Praxisreflexion als Mittel der Unterrichtsverbesserung

Lernanlässe für kollegialen Austausch während des Referendariats

> „Ich kam mit meiner 6. Klasse überhaupt nicht mehr klar. Fast alle Schüler verhielten sich unglaublich laut und unkonzentriert. Unterricht war kaum möglich. Nachdem ich meine Mitreferendarin in den Unterricht eingeladen hatte, sah ich wieder Land. Mir wurde deutlich, dass ich dringend an meiner Lehrerrolle und meinem Lehrerverhalten arbeiten muss. Ich bin einfach zu freundlich und zu inkonsequent. Aber die Beobachtung von außen half mir auch, die Klasse realistischer zu sehen und nicht alle Probleme bei mir zu suchen."

Zumindest einmal während ihrer Ausbildung – ich spreche hier für die Praxis des Zentrums für schulpraktische Ausbildung in Detmold – müssen die Referendarinnen und Referendare gemeinsame Hospitationen durchführen. Sie verabreden gezielte Beobachtungspunkte und führen eine gemeinsame Nachbesprechung durch. Sie schreiben Erkenntnisse auf und reflektieren diese im Kernseminar noch einmal übergreifend. Evaluationen zeigen durchweg positive Erfahrungen, die Ausbildungsstrukturen scheinen aber Übung durch Wiederholung nur schlecht zuzulassen. Dennoch können diese Erfahrungen Türöffner für eine spätere Bereitschaft zu kooperativen Reflexionsformen sein.

Türöffner für eine spätere Bereitschaft zur Kooperation

Nachbesprechungen von Unterrichtsbesuchen von Fach- oder Kernseminarleitungen sind inzwischen weit verbreitet und verbindlich geregelt. Es wird versucht, kollegiale Kooperation zu fördern, indem dazu angehalten wird, immer auch Referendarkollegen mitzunehmen. Dennoch kann es ein vorherrschendes Deutungsmuster aufseiten der Referendarinnen und Referendare bleiben, dass in erster Linie verhaltensbezogene Kritik geübt werden soll. Die unglückliche Strategie, sich dem hierarchischen Gefüge zu unterwerfen, kann nur durch zugewandtes Konfrontieren und gemeinsame kollegiale Reflexion durchbrochen werden.

Lernanlässe in der Ausbildungszeit

Hinsichtlich der Lernanlässe in der Ausbildungszeit werden allerdings leider eher selten Reflexionsmöglichkeiten genutzt, die sich aus der Konfrontation von Praxissituationen mit theoretischen Grundlagen ergeben. Es sind wie geschildert häufig nur ganz konkrete Erfahrungen aus dem Unterricht oder Situationen, die aus dem Kontakt zu Ausbildern resultieren.

> **PRAXIS**
> „Ich habe einen solchen Stress mit meinem Ausbildungslehrer in der Schule. Ich komme einfach mit seinem Ausbildungsgutachten nicht klar. Das wird doch eine Grundlage für das Schulleitergutachten bilden, das so viel zählt. Er gibt sich überhaupt keine Mühe und hat mich außerdem sehr ungerechtfertigt und hart kritisiert."

Mit dem impliziten Wunsch, dass sich das Verhalten des Ausbildungslehrers möglicherweise verändert, beginnt z. B. ein Referendar ein Coaching-Gespräch. Wenn er sich am Ende des Prozesses dann selbst urteilsfähig fühlt, indem er aus der gemeinsamen theoretischen Durchdringung von Problemsituationen Folgerungen für ein gelingendes pädagogisches Handeln ziehen konnte, dann hat angeleitete Praxisreflexion hier sicherlich weitergeholfen.

Ein anderer Lernanlass sind häufig Gedanken, die um einzelne Schülerinnen und Schüler kreisen, die sich auffällig zeigen und Verantwortungsgefühle wecken:

> **PRAXIS**
> „Ich mache mir große Sorgen um einen Schüler meiner 9. Klasse. Er ist unglaublich still. Er steht in jeder Pause alleine auf dem Schulhof. Er macht keine Hausaufgaben, außer wenn es Arbeiten am PC sind, und schreibt dennoch gute Klassenarbeiten. Seit einiger Zeit trägt er nur noch schwarze Kleidung. Auf meine Aufforderungen mitzuarbeiten, reagiert er nicht. Wie soll ich mit ihm umgehen?"

Mit dieser Schilderung als Ausdruck von Betroffensein kam eine Referendarin in eine Kollegiale Fallberatung. Die Mitreferendare teilten zwar ihre Sorge und sie fühlte sich durch das strukturierte Vorgehen in dem gemeinsamen Gespräch deutlich gestärkt, aber es blieb bei allen Beteiligten eine große Fragehaltung zurück. Sie ahnten, wie häufig sie im späteren Schulalltag vor ähnlichen Problematiken stehen würden, ohne dass diese, wie es bei Erziehungsprozessen häufiger der Fall sein kann, stets befriedigend gelöst werden können.

Reaktionen von Referendarinnen und Referendaren auf die Ansprüche
von Praxisreflexion

> **PRAXIS** Wie soll ich mein Portfolio anlegen? Kontrolliert wirklich niemand den subjektiven Teil? Wie überwinde ich meinen inneren Schweinehund, mir die Zeit zu nehmen und etwas aufzuschreiben? Obwohl ich weiß, dass ich mich hinterher klarer und handlungsfähiger fühle, empfinde ich diese Reflexionsarbeit als zusätzliche Belastung.

Auch an diesem Beispiel zeigen sich wieder Verunsicherungen und Ambivalenz. Generell besteht Bereitschaft zur Praxisreflexion. Es werden während der Ausbildung viele gewinnbringende und ermutigende Möglichkeiten erworben. All dies garantiert jedoch noch nicht, dass diese auch in den späteren Schulalltag übernommen werden. Hilfreich ist es, wenn gemachte Erfahrungen weitererzählt werden. Sinnvoll ist sicherlich auch der strukturelle Druck der Prüfungsordnung, diese Elemente wirklich ausprobieren zu müssen. Entscheidend aber sind positive Erfahrungen, die Gelegenheiten, diese zu gewinnen, und die Bereitschaft der Institution Schule, diesem neuen Instrument Raum und Zeit zu geben.

Erfahrungen und Gelegenheiten zu gemeinsamer Reflexion ermöglichen

All diese Beispiele verdeutlichen, dass im Referendariat, auch durch die Erwartung der auszubildenden Lehrkräfte begünstigt, ein starker Akzent auf die Betrachtung von zu vermittelnden Lehrkompetenzen und gelingendem Lehrerhandeln gelegt wird, das tendenziell an Praxisbeispielen positiv wie negativ demonstriert wird. Auch sind die Beurteilungspraxis und deren Modalitäten als zentrale Bedingungen anzusehen, die dafür verantwortlich sind, dass die Entwicklung von Handlungskompetenzen und Selbstkompetenzen, die nur auf das selbstbezüglich-reflexive Lernmoment abheben, gegenüber der Entwicklung von Reflexionskompetenzen, die generell auf die Stärkung der theoretischen Urteilsfähigkeit abzielen, eindeutig im Vordergrund steht.

1.1.3 Erfahrungen aus Studium und schulpraktischen Studien
Ulrike Kurth

Im Laufe der verschiedenen Reformphasen hat es für die verbindlichen Praxisanteile im Lehramtsstudium zwar immer verschiedene Bezeichnungen und Verortungen gegeben, das Ziel dieser Studienanteile blieb jedoch konstant, nämlich, den Studierenden die Möglichkeit zu eröffnen, sich mit der Lehrerperspektive, dem Rollenverständnis, dem Aufgabenspektrum und

Lernanlässe und -situationen im Lehramtsstudium

den unterschiedlichen Auffassungen von Professionalität auseinanderzusetzen.

Obwohl Praxisanteile im Lehramtsstudium als unerlässlich für die Vorbereitung auf das neue Berufsfeld angesehen werden, reagieren die Studierenden auf diese frühe Begegnung mit der Praxis sehr unterschiedlich. Im Folgenden werden exemplarisch einige Kommentare von Studierenden wiedergegeben, die sich auf Beobachtungsaufgaben beziehen. Sie wurden den Beobachtungsprotokollen bzw. den Rückmelderunden nach Stundenbeobachtungen entnommen und sind hier wörtlich, aber anonym zitiert.

Mit der Aufgabe, die Lehrer-Schüler-Interaktion in einer Stunde zu beobachten, erleben Studierende zum ersten Mal den Perspektivenwechsel. Sie schlüpfen in die Rolle des Beobachters, der eine Unterrichtsstunde „von außen" betrachtet. Häufig äußern sie im Vorfeld die Ansicht, dass sie während ihrer Schulzeit durchaus schon diesen Perspektivenwechsel vollzogen haben, nämlich bei der Präsentation eines Referates, bei einer Versuchsdurchführung oder bei der Zusammenfassung von Gruppenarbeitsergebnissen. Die Tatsache, dass sie vor einer bekannten Gruppe gestanden haben, die ihnen im Regelfall wohlgesonnen war, mit einer Lehrperson im Hintergrund, die im Zweifelsfall hätte eingreifen können, ist ihnen bei diesem Einwand nicht bewusst. Sie erwarten von der Beobachtung des Lehrerverhaltens in ihrer neuen Rolle des Studierenden keine neuen Erkenntnisse, weil sie während der eigenen Lernzeit Lehrerverhalten beobachtet haben. Dass sie dabei die Abnehmerperspektive desjenigen, der in diesen Lernprozess involviert ist, innehatten, ist ihnen nicht präsent. Natürlich können Schülerinnen und Schüler Distanz zu ihrer eigenen Lernsituation aufbauen, aber sie bleiben immer Teil dieser Situation, sie sind immer Akteur in einem Unterrichtsprozess.

Bei den beobachtenden Studierenden ruft diese neue Position Erstaunen hervor. Sie können das Verhalten der Lehrperson mit dem Interesse eines Beobachters sehen, der sich vorstellt, selbst an dieser Stelle zu stehen. Und so sind auch ihre Rückmeldungen:

PRAXIS

„Ich habe mir während der Stunde vorgestellt, dass ich die Fragen beantworten muss oder die Erklärungen geben soll, nach denen die Schüler gefragt hatten. Das hat mich verunsichert."

Diesen Schritt vom lernenden Individuum zum lehrenden Selbst zu leisten, ist nicht einfach, weil ein solcher Perspektivenwechsel Reflexionsvermögen und Verantwortungsbewusstsein verlangt.

> „Ich habe gemerkt, dass die Aufgabe, Unterricht zu gestalten und durchzuführen etwas anderes bedeutet, als am Unterricht interessiert und lernend teilzunehmen."

Eine solche Feststellung macht deutlich, dass der Beobachter realisieren muss, dass zu unterrichten mit Entscheidungen für Inhalte, für Methoden und Verhaltensformen verbunden ist. Damit ist die eigene Reflexionsfähigkeit gefordert und er muss gleichzeitig wahrnehmen, dass diese Entscheidungen auf einem funktionierenden Instrumentarium von Merkmalen und Kategorien beruhen, das man entwickelt haben muss, um es anwenden zu können.

Zu den Eindrücken, die Studierende sammeln, die den Weg vom Schüler-Sein zum Lehrer-Werden beschreiben, gehört auch, dass sie feststellen, dass die Aktivitäten in der Lerngruppe viel umfangreicher und vielschichtiger sind, als man es als Schüler wahrgenommen hat. Diese Tatsache verunsichert viele, die die ersten Beobachtungsstunden absolvieren.

> „Der Lehrer muss flexibel reagieren, weil die Vorschläge der Lerngruppe sehr unterschiedlich sind. Wenn er allen gerecht werden will, dann muss er sehr schnell einen Kompromiss entwickeln und einbringen können. Das ist mir früher nicht bewusst geworden."

Solche Einsichten machen deutlich, dass der Perspektivenwechsel geübt und bewusst gemacht werden muss, weil es für einen Lehramtsstudierenden eben nicht selbstverständlich ist, aus der Schülerrolle in die Lehrerrolle zu schlüpfen.

Wenn es darum geht, die vielfältigen Aspekte zu erfassen, die die Lehrerrolle kennzeichnen, dann wird bei diesen ersten Praxiserfahrungen für die Studierenden deutlich, dass die Aktualisierung des Lehrer-Seins nur im Austausch mit der jeweiligen Lerngruppe geschehen kann, denn die Lehrperson agiert nicht auf einer Bühne als Schauspieler oder Alleinunterhalter und sie arbeitet auch nicht in der Manege als Dompteur (selbst wenn man manchmal diesen Eindruck gewinnen könnte), sondern sie ist immer auf die Kooperation mit der Lerngruppe angewiesen. In der Beobachtungssituation wird den Studierenden klar:

Pädagogisches Handeln als Kooperation mit der Lerngruppe

> „Wenn die Schüler nicht zuhören, wenn sie den Aufforderungen nicht folgen, wenn sie die aufgeworfenen Fragen nicht beantworten, wenn sie sich dem Mitdenken und Weiterentwickeln verweigern, dann ist der Lehrer machtlos."

Oder ein anderer Studierender kommentiert:

> **PRAXIS** „Auch wenn du optimal vorbereitet bist und über ausgezeichnetes Material verfügst, richtest du nichts aus, wenn die Schüler nicht wollen."

Eine weitere Teilnehmerin der Hospitationsgruppe fasst diese Eindrücke treffend zusammen:

> **PRAXIS** „Der Lehrer kann nur so viel bewirken und vermitteln, wie die Lerngruppe mitträgt. Unterricht ist immer auf die Mitwirkung der Schüler angewiesen."

Dies wird den Studierenden bei der Begegnung mit der Praxis vor allem dann deutlich, wenn sie eine Lehrperson in verschiedene Lerngruppen begleiten. Diese Erfahrung, über die sie aus ihrer eigenen Schulzeit nicht verfügen können, weil sie ihre Lehrpersonen immer in der Klasse oder in dem Kurs erlebten, in dem sie selbst Teilnehmer waren, ist besonders eindrucksvoll:

> **PRAXIS** „Ich habe denselben Lehrer in einem Grundkurs, in einem Leistungskurs und in einer siebten Klasse erlebt. Und ich muss feststellen, dass er sich dreimal ganz unterschiedlich verhalten hat. Bei den jüngeren Schülern trat er fordernd auf und hat sehr auf Disziplin geachtet, aber bei den älteren Schülern schlug er einen ganz anderen Ton an. Aber auch in der Oberstufe war ein Unterschied zu bemerken, denn in dem Grundkurs mit Pflichtbindung unterrichtete er eine ganz andere Schülergruppe als im Leistungskurs, der mit wenigen interessierten Schülern ausgesprochen leistungsstark wirkt. Ich hätte nicht erwartet, dass man als Lehrer im Laufe eines Vormittags so unterschiedlich auftritt."

Das ist eine Erfahrung, die sich für Studierende meist ganz unerwartet einstellt und mit der sie zu Beginn ihrer Beobachtungsphase nur schwer umgehen können, weil sie erst lernen müssen, dass das veränderte Lehrerverhalten nicht Ergebnis einer sich anpassenden Lehrperson ist, dass hier nicht die persönliche Grundhaltung fehlt, sondern dass die Lerngruppe den Rahmen setzt, in der sich die Lehrperson bewegen kann und muss.

Abgleich von Fremdbild und Selbstbild

Damit ist ein wichtiger Aspekt der Professionalität benannt, nämlich die Fähigkeit Selbstbild und Fremdbild abzugleichen. Wie wichtig es ist, die eigene Leistungsfähigkeit und die Ansprüche an die Lerngruppe richtig einzuschätzen und die Voraussetzungen der Lernenden beurteilen zu können, zeigt sich in folgender Reaktion:

> „Was macht denn ein Lehrer, der nicht weiß, wie er die Lerngruppe einschätzen muss, wenn er nur schwer kalkulieren kann, welche Vorkenntnisse und Interessen die von ihm zu Unterrichtenden mitbringen? Wie stellt man sich denn dann auf den Unterricht ein?"

Es gehört zur Entwicklung der eigenen Professionalität, zu wissen, wo man selbst steht, wo die anderen stehen und wohin man sich gemeinsam bewegen will. Diese Position und diese Zielrichtung muss jeder für sich formulieren, weil hier wieder die Entscheidungen zum Tragen kommen, die verantwortet werden müssen, was oben bereits angesprochen wurde. Diese Klärung erfolgt in der Auseinandersetzung mit dem Selbstverständnis, das ein Lehramtsstudierender allmählich entwickeln muss. Ein solches professionelles Selbstverständnis bewahrt davor, dass Forderungen, die von außen an den Unterricht oder die Lehrperson herangetragen werden, deren Persönlichkeit korrumpieren. Die Fragen, die ein Studierender äußerte:

> „Ist man als Lehrer nicht nur getrieben von Erlassen, Verfügungen, Verordnungen und Lehrplänen? Wie orientiere ich mich denn in einer schnelllebigen Schulstruktur? Wie vertrete ich dann meinen Standpunkt?"

sollten innerhalb einer Hospitationsphase beantwortet werden, indem hier der Zusammenhang zwischen Theorie und Praxis verdeutlicht wird, dass nämlich die zukünftige Lehrkraft eine gute Grundlage braucht, um argumentieren zu können, um die eigene Position rechtfertigen zu können, um sich nicht als „Getriebene" zu fühlen. So kann sie eine differenzierte pädagogische Professionalität entwickeln und die eigene Position stärken.

Entwicklung einer differenzierten pädagogischen Professionalität

> „Während der Hospitationsphase ist mir klar geworden, dass ich nicht nur lernen muss, was ich unterrichten will, sondern auch wie und warum ich es eigentlich unterrichten will."

Eine solche Klärung kann nur in der Begegnung mit der Praxis erfolgen und muss unbedingt in den theoretischen Phasen aufgearbeitet und unterfüttert werden, denn nur so können die Studierenden in die neue Rolle hineinwachsen.

1.2 Ergebnisse der Schulforschung

Markus Brenk

Pädagogische Tätigkeit ist grundsätzlich reflexiv

In der Forschung zur Lehrerprofessionalität herrscht weitgehend Einigkeit darüber, dass sich diese nicht einfach entwickeln lässt durch eine zunehmende Beherrschung von akademischen Routinen. Professionalisierung gelingt letztlich nur durch eine Verbesserung von Beobachtungs-, Wahrnehmungs-, Interpretations- und Handlungsfähigkeit gegenüber pädagogischen Situationen, zu denen auch die handelnde Lehrperson mit ihren Einstellungen, ihren erlernten Deutungs- und Handlungsmustern wesentlich dazugehört. Der Grund für diesen grundsätzlich reflexiven Charakter pädagogischer Tätigkeit liegt darin, dass das pädagogische Handeln offen und riskant ist, dass die „Verwirklichung pädagogischer Werte" (ALTRICHTER/FEINDT 2011, 217) in einem dynamischen und durch Widersprüche gekennzeichneten System wie der Schule immer auch gefährdet ist und daher eher zur begleitenden Reflexion des Handelns herausfordert als zu schematisiertem Handeln (ebd.).

Kritische Distanzierung von pädagogischen Situationen

Ob nun durch eine externe Forschungsbegleitung von Lehrkräften, durch deren eigenes Forschen oder durch kooperative Arbeitsformen eine Reflexion der eigenen Tätigkeit angeregt wird, jede Phase der Lehrerbildung ist stets dadurch geprägt, dass in konzentrierter Weise pädagogische Situationen gedeutet bzw. verstanden werden und zugleich mit begründeten Zielen konfrontiert werden müssen. Darüber hinaus sind differenzierte, praktische Fähigkeiten zur Interaktion zu erwerben. Voraussetzungen für die Bearbeitung solcher, durch permanente Interpretationsleistungen geprägten Aufgaben sind die Möglichkeit und Fähigkeit einer kritischen Distanzierung von pädagogischen Situationen und von eigenem Denken und Handeln. Ermöglicht wird diese einerseits durch die Konfrontation von eigenen Sichtweisen mit wissenschaftlich gesicherten pädagogischen Erkenntnissen und andererseits durch alternative Deutungen pädagogischen Geschehens, die von anderen Interpreten z. B. an Unterrichtsausschnitte, an definierte „Fälle" herangetragen werden. „Beide sollen es ermöglichen, verborgene, den Beteiligten häufig undurchsichtige ‚Grammatiken' aufzudecken, die sich gerade in Institutionen ausbilden, die durch vorgegebene Organisationsformen und Tätigkeitswiederholungen die Ausformung von Routinen und wechselseitigen Handlungs- sowie Reaktionserwartungen – geradezu unausweichlich – fördern." (BAUERSFELD 1999, 203)

Die Bildung der Urteilskraft in pädagogischen Problemsituationen kann sich gerade nicht, so der Tenor innerhalb der Professionalisierungsdebatte, auf naturwüchsig erworbenes „Erfahrungs- bzw. Praxiswissen", das sich „im (vorbewussten) Modus einer szenischen Gestaltwahrnehmung aufbaut" (COMBE/KOLBE 2004, 847), allein stützen. Dieses Erfahrungs- und Praxiswissen wird zwangsläufig durch Praxiserfahrungen zur Expertise aufgebaut, muss aber, so die einhellige Forderung, zugleich kritisch durchgearbeitet werden. Dies gilt als eine Voraussetzung für eine „wissenschaftlich-reflexive Bildung, die es erlaubt, unter den Anforderungen der Praxis ein reflexives Können zu entwickeln" (863). Die Möglichkeit, den Stand der eigenen Dispositionen kritisch zu hinterfragen, Stagnationen entgegenzuwirken, Flexibilität zu erweitern und neue Erfahrungen machen zu können, gilt als Maxime nicht nur für die Schulpraktischen Studien in der Ersten Phase, sondern ebenso für die Phase der Fort- und Weiterbildung. Forschungen hierzu wie die TALIS-Studie (Schulleitungs- und Lehrkräftebefragung in Deutschland) belegen jedoch, dass deutsche Lehrkräfte im internationalen Vergleich kollegiale Unterrichtshospitationen zwar häufiger nutzen als schulexterne und überindividuelle Fortbildungen und dass diese eng verbunden sind mit unterrichtsbezogenem, auf didaktische, methodische und auf Schülerverhalten, insbesondere individuelle Förderung ausgerichtetem Fortbildungsbedarf (vgl. GAGARIN/VON SALDERN 2010, 54 f.). Allerdings geben 70% der Lehrkräfte an, „dass sie nie oder seltener als einmal im Jahr durch Hospitation und Feedback in ihrem Unterricht unterstützt werden" (92).

Kritisches Hinterfragen der eigenen Dispositionen

Vor dem Hintergrund dieses Befundes wären neben psychologischen Gründen (Scheu, seinen Unterricht zu öffnen bzw. sich persönlich einer Fremdbewertung zu stellen) auch andere Rahmenbedingungen für Kooperationsmöglichkeiten und kollegialen Austausch zu diskutieren. Forschungen belegen z. B. einen engen Zusammenhang zwischen zeitlichen Ressourcen, Stundendeputat und tatsächlicher kollegialer Kooperation, wie das Beispiel der schulinternen Fortbildungsart der sogenannten *lesson studys* in Japan zeigt (vgl. HELMKE 2010, 328), das dem deutschen Programm des „Reflexiven Lernens" (s. Abschnitt 2.4.1) sehr verwandt ist.

Zeitliche Ressourcen und kollegiale Kooperation

Nicht nur dieses Beispiel, sondern diesbezügliche Studien machen deutlich, dass ein institutionalisierter kollegialer Austausch, insbesondere Rückmeldungen zu gehaltenem Unterricht, die Entwicklung von Interpretationsfähigkeiten und Handlungsweisen, gerade im Kontext von Selbstwirksamkeitsfragen und Krisen im Handeln von Lehrkräften stärken können (vgl. KOLBE/COMBE 2004, 868; LIPOWSKY 2011). „Der Konfrontation mit anderen Ideen, Sichtweisen und Meinungen und dem Erleben von Dissonanzen werden eine besondere Bedeutung für die Erweiterung von Wissen,

Interpretations- und Handlungs- fähigkeiten durch kollegialen Austausch fördern

das Hinterfragen eigener Praxis und die Veränderung von Unterricht zugeschrieben." (LIPOWSKY 2011, 398) Insbesondere die kollegiale Hospitation wird u. a. als eine Möglichkeit zur direkten Konfrontation mit realem Unterricht gesehen, durch die ein anderer Blick auf sich selbst zu gewinnen ist. Durch die Handlungsentlastung eines Beobachters sind ferner mehr Einzelheiten wahrzunehmen, andere Unterrichtsstile kennenzulernen und didaktische bzw. methodische Grundfragen im Angesicht von konkreten Beispielen zu diskutieren. Somit scheint der kollegialen Kooperation, die in der Realität bisher nur, je nach Schultyp eine unterschiedliche, aber insgesamt untergeordnete Größe darstellt (vgl. HELMKE 2010, 321 ff.), eine Schlüsselstellung zuzukommen. Sie wird in der aktuellen Forschung in einem engen Zusammenhang mit der Förderung von Schulentwicklungsprozessen gesehen. Einige Befunde seien hier abschließend zusammen gefasst:

- Eine Verbesserung der Kooperation ist nicht gleichzusetzen mit einer Intensivierung privater Kontakte und Kooperationen (vgl. BAUER 2004, 827).
- Als für pädagogische Verbesserungen maßgebliche Bereiche können am ehesten die Arbeit an gemeinsamen Zielen, eine Kultur der gegenseitigen unterrichtsbezogenen Unterstützung, der Aufbau lernförderlicher Arbeitsumgebungen und die Rückmeldung und Unterstützung durch die Schulleitungen angesehen werden (vgl. ebd.).
- Kooperierende Lehrkräfte sind eher bereit zur Umsetzung von didaktischen Innovationen.
- Kooperationsorientierte Konzepte der Fort- und Weiterbildung erweisen sich als erfolgversprechender, da sie den Lehrkräften eine unterrichtliche Umsetzung des Gelernten und eine nachhaltige Integration in ihre Praxis erleichtern.
- Lehrkräfte sehen Kolleginnen und Kollegen als authentische Gesprächspartner an. Deshalb wird auch z. T. die Position vertreten, dass ein „learning on the job" nur durch eine Kooperation im Kollegium möglich ist (vgl. FUSSANGEL/GRÄSEL 2011, 675 f.).
- Die zahlreichen Empfehlungen zur Schaffung der Voraussetzungen für eine kollegiale Praxisreflexion (z. B. Gründung von Hospitationszirkeln bei HORSTER/ROLFF 2000) zeigen, dass vom Einzelnen und seiner eigenen Initiative eine entsprechende Ansteckung zu einer gemeinsamen Praxisreflexion ausgehen kann, in welcher der zahlreichen etablierten Formen sie auch immer realisiert wird.

Reflektieren als Grundkompetenz von Lehrpersonen

Claudia Hidding-Kalde

Wissen und Handeln werden oft als die wichtigsten Komponenten der Professionalität von Lehrpersonen betrachtet. Im Studium, so heißt es, wird Wissen erworben, im Referendariat geht es ums Handeln, um die Umsetzung von Fertigkeiten, das Anbahnen von Mustern des Unterrichtens und Erziehens und das allmähliche Gewinnen von Routinen. Wie aber Wissen in Handeln umgesetzt wird, das wird weniger bedacht. Mit dem Gedanken, dass Wissen einfach in Handeln umgesetzt werden muss, wird diese Stufe theoretisch wie praktisch oft überschritten. Es handelt sich dabei aber um die wichtige (Zwischen-)Stufe der Reflexion. Um diese pädagogische Grundkompetenz geht es in diesem Kapitel. Zunächst wird anhand von Beispielen aus dem Schulalltag und verwandter Bereiche, in denen es um Lehren und Lernen geht, präzisiert, was Reflektieren meint, daran anschließend wird die Rolle der eigenen Praxis sowie der eigenen Erfahrungen für das Reflektieren erörtert. Im Ergebnis bedeutet dies erstens: Wissen und Handeln sind gleichermaßen Inhalte der Reflexion, und zweitens: Systematische und regelgeleitete Reflexion sollten nicht an die Stelle der intuitiven Formen des Nachdenkens rücken, sondern diese ergänzen. Dass für das hier vertretene Verständnis der Kreislauf von Reflexion und Aktion wichtig ist, soll verdeutlicht werden durch die abschließende Vorstellung von zwei organisatorischen Grundformen Reflexiven Lernens.

Wissen in Handeln umsetzen

2.1 Der subjektive Ansatz – die eigene Praxis als Lernanlass nutzen

Über das Lehren und Lernen kann eigentlich jeder mitreden: Schließlich ist jeder einmal zur Schule gegangen. Und selbst Lehrpersonen finden sich bisweilen noch in der Schülerrolle wieder: Wenn sie beispielsweise einen neuen Sport, eine weitere Fremdsprache oder ein Instrument erlernen, sind sie diejenigen, die wieder auf der „Schulbank" sitzen und Instruktionen und Ratschläge entgegennehmen. Lehramtsstudierende, Referendarinnen und Referendare hingegen haben vielleicht bereits „Lehr"-Erfahrungen gesammelt: während schulpraktischer Studien oder außerhalb des Schulbetriebs als Trainer im Sportverein, Nachhilfelehrer usw. Jeder nimmt also immer wieder einmal die Rolle einer Lehrperson oder eine Schülerrolle ein. Aus diesen unterschiedlichen Rollen resultieren Lehr- und Lernerfahrungen. Ein Beispiel:

> Lehrerin L entschließt sich in den Ferien, das Golfspiel zu erlernen, eine Sportart, die bekanntlich ein hohes Maß an Körperbeherrschung und Koordination erfordert. Sie belegt einen Kurs, der mit einer sogenannten „Platzreifeprüfung" abschließt. Auf den meisten Golfplätzen wird zum Spiel nur zugelassen, wer diese Prüfung bestanden hat. L sieht sich im Verlauf des Kursus in die Schülerrolle versetzt. Hier erfährt sie unmittelbar, wie es sich „anfühlt", wenn man von seinem Golflehrer korrigiert wird, wenn ein Schlag nicht sofort gelingt, wenn man anderen Kursteilnehmern etwas voraus hat oder im Gegenteil „zurückliegt", wenn man Erfolge erzielt oder Rückschläge einstecken muss. Sie kann aber auch die Arbeit des Lehrers intuitiv einschätzen, ob er beispielsweise motiviert oder hemmt, ob er sich allen Kursteilnehmern gleich intensiv widmet oder manche bevorzugt oder vernachlässigt. Schließlich erlebt L die Vorbereitung auf die Prüfung und die Prüfungssituation.

Die Lehrerin in diesem Beispiel „erfährt" quasi „am eigenen Leibe" eine Vielzahl pädagogischer Topoi, willkürlich aufgezählt u. a. Sportdidaktik, Lehrmethoden, Lernpsychologie, Lehrer-Schüler-Interaktion und Leistungserziehung. Möglicherweise blickt sie dadurch mit anderen Augen auf ihre eigene berufliche Tätigkeit, vielleicht wird sie sogar angeregt, bestimmte eigene Verhaltensweisen zu überdenken.

Objektzentrierter oder subjektzentrierter Wissenserwerb

Lehramtsstudierende oder Referendarinnen und Referendare könnten ähnliche Episoden berichten, zumal die eigene Schulzeit – ebenfalls „erlebnisgesättigt" – in der Regel noch nicht lange zurückliegt. Obwohl also jede angehende Lehrperson über eine Vielzahl von Lehr- und Lernerfahrungen verfügt, spielen diese erstaunlicherweise in der Lehrerausbildung kaum eine Rolle: Im pädagogischen Universitätsstudium erwirbt man Wissen abstrakt und subjektfern. Anders gesagt: Das Studium ist typischerweise objektzentriert, also an den jeweiligen Gegenständen ausgerichtet (vgl. HOMFELDT 1983, 44). Man lernt etwas „über" pädagogisches Handeln. Die Lehrveranstaltungen orientieren sich nach Aufbau und Inhalt ausschließlich an den fachlichen Strukturen, nicht an den Erfahrungen und der Biographie des Lernenden. Die Frage „Was bedeutet das Wissen für mich und meine Arbeit?" wird allenfalls im Selbststudium beantwortet.

Dieser objektzentrierte Wissenserwerb setzt sich in der Seminarausbildung des Referendariats fort, jedenfalls dann, wenn dort nicht die Gelegenheit besteht, eigene Erlebnisse und Erfahrungen aus der Ausbildungsschule zu erörtern. Und schließlich ist auch die Fort- und Weiterbildung nach dem Berufseinstieg im Grundsatz objektzentriert, ohne alltägliche Erfahrungen einzubeziehen. Die entsprechenden Veranstaltungen sind regelmäßig als „Theorienachschub" konzipiert. Ein Beispiel:

> **PRAXIS**
>
> Für die Lehrerinnen einer Grundschule wird – organisiert von der Schulverwaltung – eine Fortbildungsveranstaltung zur „individuellen Förderung" von Schülerinnen und Schülern angeboten. Sie läuft nach folgendem Muster ab: Zunächst wird der Begriff der „individuellen Förderung" erläutert und abgegrenzt, dann führt man die Teilnehmer in Instrumentarien zum Feststellen des Förderbedarfs ein, anschließend erhalten sie einen Überblick darüber, wie sie die individuelle Förderung der Schülerinnen und Schüler ausgestalten können. Schließlich wird erörtert, wie man Fördermaßnahmen zweckmäßig in die Arbeitspläne einer Schule einarbeitet.

Leicht zu erkennen ist, dass der Fortbildungsstoff so geordnet ist, wie man auch ein Fachbuch gliedern könnte. Er folgt abstrakten Strukturen des Themengebiets der „individuellen Förderung" und orientiert sich nicht an der konkreten Praxis der Fortbildungsteilnehmer. Um Missverständnisse zu vermeiden: Wir wenden uns nicht prinzipiell gegen „objektzentrierten" Wissenserwerb (auch dieses Buch ist ja „objektzentriert"). Er hat durchaus seinen Sinn, weil er es beispielsweise ermöglicht, theoretische Grundlagen zu schaffen. Auch können in seinem Rahmen Fragen oder Beispielfälle der Lernenden in angemessener Weise behandelt werden. Doch besteht ein Unterschied, ob eine Fortbildung „subjektfern" organisiert wird oder ob die konkrete Praxis der Lehrperson zum Bezugspunkt wird.

Die konkrete Praxis der Lehrperson als Bezugspunkt

So könnte man die oben genannte Fortbildungseinheit „subjektzentriert" ausgestalten:

> **PRAXIS**
>
> Einige Lehrerinnen der Schule vermuten, dass die „individuelle Förderung" in ihrem Unterricht verbesserungsbedürftig ist. Den Anlass für eine solche Vermutung kann beispielsweise ein Gespräch mit Kolleginnen einer anderen Schule oder eine Nachfrage bei einem Elternabend geben. Zur Vorbereitung der Fortbildungseinheit sammeln die Lehrkräfte zunächst Material: Sie hospitieren wechselseitig in ihrem Unterricht und dokumentieren Unterrichtsbeispiele. Die Leitfrage nach dem „Ist-Zustand" lautet dabei: Wie praktizieren wir derzeit die individuelle Förderung? In einer späteren Seminarveranstaltung dienen diese dokumentierten Beispiele als „Lernanlass". Das Thema „individuelle Förderung" wird im Ausgangspunkt durch das Erörtern der Beispiele erschlossen. Auf diese Weise können

die Eigenheiten der Schule und sogar der einzelnen Klassen (z. B. eine heterogene oder homogene Schülerschaft) analysiert und berücksichtigt werden. Auch die Biographie der Lehrkräfte kann eine Rolle spielen, wenn sie den Blick auf ihre eigene Berufslaufbahn und den Rang individueller Förderung im zeitlichen Wandel richten.

Damit verwirklicht sich „Praxisforschung", über deren Nutzen es pointiert heißt (PRENGEL 1997, 106):

> *Das Wissen über die je spezifischen, je aktuellen Voraussetzungen und die täglichen Wirkungen pädagogischen Handelns kann nicht anders, als durch Praxisforschung erworben werden.*

Die Lernenden (und das bezieht bereits berufstätige Lehrpersonen ausdrücklich mit ein) gewinnen einen wichtigen Zugang zu pädagogischem Wissen, wenn sie ihre eigenen Erfahrungen und ihre Biographie an den Anfang ihres Lernens setzen. Denn Qualifizierung ist personengebunden. Nicht Organisationen oder Einrichtungen entwickeln sich weiter, sondern die Menschen, die sie tragen, mit ihren je unterschiedlichen Lebenswegen, Eigenschaften und Zielen (HOMFELDT 1983, 44). Das Sprechen von Schulentwicklung, Organisationsentwicklung, Unterrichtsentwicklung usw. verdeckt diese Tatsache oftmals.

Der subjektive Zugang: Ein Scharnier

All dies bedeutet – wie schon gesagt – aber nicht, dass bei der Frage nach dem „guten Unterricht" theoretische Konzepte außen vor bleiben sollen. Praxisreflexion soll sich nicht in Subjektivität erschöpfen. Lernanlässe aus der Praxis „können ihre qualifizierende Wirkung nur entfalten, wenn sie kognitiv durchdrungen werden" (WITTENBRUCH 2004, 702). Das bedeutet, dass das eigene Handeln kritisch zu prüfen ist: Den Maßstab bilden Lehrpläne und didaktische und methodische Standards. Der subjektive Zugang kann somit ein Scharnier bilden zwischen dem schulischen Alltag und der eigenen Lern- und Berufsbiographie einerseits und erziehungswissenschaftlichen Erkenntnissen andererseits.

2.2 Was bedeutet Reflexion?

Reflexionsfähigkeit als Lehrerkompetenz hat derzeit Konjunktur, wie zahlreiche Veröffentlichungen zum Thema belegen. Reflexionsfähigkeit ist aus unserer Sicht, die wir in diesem Buch näher erläutern und ausführen wollen, aber kein modischer „Softskill" unter vielen, sondern ein zentraler Bestandteil der Professionalität von Lehrkräften. Doch wozu sollte man als

Lehrperson überhaupt „reflexiv" lernen, noch dazu gemeinsam mit Kolleginnen und Kollegen?

Das Bedürfnis, über sein pädagogisches Handeln nachzudenken, resultiert oft daraus, dass die eigene Praxis als ungenügend empfunden wird und daraus, dass man mit der ganzen Person beteiligt ist bzw. immer wieder als ganze Person angefragt wird. Für ein solches „Ungenügen" kann es verschiedene Symptome geben, beispielsweise eigene Unsicherheiten der Lehrperson, Defizite in der Lernleistung der Klasse, Disziplinschwierigkeiten oder häufige Konflikte mit Schülern, Eltern oder im Kollegium. Ein weiterer Anlass für das Bedürfnis nach Reflexion ist der stetige Wandel der Arbeitsbedingungen in einer Gesellschaft, die sich schnell verändert.

> **PRAXIS**
>
> Ein aktuelles Beispiel bildet die Einführung der sogenannten Inklusion, hier verstanden als das Eingliedern von Kindern mit Behinderungen in allgemeine Schulen. Lehrpersonen, die mit Inklusionspädagogik bislang nicht vertraut sind, müssen mit einer neuen Situation umgehen, aus der sich viele Schwierigkeiten und Fragen ergeben, die im kollegialen Austausch bearbeitet werden können.

Aber es lohnt sich auch, den ganz gewöhnlichen Schulalltag zu reflektieren und eine Haltung „pädagogischer Nachdenklichkeit" einzunehmen: Denn auch der routinierte Unterricht der erfahrenen Lehrperson kann noch Chancen zur Verbesserung bieten, die man aus „Betriebsblindheit" nicht erkennt. Reflexives Lernen kann so als Selbstkontrollmöglichkeit und Korrektiv dienen und damit als wichtige Stärkung, den Schulalltag zu bestehen.

Auf die Notwendigkeit von Reflexion im Berufsalltag hat vor allem der US-amerikanische Forscher DONALD SCHÖN (1930–1997) hingewiesen, dessen Gedanken heute in der pädagogischen Fachdiskussion vielfach aufgegriffen werden. In seinem Werk „The reflective practitioner" (1983) hat SCHÖN versucht, den Zusammenhang zwischen Wissen und Handeln in so unterschiedlichen Fachgebieten wie Erziehung, Architektur, Psychotherapie und Unternehmensführung aufzudecken. Interessant ist vor allem seine Sicht auf die professionelle Praxis. SCHÖN zufolge lässt diese sich kennzeichnen als „komplex, unsicher, instabil, einzigartig und durch Zielkonflikte geprägt". Mit wenig Mühe kann man diesen Attributen für den Schulalltag passende Beispiele zuordnen, wenngleich sie sich nicht trennscharf voneinander abgrenzen lassen:

„The reflective practitioner"

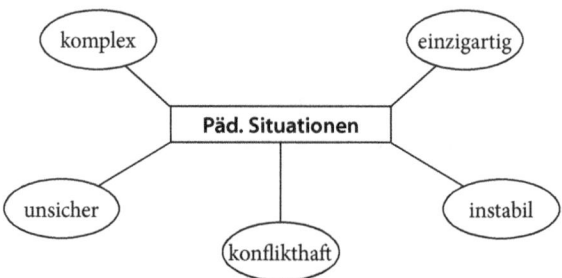

Abbildung 1: Merkmale pädagogischer Situationen nach SCHÖN

- „Komplex" ist eine Situation des Schulalltags, wenn sie viele Facetten aufweist, die bei einer pädagogischen Entscheidung berücksichtigt werden müssen. Die Lernschwierigkeiten einer Schülerin beispielsweise können verschiedene Ursachen haben: Ihre unzureichenden Deutschkenntnisse als Migrantin, Konflikte mit anderen Schülerinnen und Schülern, ihre schwierige familiäre Situation als ältestes von mehreren Geschwistern usw.
- Als „unsicher" können wir Situationen bezeichnen, in denen wir eine Entscheidung auf ungeklärter Tatsachengrundlage treffen müssen, weil es nicht möglich ist, vollständige Informationen zu erhalten.
- „Instabil" ist der Schulalltag, weil sich ständig die Bedingungen der Arbeit ändern: Die Zusammensetzung der Lerngruppe und des Kollegiums, der Inhalt von Richtlinien und Lehrplänen. Oder: Der motivierte und freundliche Schüler M verwandelt sich nach der Trennung seiner Eltern in einen Klassenclown. Die stille Schülerin N blüht plötzlich auf und arbeitet im Unterricht mit.
- „Einzigartig" bedeutet, dass sich keine pädagogische Situation exakt so wiederholt, wie sie einmal stattgefunden hat.
- „Zielkonflikte" schließlich sind jeder Lehrperson bekannt, wenn etwa die Rücksichtnahme auf einen schwächeren Schüler den Fortgang des Unterrichts hemmt und damit die Rechte stärkerer Schülerinnen und Schüler beeinträchtigt.

Standardisierte Lösungen? Das Beschreiben der Praxis, wie es SCHÖN vornimmt, gibt einen wichtigen Anhaltspunkt, weshalb Reflexion geeignet ist, um Handlungsprobleme zu lösen. Denn mit standardisierten Lösungen, womöglich aus einem tradierten „Rezeptfundus", sind vieldeutige pädagogische Situationen offensichtlich nicht zu bewältigen. Aber auch in erziehungswissenschaftlichen Abhandlungen werden sich kaum Hilfen finden lassen, die sich im Maßstab 1:1 auf einen konkreten Fall übertragen lassen. Ein Erziehungswissenschaftler beschreibt es so:

> *Unterrichten ist weniger eine kontrollierte Anwendung von erforschten Gesetzen des Handelns, Wahrnehmens und Lernens, sondern eher so etwas wie aufgeklärtes Experimentieren.* (KAHLERT 2005, 851)

In der Schulpraxis geht es also nicht darum, genau definierte Probleme nach festen Rastern oder Arbeitsanweisungen zu lösen. Die Unsicherheit, Komplexität, Instabilität usw. zwingen zu einer anderen Vorgehensweise. SCHÖN (1983) nennt sie „problem setting": Der Praktiker muss die Aufgaben, die die Praxis an ihn stellt, erst herausarbeiten und abgrenzen, seine Ziele bestimmen und seine Handlungsmittel auswählen. Etwas allgemeiner formuliert: Er muss unklaren Situationen Sinn zuschreiben. An dieser Stelle kommt die Reflexion ins Spiel, verstanden als ein genaues, zielgerichtetes Nachdenken, das Wissen und Handeln der Lehrperson verknüpft.

Die Kunst des „problem setting"

Dazu gehört es, den eigenen Unterricht zu dokumentieren und zu untersuchen, um sein pädagogisches Handeln zu verstehen und vielleicht sogar zu verbessern. Als Lehrperson wird man sein eigener „Unterrichtsforscher".

Bildungsprozesse werden so über die Subjektivität der Lernenden eingeleitet, also anhand ihres eigenen praktischen Tuns. Dazu noch einmal KAHLERT (2005): „Pädagogisches Handeln sollte [...] von einem Reflexionswissen begleitet werden (,reflektierter Praktiker'), das es ermöglicht, die durch den tatsächlichen Verlauf von Handlungen zu sammelnden Erfahrungen aufzunehmen, zu interpretieren und für neue Handlungen verfügbar zu machen" (849).

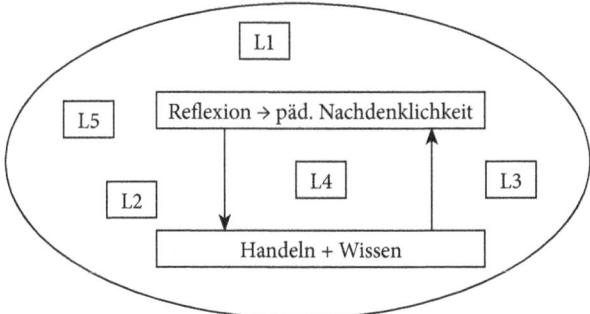

Abbildung 2: Handeln und Wissen als Inhalte der Reflexion

Eine Reflexion, die nur um sich selbst kreist, birgt aber Gefahren: dass die Beteiligten nur „im eigenen Saft schmoren", dass mögliche andere Perspektiven ausgeblendet bleiben, dass man vermeidbaren Irrtümern erliegt. Hier kann es helfen, Personen mit „Außensicht" einzubeziehen, beispielsweise Kolleginnen und Kollegen anderer Schulen oder Berater aus der Erziehungswissenschaft. Noch umfassender erscheint es sinnvoll, bei der Reflexion die untersuchte Praxis mit den Erkenntnissen der erziehungswissenschaftlichen Theorie zu kontrastieren. So kann ein weit aspektreicheres Bild entstehen.

Reflexion in der Schulpraxis

Subjektive Theorien

Nachdenken über den eigenen Unterricht ist sicherlich keiner Lehrperson fremd. In das Vorbereiten, Durchführen und Nachbereiten einer Unterrichtsstunde werden oft viele Gedanken investiert. Das gleiche gilt für die zahlreichen anderen Aspekte des Schullebens: ein Konfliktgespräch mit Eltern, eine Konferenz, eine Rede für die Entlassfeier. Solch ein Nachdenken spielt sich auch nicht willkürlich und voraussetzungslos ab. Denn Lehrpersonen verfügen (ebenso wie bereits Studierende) über eigene pädagogische Theorien, die allerdings mit wissenschaftlichen Theorien nicht verwechselt werden dürfen. Gemeint ist das bekannte Konzept der „subjektiven Theorien". Vereinfacht gesagt, bedeutet dies, dass eine Lehrperson stets persönliche Sichtweisen und Haltungen einnimmt, um das schulische Geschehen für sich einzuordnen und seine Zusammenhänge fassbar zu machen. Praktische Erfahrungen werden „schon immer von subjektiv-pädagogischen Theorien aus strukturiert, erfasst und gedeutet" (BRENK 2003, 174).

So wird ein Lehrer, dessen Unterricht von einigen Schülern stark gestört wird, über die Ursachen nachdenken. Dies kann zu sehr unterschiedlichen Deutungen führen: So mag der Lehrer den „Fehler" bei sich und seiner mangelnden Autorität suchen, Kollegen verantwortlich sehen, die vor ihm die Klasse unterrichtet haben, oder die misslungene Erziehung der Schüler durch deren Elternhaus als Ursache annehmen.

Intuitives Nachdenken systematisch ergänzen

Reflexionskompetenz entsteht, wenn dieser Lehrer die Fähigkeit entwickelt, intuitive Formen des Nachdenkens über sein pädagogisches Handeln durch systematische und regelgeleitete Reflexion zu ergänzen, die mehrperspektivisch ausgestaltet ist, also auch Sichtweisen von Kolleginnen und Kollegen oder anderen Fachleuten einbezieht. Reflektieren bedeutet, das pädagogische Geschehen kognitiv zu durchdringen (WITTENBRUCH 2004, 702).

Der recht abstrakte und schillernde Begriff der „Reflexion" kann dabei in verschiedene **Reflexionsschritte** gegliedert werden, die an dieser Stelle nur grob skizziert werden sollen (siehe dazu ausführlich Kapitel 4–8):

1. Beobachten/Dokumentieren – Hinsehen/-hören → 2. Analyse/Differenzierung – Aspekte → 3. Integration – Sinnzuschreibung → 4. Entwerfen und Umsetzen neuer Handlungsmöglichkeiten

Reflexionsschritte
Der erste Schritt ist das Beobachten und Dokumentieren des pädagogischen Geschehens, das möglichst offen und wertungsfrei erfolgen sollte. Reflexion beginnt also mit dem genauen Hinsehen und Hinhören. In einem zweiten Schritt folgen Analyse und Differenzierung: Mögliche Lernanlässe werden identifiziert. Es wird festgelegt, welche Aspekte reflektiert werden sollen. In einem dritten Schritt interpretieren die Beteiligten das Geschehen. Sie schreiben ihm Sinn zu. Dies ist der zentrale Punkt der Reflexion. Den vorläufig abschließenden Schritt bilden das Entwerfen und Umsetzen neuer Handlungsmöglichkeiten: Auf die Reflexion hin verändert sich die Praxis.

Genaues Hinsehen und -hören als Ausgangspunkt

Es gibt es verschiedene Möglichkeiten, die Interpretation zu gestalten (vgl. dazu Plöger 2006a, 168 f.): Entweder man versucht, die Darstellung und Analyse gleichsam auf einen Nenner zu bringen, wodurch der konkrete Fall völlig im Allgemeinen (der theoretischen Deutung) aufgeht. Diese Prämisse scheint manchen reflexionsmethodischen Anleitungen zugrunde zu liegen, ohne dass dies immer ausgesprochen würde. Ein anderer Weg ist es, möglichst viele Deutungsmöglichkeiten herauszuarbeiten, indem man das untersuchte pädagogische Geschehen in Beziehung setzt beispielsweise zu eigenen biographischen Erfahrungen, den Erfahrungen von Kolleginnen und Kollegen, aber eben auch zu pädagogischen Theorien.

2.3 Pädagogische Nachdenklichkeit und der Kreislauf von Reflexion und Aktion

Was ist das Ziel von Reflexion? Von zwei Begriffen zur Reflexion war im Zusammenhang mit dieser Frage bereits mehrfach die Rede: von „pädagogischer Nachdenklichkeit" einerseits und von einem „Kreislauf von Reflexion und Aktion" andererseits. Vielleicht haben Sie dabei zunächst eine gewisse Mehrdeutigkeit dieser Begriffe bemerkt: Pädagogische Nachdenklichkeit klingt im guten Sinne nach einem besonnenen und überlegten Vorgehen, im schlechten Sinne nach Tatenlosigkeit. Der Kreislauf von Reflexion und Aktion lässt an Dynamik und Veränderungen denken, jedoch scheint der Weg zum kopflosen Aktionismus, zum Tun um des Tuns willen nicht weit. Auch stehen die Begriffe zueinander in einer gewissen Spannung: hier eher Abwarten, dort eher Handeln.

Der Begriff des „Kreislaufs von Reflexion und Aktion" stammt aus der schon mehrfach erwähnten Handlungsforschung. Die Handlungsforschung ist eine Forschungsform, bei der der Forschende selbst im Forschungsfeld aktiv wird. Der „Handlungsforscher" beobachtet und analysiert nicht nur, sondern greift ein. Dementsprechend wird auch von „eingreifender Sozialforschung" gesprochen. Ziel dieser Form von Forschung ist es, die vorgefundene Praxis zu verändern. Der „Forscher" muss dabei nicht zwangsläufig ein professioneller Wissenschaftler sein, vielmehr kann es sich auch um einen Praktiker handeln. Radikale Ausprägungen der Handlungsforschung sehen sogar den Praktiker als Forscher im eigentlichen Sinne, während für den professionellen Wissenschaftler nur die Rolle des Beraters oder „kritischen Freundes" bleibt. So weit wollen wir allerdings nicht gehen. Aus unserer Sicht ist trotz ähnlicher Ansätze zwischen Handlungsforschung im Sinne professionell betriebener Wissenschaft und Praxisforschung, die durch Praktiker betrieben wird (dazu zählen wir die kollegiale Praxisreflexion), zu unterscheiden. Die zum Teil sehr unterschiedlichen Ausprägungen von Handlungsforschung haben fast alle eines gemeinsam: Sie orientieren sich an einem zyklischen Forschungsmodell, eben dem Kreislauf von Reflexion und Aktion. Jeder Zyklus besteht aus mehreren Schritten, wobei die Einteilung in einzelne Schritte mehr oder weniger kleinteilig beschrieben werden kann. Für diese Gedanken beanspruchen wir keinerlei Originalität. Sie lassen sich in ähnlicher Form in vielen Berichten über Projekte der Praxisforschung und in theoretischen Konzeptionen finden:

Ein zyklisches Forschungsmodell

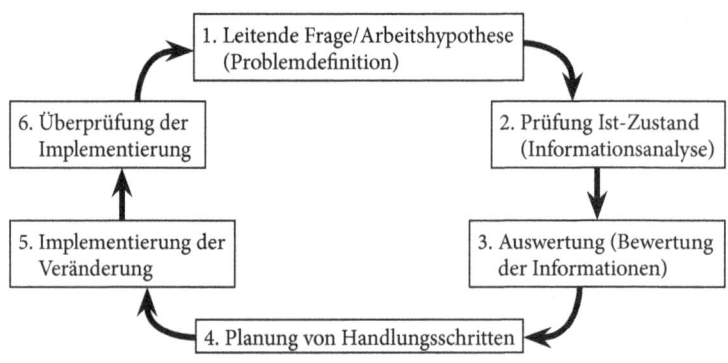

Abbildung 3: Kreislauf von Reflexion und Aktion

- Der erste Schritt besteht in der Definition einer leitenden Frage oder einer Arbeitshypothese. Ein Problem oder eine verbesserungsbedürftige Situation werden formuliert. Eine solche Formulierung kann sehr speziell ausfallen: „Ich möchte den lernbehinderten Schüler S besser fördern." Sie kann aber auch ganz allgemein gehalten werden: „Ich möchte mein pädagogisches Handeln einmal insgesamt kritisch prüfen." In letzterem Fall könnten sich selbstverständlich im Verlauf der Forschung weitere, speziellere Fragen ergeben. Nicht notwendig muss die leitende Frage bzw. Arbeitshypothese die Arbeit einer einzelnen Lehrperson betreffen. Sie kann sich auch auf die pädagogische Gestaltung der Schule insgesamt beziehen: „Welche Regeln (Kommunikationsregeln, Kooperationsregeln usw.) könnten und sollten einheitlich in allen Klassen gelten?" *Leitende Frage*
- Im zweiten Schritt geht es darum, Informationen zu sammeln: Wie stellt sich der „Ist-Zustand" dar? Wie gehe ich aktuell im Unterricht oder außerhalb des Unterrichts auf den Schüler S ein? Oder allgemein: Wie gestalte ich derzeit typischerweise eine Unterrichtsstunde? Welche Regeln gelten derzeit in den einzelnen Klassen? Eine wichtige Quelle der Informationssammlung, die in diesem Buch im Vordergrund steht, ist das Beobachten und Dokumentieren von Unterricht. Je nach Fragestellung können aber auch andere Quellen genutzt werden. Beispielsweise lassen sich schulinterne Dokumente auswerten, etwa das Schulprogramm. Wer sich reflexiv mit seiner Elternarbeit auseinandersetzen will, wird möglicherweise eine (anonyme oder offene) Befragung der Eltern nutzen. *Informationen sammeln*
- Der nächste, dritte Schritt: Die Auswertung und Bewertung der gesammelten Informationen und – darauf aufbauend – die Planung von Handlungsschritten. Für den Fall der Unterrichtsbeobachtung ist dies die kollegiale Besprechung des dokumentierten Unterrichts. In diesem Schritt ist – um dem Beispiel zu folgen – gemeinsam zu überlegen, ob und gegebenenfalls wie die Förderung des Schülers S anders gestaltet werden sollte. Wenn es um den Unterricht allgemein geht: Welche Dinge sind verbesserungsbedürftig? Wie kann dies verwirklicht werden? Oder: Welche Fragen hat die erste Beobachtung aufgeworfen, die jetzt noch vertieft betrachtet werden müssen? Im Fall der schulischen Regeln: Welche der vorgefundenen Regeln erscheinen sinnvoll und sollten in allen Klassen gelten? Welches Maß an Einheitlichkeit ist erforderlich? *Auswerten und planen*
- Der vierte Schritt besteht in der Implementierung der vorher geplanten Veränderungen des Unterrichts. Die Lehrperson geht – bildlich gesprochen – wieder zurück in den Unterricht und modifiziert dort ihr Handeln. *Veränderungen implementieren*

- Im fünften Schritt wird überprüft, ob das modifizierte Handeln zu einer verbesserten Praxis geführt hat: Mit einer erneuten Sammlung von Informationen beginnt der Zyklus damit von neuem. Er kann beliebig oft durchlaufen werden.

Ein solches zyklisches Ablaufschema kann nützlich sein, das eigene Tun zu strukturieren. Es hilft zu erkennen, dass Reflexion kein zielloses Durcheinander von Beobachten, Dokumentieren, Bewerten und Handeln sein muss, sondern dass sich verschiedene Arbeitsschritte identifizieren lassen, die aufeinander folgen. Auf der Basis des zyklischen Modells kann die Reflexionsarbeit systematisch geplant werden.

Auf der anderen Seite kann das zyklische Modell aber auch in die Irre führen und zur falschen Vorstellung verleiten, durch mehrfaches Durchlaufen des Zyklus und dementsprechend stetige Verbesserung des pädagogischen Handelns könnte man gleichsam automatisch das Ziel eines perfekten Unterrichts erreichen. Die Erfahrungen beispielsweise aus konkreten Projekten zeigen allerdings, dass dies eine Illusion ist. Denn der (Erkenntnis-)Fortschritt, den man durch kontinuierliche Praxisreflexion erzielen kann, ist nicht reißbrettartig planbar. Die Spontaneität und zwangsläufige Sprunghaftigkeit menschlichen Handelns lässt sich mit dem zyklischen Modell ebenso wenig abbilden wie (vielleicht notwendige) Irrwege und Missverständnisse. Auch bleibt ja das Umfeld, in dem reflektiert und gehandelt wird, nicht stabil. So können Leitfragen und Themenfelder sich gleichsam von selbst erledigen, während andere Aspekte wichtiger werden: So war im Projekt „Schulentwicklung konkret" zunächst das Thema der schulischen „Regeln und Rituale" ein wichtiger Arbeitsschwerpunkt des Kollegiums. Denn durch die Neugründung der Schule trafen mit den Lehrkräften und Schülern, die von verschiedenen Schulen stammten, auch Schulkulturen aufeinander, die in dieser Hinsicht sehr unterschiedlich waren. „Regeln und Rituale" blieben zwar ein Schwerpunkt, doch trat seine Bedeutung mehr und mehr zurück.

Das zyklische Modell: eine Richtschnur

Aus diesem Grund sollte das zyklische Modell allenfalls als eine grobe Richtschnur der kollegialen Praxisreflexion dienen. Es ist durchaus sinnvoll, regelmäßig zu fragen: An welcher Stelle des zyklischen Modells befinden wir uns gerade? Welche Schritte sind wir bereits gegangen? Welche Schritte sind zu planen? Doch ein sklavisches Abarbeiten der einzelnen Stufen wird der Lebenswirklichkeit oft nicht gerecht und ist bisweilen weder möglich noch sinnvoll.

2.4 Organisationsformen Reflexiven Lernens
Markus Brenk

Wie in den Kapiteln zuvor erläutert, ist Praxisreflexion nach dem Konzept Reflexiven Lernens nicht festgelegt auf einen bestimmten organisatorischen Rahmen. Sowohl im Hochschulseminar als auch in der Lehrerfortbildung hat die Praxisreflexion nach dem Konzept Reflexiven Lernens zwei Ansatzstellen, einmal dort, wo Theorie „im Angesicht von Praxis" und im Medium des Gesprächs erarbeitet bzw. wo beide aufeinander bezogen werden, und zum anderen dort, wo pädagogisch Lernende (Lernsubjekte) sich selbst, ihre Einstellungen, Wahrnehmungen, Deutungen und Handlungsweisen mithilfe von Theorien unterschiedlichen Grades (von reflektierten Erfahrungen bis hin zu methodisch gesichertem, wissenschaftlichem Wissen) hinterfragen.

Der Platz für diese Art von Reflexion kann die fallorientierte Arbeit mit Texten oder mit Unterrichtssimulationen im Hochschulseminar, das forschende Erkunden im Rahmen Schulpraktischer Studien und deren Nachbereitung auf der Basis von studentischen Schulporträts im Nachbereitungsseminar sein. Es können aber auch kollegiale Unterrichtsbesuche oder – im Sonderfall – die (begleitete) Praxisforschung von Lehrpersonen sein, in denen sich kollegiale Praxisreflexion in unserem Sinne finden lässt.

Weiterentwicklung der eigenen Deutungen und Handlungsmöglichkeiten

Im Folgenden sollen zwei Organisationsformen näher dargestellt werden, in denen sich auf unterschiedliche Weise die Möglichkeit ergibt, die eigenen Sichtweisen, Handlungsmöglichkeiten und Deutungen im Kontakt mit Kollegen und Vertretern aller drei Phasen der Lehrerbildung zum Gegenstand von Betrachtungen zu machen und weiterzuentwickeln. Die erste Form besteht ursprünglich in einem Fortbildungsmodul einer Lernwerkstatt für Schulprogrammentwicklung, fand aber bereits in verschiedenen Kontexten, so z. B. in der Schulentwicklung(sforschung) ihren Platz, die zweite entlehnt ihren Namen aus der Musik und heißt „accompagnato". Die beiden Ansätze werden hier unkommentiert nacheinander beschrieben. Auf diese Weise zeigen sich zwar Unterschiede in der Zielsetzung und der Organisationsstruktur, eventuell auch in der Bedeutung externen wissenschaftlichen Wissens für die Aufklärung und Gestaltung von pädagogischer Praxis, aber auch Gemeinsamkeiten. Diese bestehen im dialogischen Ansatz, der von bestimmten kommunikativen und ethischen Voraussetzungen geprägt ist, und hinsichtlich der geschaffenen Spielräume für die Möglichkeit zur Reflexion von Praxis.

2.4.1 Reflexives Lernen in Form eines schulinternen Weiterbildungs- und Entwicklungsprogramms

Das Konzept „Reflexives Lernen" im Sinne eines Weiterbildungs- und Entwicklungsprogramms von Schule hat, wie in Kapitel 1 beschrieben, seinen Ort in der Schul- und Unterrichtsentwicklung (z. B. Schulprogrammarbeit, didaktische Entwicklung, Personalentwicklung) und besteht im Kern aus einer gemeinsamen Durchdringung von pädagogisch-didaktischen Prozessen und Situationen im Kollegium oder in Kollegiumsgruppen, um so das pädagogische Urteilsvermögen zu fördern und konkrete Handlungsalternativen aufzuzeigen (vgl. zu Programm und Ablauf WITTENBRUCH/BRENK in BRENK/SALOMON 2010, 178 f.). Subjektive Erfahrungen sollen dabei in ein reflexives Verhältnis zu pädagogischem Wissen gebracht werden. Nicht nur die individuelle Verbesserung pädagogischer Handlungsmöglichkeiten steht hierbei als Ziel im Vordergrund, sondern die Schaffung eines stimmig gestalteten pädagogischen Profils z. B. einer Einzelschule und eines Kollegiums. Daher sind pädagogische Konsensmöglichkeiten für das Programm konstitutiv.

Förderung des pädagogischen Urteilsvermögens

Kontext/Merkmale

Das Programm „Reflexives Lernen" fordert von der Lehrperson, die Zusammenhänge zwischen der eigenen biographischen Lerngeschichte, der alltäglichen Berufsarbeit und den angeeigneten pädagogischen Theorien und Erkenntnissen bewusst zu erfassen, zu verarbeiten und in einen eigenständigen pädagogischen Gedankenkreis zu bringen. Die Reflexion geht von der eigenen Praxis aus und soll durch ihre kritische Sichtung zu verbesserten konkreten Handlungsmöglichkeiten führen. Lehrpersonen erleben sich dabei als lernende Subjekte, legen angebotene Theorien auf eigene Praxis aus und eigene Praxis wird mit Theorien konfrontiert. Reflexives Lernen ist daher auf Übung in Hospitationen, im kollegialen Gespräch und in der Diskussion über schriftliche Texte und Beispiele angewiesen. Dadurch werden auch alternative Handlungsmöglichkeiten aufgezeigt.

Es setzt die Einübung bestimmter Haltungen voraus, da Äußerungen über Unterricht immer auch auf Personen bezogen sind. Vertrautheit mit Gesprächspartnern, eine Anlauf- und Aufwärmphase, ein ausreichendes Zeit-, Raum-, Materialangebot und Übung im Sprechen über Unterricht sind wichtige Voraussetzungen. Das Reflektieren soll zugleich zu einem Abbau von „Sprachlosigkeit" im Kollegium führen. Als Datenbasis für das Gespräch dienen z. B. Unterrichtsprotokolle, „Zeitleisten", Episoden u. a.

Verfahrensregeln
Das Programm „Reflexives Lernen" beruht auf überschaubaren methodischen Regeln:

- Ausgangspunkt ist immer der Ist-Zustand an einer Schule, z. B. dokumentiert durch eine Hospitationsstunde, an der pädagogische Nachdenklichkeit eingeübt wird.
- Schriftlich fixierte Daten und Materialien (z. B. Protokolle über Unterrichtsbeobachtungen) aus der Phase der Ist-Analyse geben eine solide Basis ab für Auswertungsgespräche in der Teilnehmergruppe.
- Um Willkür und Ausuferung zu vermeiden, läuft das Auswertungsgespräch nach strengen, vorab vereinbarten Kommunikationsregeln ab.
- Das Heranziehen von externen Gesprächspartnern (z. B. aus einer Hochschule) erhöht die Chancen aller Beteiligten, ihre pädagogische Praxis differenzierter wahrzunehmen, über entsprechende Praxisveränderungen zu reflektieren und eventuelle Einseitigkeiten im Urteil über den erlebten oder dokumentierten Unterricht auszubalancieren.

Reflexives Lernen – möglicher Ablauf ◀ ◀ ◀
Schritte: Hospitation → Erstellen einer Zeitleiste → Vorlage im Gesamtkollegium → Gemeinsame Beratung über eine konkrete Unterrichtsstunde aus der eigenen Schule:

- Der erste Durchgang: Sogenannte „Merkwürdigkeiten", d. h. Auffälligkeiten bzw. Besonderheiten werden von jedem Hospitationsteilnehmer genannt. Stellungnahmen werden unter Vermeidung von Werturteilen abgegeben.
- Der zweite Durchgang: Es werden Punkte ausgewählt, die für die Auswertung weiter verfolgt werden.
- Auswertung der Stunde unter ausgewiesenen Maßstäben (erziehungswissenschaftliches Wissen, Zielstellungen aus Schulprogrammaussagen, definierte Anforderungsbereiche, Stimmigkeitspostulat pädagogischen Handelns usw.).
- Kritik pädagogischer Praxiselemente, organisatorischer Bedingungen usw.
- Bestärkung des Handelns von Kolleginnen und Kollegen durch Aufweis angemessener Handlungsformen.
- Entwicklung organisatorischer bzw. didaktischer Alternativen.

Letzter Schritt: Finden von gemeinsamen und individuellen Arbeitsfeldern zur Weiterentwicklung der Schule bzw. des individuellen pädagogischen Handelns.

2.4.2 Das Modell „accompagnato"
Ekkehard Mascher

Professionalisierung von Lehrkräften in der personalen Dimension

Im Folgenden wird ein Modell dargestellt, das Professionalisierung von Lehrpersonen nicht nur in ihrer fachlichen, sondern auch in ihrer personalen Dimension verankert (vgl. HERRMANN 2002, 46), Brücken zwischen den unterschiedlichen Ausbildungs- und Berufsphasen schlägt und somit ein Lernmodell für Aus- und Weiterbildungsmöglichkeiten abgeben kann. Es wird – nach einer evaluierten Entwicklungsphase – seit einigen Jahren an den Hochschulstandorten Wien, Köln und Detmold praktiziert.

Hervorgegangen ist *accompagnato* aus einem Comeniusprojekt, an dem sich Kolleginnen und Kollegen aus Slowenien, der Schweiz, Österreich, Deutschland und Schweden beteiligt haben. Teilnehmerinnen und Teilnehmer von *accompagnato* sind Studierende, Referendarinnen und Referendare und Lehrkräfte aller Schulformen. Dass Teilnehmende aus allen drei Phasen der Lehrerbildung gemeinsam lernen, führt zu vielfältigen Synergieeffekten, und die Beteiligung von Kolleginnen und Kollegen aus allen Schulformen führt oftmals dazu, dass ein Perspektivenaustausch und damit Verstehen gefördert wird. Nicht ein von außen vorgegebenes Thema führt durch die Lehrveranstaltung, sondern die einzelnen Personen folgen ihren Individualinteressen und bestimmen damit die inhaltliche Auseinandersetzung.

Der Fachbegriff *accompagnato* ist der Musikwissenschaft entlehnt und steht für eine bestimmte Ausformung des Rezitativs, einer stark textlastigen und handlungstragenden Gattung innerhalb der Oper, in der Melodie, Begleitung und Textverteilung recht frei von einem Solisten und einem begleitenden Musiker gestaltet werden. Das Accompagnato-Rezitativ erfordert große Sensibilität beim Zusammenspiel zwischen Solist und begleitenden Musikern. Der Dirigent leitet nur vorsichtig, denn impulsgebend ist in diesem Falle der Solist. Er lädt die Musiker unter der rücksichtsvollen Leitung des Dirigenten durch subtile Zeichen nach bestimmten Regeln zur Begleitung ein. Das Gelingen dieses Zusammenspiels ist die Voraussetzung für eine erfolgreiche Interpretation. Übertragen auf die Beratungssituation in der Lehrerweiterbildung meint diese Metapher: der zu Beratende als Solist, der vom Berater behutsam und festen Regeln entsprechend begleitet wird, um gemeinsam zum bestmöglichen Ergebnis zu gelangen. Der Berater lässt dem Solisten seinen Raum und ist vor allem bemüht, ihn nicht durch Unwesentliches zu verwirren.

Das Ziel von *accompagnato* ist die Stärkung eines lebenslangen Lernprozesses, der einerseits an den Forderungen der Verzahnung der Lehrerbildungsphasen und der Koordination von wissenschaftlichen Studien und pädagogisch-praktischen Erfahrungen (vgl. TERHART 2000) und andererseits an Kompetenzstandards für die Lehrerbildung (DUBS 2005, 34 f.) orientiert ist. *Accompagnato* verknüpft die Phasen von Berufseinstieg und Weiterbildung und hat es sich zur Aufgabe gemacht, die Reflexion von Praxis durch den Austausch von Perspektiven, die von unterschiedlichem Expertiseniveau („Bildungsgefälle" in heterogenen Lehrer-Lerngruppen) bestimmt sind, zu fördern.

Verknüpfung von Berufseinstieg und Weiterbildung

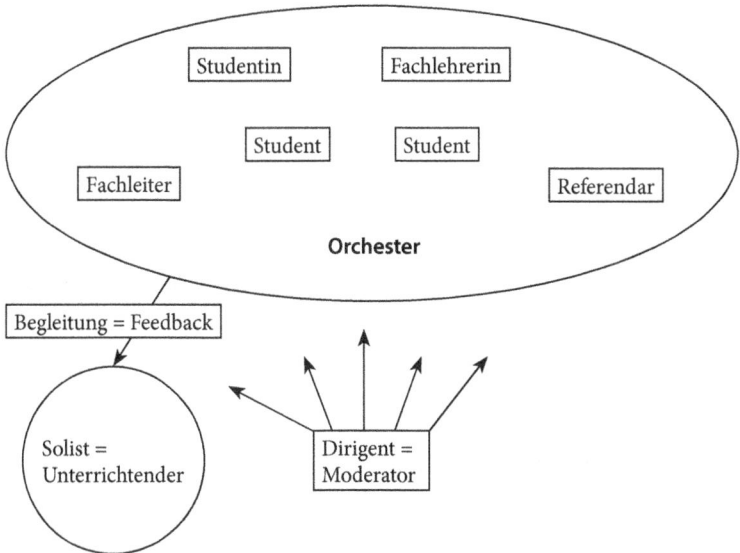

Abbildung 4: Musikalische „Begleitung" als Modell für kollegiale Reflexion

Arbeitsformen

Die regelmäßigen Treffen im Plenum sind neben fachspezifischen Schwerpunktsetzungen geprägt von einem Coaching-Programm, das sich auf den Unterrichtenden (Feedbacknehmer) sowie den Beobachter (Feedbackgeber) konzentriert. Die eigentlichen Entwicklungsaufgaben finden in kleinen Gruppen statt: Jedes Mitglied lädt seine Kleingruppe einmal pro Semester in seinen Unterricht ein, nach der Unterrichtsstunde findet eine Besprechung nach Regeln statt, auf die sich die Gruppe im Vorfeld verständigt hat.

Die eigenen Ressourcen entdecken

Angstfreies, positiv ausgerichtetes und selbstbestimmtes Lernen hilft, Potential im Menschen zu entfalten (HERRIGER 2006). Fragt man Teilnehmer nach ihren eigenen Stärken und Begabungen, so fällt es ihnen meist schwer, positive Aspekte zu benennen. Leichter fällt die Darstellung eigener Defizite und Mängel, die immer wieder (vermeintlich) für Misslingen und Ärger sorgen. Um aus diesem Kreislauf herauszukommen, helfen Aufgabenstellungen, die eigenen, in Vergessenheit geratenen Ressourcen zu aktivieren (STÖGER/LION/NIERMANN 2010, 36 f.). Auch das gezielte Führen eines Lerntagebuches kann zu einer Veränderung der eigenen Sichtweise führen.

Das Anliegen

Jeder Teilnehmende formuliert ein Anliegen, d. h. eine Fragestellung, die einen Aspekt seines unterrichtlichen oder schulischen Handelns betrifft, den es zu verändern gilt und der für eine bestimmte Zeit in den Mittelpunkt der Beobachtung gestellt werden soll (beispielsweise: Wie kann ich durch mein Verhalten dazu beitragen, dass die Schülerinnen und Schüler mehr „echte Lernzeit" im Unterricht haben? – Wie kann ich meinen Unterricht so gestalten, dass häufiger offene Unterrichtssituationen entstehen?). Der Kreislauf ist in mehrere Phasen gegliedert: Klärung des Anliegens – Erprobung im Unterrichtsbesuch mit anschließendem Feedback – Auswertung und Adaptierung des Anliegens. Häufig zeigt sich, dass hinter dem Anliegen noch eine tiefere Ebene verborgen ist, die dann in einem weiteren Kreislauf bearbeitet werden kann.

Das Feedback

Beratungskultur im Schulalltag wird häufig von Mustern aus der eigenen Geschichte oder der eigenen Ausbildung überdeckt. Ratschläge, Tipps von außen verfestigen jedoch eher die alten Muster, indem sie Strategien der Eigeninitiative und des Selbstmanagements schwächen und nicht zu einer Verbesserung führen.

Eine nicht belehrende, sondern beratende Gesprächskultur

Zum Feedback gehört eine Gesprächskultur, die nicht auf Belehrung, Verweis auf Alternativen bzw. auf fremden Erfahrungen basiert, sondern daran ausgerichtet ist, die Lehrperson bezogen auf das von ihr formulierte Anliegen zu beraten. Kursleiter nehmen nicht an den Unterrichtsstunden teil, sondern treten als Moderatoren im Rahmen der anschließenden Gespräche in Erscheinung und helfen bei der Prozesssteuerung. Sie moderieren das Gespräch und achten darauf, dass das Anliegen des Unterrichtenden im Mittelpunkt bleibt. Die Feedbackgeber geben Rückmeldungen, die sich an dem gewählten Anliegen des Unterrichtenden orientieren. Für beide Perspektiven, die des Feedbackgebers sowie die des Feedbacknehmers, sind intensive Trainingsphasen erforderlich. Die Kleingruppen werden angeregt, Regeln, Absprachen und Rituale für Besprechungssituationen zu entwickeln. Entscheidend dafür ist eine Atmosphäre des gegenseitigen Respekts: Kollegiale Begleitung kann nur dann gelingen, wenn sie von Achtung und Vertrauen geprägt ist und sich die Gesprächspartner auf Augenhöhe begegnen.

Eigene Wege gehen – nachhaltige Schulentwicklung
Folgende Beobachtungen können im Hinblick auf eine Professionalisierung der drei Teilnehmergruppen festgehalten werden:
- Studierende lernen, dass ihre fachwissenschaftliche Ausbildung durch berufsbezogene Kompetenzfelder erweitert wird. Sie können feststellen, dass das Erlernen ihres Berufes prozesshaft stattfindet und nicht mit dem Examen beendet sein wird. Studierende zeigen ihre phantasievollen Unterrichtsideen in Verbindung mit frisch gelerntem Fachwissen und lernen von den erfahrenen Lehrpersonen, diese Elemente handwerklich klar einzubinden.
- Referendarinnen und Referendare stellen fest, dass sie persönlichkeits- und kompetenzstärkend lernen und experimentieren können, denn die Beratung ist nicht mit einer Bewertung verbunden. Sie bringen häufig didaktisches Problembewusstsein in die allgemeine Diskussion ein.
- Lehrpersonen, die ihre eigene Routine häufig als festgefahren erleben, erhalten neue Impulse und erleben Strategien zur Konfliktlösung auf einer völlig anderen Ebene. Gleichzeitig bringen sie ihr Expertenwissen im Plenum ein. Sie stellen fest, dass sie die neuen Erfahrungen nachhaltig und selbstbewusst nutzen können, indem sie nach Abschluss der Weiterbildung eigene, auch schulinterne Netzwerke gründen mit dem Ziel einer selbstständigen Qualitätsentwicklung.

Merkmalkataloge für „guten Unterricht" und ihre Funktion in Kernbereichen Reflexiven Lernens

Wilhelm Wittenbruch

Arbeit an subjektiven Theorien

Unterrichtsbeobachtung, -protokollierung und -analyse benötigen Maßstäbe, mit denen eigene und fremde unterrichtliche Praxis reflektiert werden kann, um damit eine produktive Verarbeitung eigener Berufserfahrungen anzustoßen. Im 3. Kapitel werden diese komplexen Zusammenhänge und das Angebot normativer Maßgaben für die Kernbereiche Reflexiven Lernens in drei Schritten erörtert. Zunächst wird an den Anspruch bekannter Merkmalkataloge für „guten Unterricht" erinnert (3.1): Sie listen nicht nur Faktoren für die Qualität von Unterricht auf. Sie empfehlen sich auch als Orientierungshilfe für kollegiale Hospitationen, Unterrichtsanalysen und -nachbesprechungen. In einem zweiten Schritt (3.2) richtet sich die Aufmerksamkeit (über diese behaupteten Funktionen hinaus) anhand von Fallmaterial auf Hinweise, dass Lehrer über eigene, „subjektive Theorien" zum „guten Unterricht" verfügen. Sie entwickeln diese in ihrem Berufsleben. Diese „subjekven Theorien" lassen sich im kritischen Umgang mit Kriterienkatalogen für „guten Unterricht" erweitern und schärfen. Deshalb wird abschließend (3.3) ein weit verbreiteter Katalog vorgestellt. Seine kritische Kommentierung kann ermuntern, sich Klarheit über die Einsatzmöglichkeit dieser Kataloge und ihre (zumeist verborgene) Normativität zu verschaffen. Diese Kenntnis macht nicht nur sensibel für den Zusammenhang von Lehrangebot und Lernertrag, sondern fördert auch eine reflektierte Distanz gegenüber Alltagsroutinen und eine kritische Fragehaltung gegenüber den Befunden der Lehr-Lernforschung. Sie stärkt letztendlich die eigene pädagogische Urteilskraft.

3.1 Was Merkmalkataloge für „guten Unterricht" in Gang setzen (wollen)

Gegenwärtig scheint die dominierende Schul- und Unterrichtsforschung vorrangig daran interessiert zu sein, angehenden und praktizierenden Lehrpersonen die schwierige Aufgabe des Unterrichtens zu erleichtern, indem man ihnen zunächst einmal erklärt, was denn „guter Unterricht" überhaupt ist, und sie dann mit Aufgabenkatalogen vertraut macht, deren Beachtung z. B. in den Bereichen „Klassenführung" oder „Unterrichtsorganisation" erfolgreiches Unterrichten verspricht – ein nicht gerade durch Zurückhaltung und Respekt gegenüber den Praktikern gekennzeichnetes Unternehmen. In der Lehrer-Ratgeber-Literatur und in Ausbildungszusammenhängen beanspruchen derzeit die Merkmalkataloge von ANDREAS HELMKE (kontinuierlich seit 1988) und HILBERT MEYER (seit 2003) die Deutungshoheit für „guten Unterricht", die sich aus Traditionsbeständen der Allgemeinen Didaktik und Befunden der Lehr-Lern-Forschung speist (vgl. GRUSCHKA 2011, 29 ff.): Sie suchen „in einer hochkomplexen Wirklichkeit nach den entscheidenden Faktoren", die im Unterricht den Lernerfolg der Schülerinnen und Schüler sichern sollen (vgl. 29). Diese „Optimierungsstrategie" greift auch auf Kernbereiche des Reflexiven Lernens über. So empfehlen ihre Vertreter die Merkmalkataloge nicht nur für persönliche „Stärke-Schwächen-Analysen" des reflektierenden Praktikers oder für strukturierte Stundennachbesprechungen mit Referendaren, sondern auch als Orientierungsrahmen für kollegiale Hospitationen, wo die Merkmallisten Aufmerksamkeitsrichtungen für Beobachtung oder Auswertung angeben sollen (vgl. MEYER 2010, 30). Das erscheint plausibel.

Denn in Kernbereichen des Reflexiven Lernens, der Unterrichtsbeobachtung bzw. -protokollierung und Unterrichtsanalyse, sind Kriterien vonnöten. Es bedarf der „Begriffe, Denkwerkzeuge und Urteilskategorien [...], mit denen man die eigene didaktische Praxis, das eigene lehrende, unterrichtende Handeln und Entscheiden [aber auch das von Kollegen – Wi.] reflektieren kann, um in einen solchen Prozess der produktiven Verarbeitung von beruflicher Erfahrung eintreten zu können" (TERHART 2009, 10).

Kriterienbezug von Unterrichtsbeobachtung und -analyse braucht Kriterien

Die Merkmalkataloge bieten – so ihr Anspruch – zum einen jene notwendigen Maßstäbe und erforderlichen Denkkategorien, zum anderen wollen sie z.B. mit ihren empirischen Befunden die Wissensbasis von Lehrpersonen erweitern, die die Qualität des konkreten Unterrichts (mit-)beeinflusst (vgl. PLÖGER/SCHOLL 2011, 649 ff.).

Diesem Zusammenhang und den behaupteten Funktionen von Merkmallisten für „guten Unterricht" im Wissens- und Handlungsrepertoire von Lehrpersonen wird im Folgenden nachgegangen. Dabei sollen zunächst Hinweise auf „subjektive Theorien" von Unterricht, die Lehrpersonen im Berufsalltag erworben haben und die im „Nachdenken" über Unterricht und in der Bewertung „nach dem Unterricht" zum Tragen kommen, sondiert und ermittelt werden. Im Anschluss daran wird ein Merkmalkatalog für „guten Unterricht" vorgestellt, über seine Herkunft und Geltungsansprüche informiert und auf seinen möglichen Beitrag zur kollegialen Reflexionskultur befragt. Abschließend soll für einen kritischen Umgang mit

Kritischer Umgang mit Qualitätskriterien den Qualitätskriterien für Unterricht geworben werden, um die eigenen Vorstellungen über Unterricht abzuklären und weitere Reflexionen über seine Bedingungen, seine Wirksamkeit, aber auch seine Verbesserung anzustoßen.

3.2 Was „Nachdenken über Unterricht" an Vorstellungen über „guten Unterricht" freilegen kann

Das vorzustellende Material entstammt einem Hospitationsprojekt. In seinem Mittelpunkt stand die Deutschstunde in einer 12. Klasse eines Münsterschen Berufskollegs, an der 15 Studierende, Lehrkräfte und Hochschullehrer aus Dänemark, Österreich und Deutschland als Hospitanten teilnahmen. Über dieses Vorhaben, von dem hier nur ein Ausschnitt in sechs Schritten dokumentiert wird, liegen ausführliche Berichte vor (vgl. KRAUS 2002, 89–128 oder WITTENBRUCH 2003, 965 ff.), auf die im Folgenden zurückgegriffen wird:

1. Nach Einführung in Zielsetzung und Verfahren des Programms „Reflexives Lernen" (ca. 30 Min.) folgte die Hospitation mit schriftlich angefertigten Protokollen, die von allen Teilnehmenden in Form von „Zeitleisten" angelegt wurden (ca. 40 Min.).
2. Das angeführte Übersichtsprotokoll (ähnlich ausgefüllte „Zeitleisten" lagen von allen Teilnehmenden vor) gab die Datenbasis ab für die sich anschließende Unterrichtsanalyse. Es erfasst die unterrichtlichen Ereignisse „in chronologischer Reihenfolge" und eröffnet einen ersten Zugang zu einer systematischen, methodisch kontrollierten Unterrichtsbeobachtung. Seine Vorteile liegen darin, dass diese Form des Protokolls keinen technischen Aufwand erfordert, zur differenzierteren Wahrnehmung von Unterricht anleitet und dass sich mit der „Zeitleiste" Alltagsprobleme formulieren und weiter untersuchen lassen (vgl. WITTENBRUCH 1985, 66 ff. oder WITTENBRUCH/BRENK 2010, 175 ff.).

Thema: Interpretation von Paul Celans Gedicht „Weggebeizt"

*Weggebeizt vom
Strahlenwind deiner Sprache
das bunte Gerede des An-
erlebten – das hundert-
züngige Mein-
gedicht, das Genicht.*

*Aus-
gewirbelt,
frei
der Weg durch den menschen-
gestaltigen Schnee,
den Büßerschnee, zu
den gastlichen
Gletscherstuben und -tischen.*

*Tief
in der Zeitenschrunde,
beim
Wabeneis
wartet, ein Atemkristall,
dein unumstößliches
Zeugnis.*

Paul Celan. Kommentierte Gesamtausgabe, hrsg. von Barbara Siedemann. Suhrkamp, 1. Aufl. 2003, 180 f.

Echtzeit	Lehr-Lernaktivitäten	Kommentar
09.00	Der Lehrer begrüßt die Schüler und fordert sie dann auf, das zu wiederholen, was von ihnen bereits zum „Hermeneutischen Zirkel" von Gadamer erarbeitet worden ist. Lehrer: „Sie können das auch vorlesen." Der Lehrer bittet eine Schülerin, ihre Hausaufgabe vorzulesen. Die Schülerin liest vor, der Lehrer möchte eine einfachere Formulierung „für den Hausgebrauch eines literarisch Interessierten". Er fragt nach der praktischen Anwendung des „Hermeneutischen Zirkels" beim Textverstehen. Schülerin: „Man sollte Zeit haben, den ganzen Text zu lesen, und sich die Textteile einzeln angucken." Schüler: „Dann sollen an Einzelpassagen oder -stücken die Vormeinungen überprüft werden." Eine Schülerin ergänzt, dass auch die Überschrift beachtet werden sollte. Lehrer: „Was ist denn, wenn es keine Überschrift gibt?" Schülerin antwortet, man sollte dann auf den Zeitkontext achten.	
09.04	Lehrer legt das Gedicht von Paul Celan auf einen Overhead-Projektor, gibt eine kurze, biographische Einführung zu Celan, liest dann das Gedicht vor: „Ich werde alteuropäisch vorlesen!"	Texte von Celan wurden bisher im Unterricht noch nicht thematisiert.

09.07	Lehrer fragt nach dem ersten Eindruck, den das Gedicht hinterlassen hat. Schüler lächeln. Schüler: „Tja, schön." Schüler: „Er hat eigene Worte, eine eigene Sprache und Art." Schüler: „Ich habe keine bestimmte Erwartung, ich verstehe das Gedicht nicht. – Es geht da wohl um die Kälte zwischen zwei Menschen. Bis zu Zeile 8 ist das ein normales Gedicht." Lehrer: „Wie muss man nach Gadamer vorgehen?" Schülerin: „Wort für Wort und Satz für Satz." Lehrer: „Versuchen Sie das!" Schüler: „Die Worte müssen erst 'mal geklärt werden." Lehrer nickt. Schüler: „Einige Wörter sind unbekannt."	
09.09	Schüler assoziiert zum Begriff „weggebeizt" die Arbeit eines Tischlers. Danach wird der Begriff „Strahlenwind" interpretiert. Lehrer: „Strahlenwind – was ist das für eine Sprache?" Schülerin: „Eine direkte Sprache – weggebeizt wird das Anerlebte, das Oberflächliche, das Angelernte." Schüler ergänzt: „Die Lüge, die gesellschaftliche Konvention." Nächster unklarer Begriff: „Meingedicht". Lehrer: „Was ist ein Meingedicht?" Schüler: „Da denke ich an Meineid, an buntes Gerede, das ist was Negatives." Schülerin: „Eine Illusion, ein Lügengedicht." Lehrer: „Welches Wort steckt da drin?" Schüler: „Meinen, also nicht genau wissen." Lehrer: „Was soll damit passieren?" Schüler: „Das soll weggeschliffen werden – hin zur Wahrheit." Lehrer: „Das Genicht? Was ist das?" Schülerin: „Das Nichts, die Nichtung, Ver-Nichtung."	
09.15	Lehrer lobt: „Weiter so! Lasst uns noch etwas 'rauspicken, was Rätselhaftes." Schüler: „Die zweite Strophe komplett." Schüler assoziieren bei „Schnee": rein, weiß, kalt. Schüler: „Weggebeiztes wird weggewirbelt." Schülerin: „Menschengestaltiger Schnee – das Freigelegte, der freie Mensch findet den Weg, zwischen Wahrheit und Lüge zu unterscheiden." Schüler fragt: „Ist die Hermeneutik auf Lyrik überhaupt anwendbar? Oder ist sie dafür überflüssig? Jeder hat doch seine eigene Interpretation, die eine gibt es nicht." Schülerin: „Gadamer behauptet nicht, dass die Regel die alles bestimmende Wahrheit ist." Lehrer: „Gadamer wendet seine Methode auf dieses Gedicht an, das steht hier drin."	Lehrer hält sich zurück. Lehrer als „Hebamme" (Mäeutik). Lehrer hält ein Buch als Beleg hoch.

09.21	Lehrer: „Zurück zu unseren zwei Deutungsvorschlägen von Schnee. Wie ist es im Kontext des Gedichtes?" Schüler: „Der Schnee ist weiß, rein – Büßerschnee." Schülerin: „Der Schnee muss aufgewirbelt werden." Lehrer: „Was wollen wir jetzt machen?" Schüler: „Weiterlesen! – gastliche Gletscherstuben." Lehrer: „Gastliche Gletscherstuben? Das ist doch ein Widerspruch in sich!" Schüler: „Da ist es kalt." Lehrer: „Warum dann gastlich?" Schülerin: „Weil die so rein sind." Lehrer: „Also ist gastlich im Gedicht was?" Schülerin: „Abgeschiedenheit."	
09.26	Lehrer zum protokollierenden Schüler: „Ganz schön schwierig fürs Protokoll." Die dritte Strophe wird besprochen, zunächst das Wort „Zeitenschrunde". Schüler: „Das ist ein Riss im Eis, in der Zeit." Schülerin: „Wabeneis könnte altes Eis in der Gletscherspalte sein. Waben sind das Älteste am Bienenstock. Es ist wie ein Bewusstwerdungsprozess, ein Zeugnis. Er hat wegen der Eiseskälte keinen Einfluss mehr auf Veränderungen." Schülerin: „Atemkristall ist ein letztes, unumstößliches Zeugnis, reiner geht`s nicht. Die Lebensuhr läuft ab, das Eis wartet auf den Menschen." Schüler: „Das ist Stillstand." Schülerin: „Das ist absolut unveränderlich – ohne Lüge." Schüler: „Eis und Kristalle sind ohne Schmutz und Lüge."	Lehrer drückt „Mitleiden" aus. Lehrer zeichnet die Skizze einer Gletscherspalte an die Tafel. Lehrer setzt sich auf einen Stuhl. Er will auf „Augenhöhe" mit den Schülern sein.
09.34	Lehrer: „Wir müssen das in den Kontext des ganzen Gedichtes stellen." Schülerin: „Es wird immer kälter." Schülerin: „Die Worte werden immer weniger." Schüler: „Die psychologische Deutung liegt mir mehr als der Ansatz von Gadamer." Er versucht, das Gedicht aus der Biographie Celans zu erläutern. Lehrer: „Wie verstehen Sie das Zeugnis?" Schüler: „Das hat fast schon religiösen Charakter! Das Kristall beschreibt den Weg zum Vollkommenen, das ist der Weg zu Gott." Schülerin: „Das Zeugnis ist der Versuch, alles Lügenhafte abzulegen. Erlebtes wird verarbeitet." Schüler: „Das Zeugnis könnte eine eintätowierte KZ-Nummer sein." Schülerin: „Der Faschismus und die Beteiligung daran wurden nach Kriegsende abgestritten."	
09.37	Lehrer: „Jetzt geht es los! Das ist doch ein Gegensatz zu dem, was wir zur zweiten Strophe schon erklärt haben. Wir zerstören unsere eigene Deutung! Was ist das unumstrittene Zeugnis im Gedicht? An der Stelle machen wir in der nächsten Stunde weiter."	Lehrer problematisiert Vorgehen.

3. Zunächst befassten sich drei Kleingruppen der Hospitanten mit der Unterrichtsstunde, indem sie sich auf die besonders auffallenden Kennzeichen der beobachteten Sequenz einigten und diese in Form von „Signalwörtern" auf Pappstreifen festhielten. Sie sollten ins Plenum eingebracht und näher erläutert werden (ca. 40 Min.).
4. Im Plenum ergab sich durch die Vorstellung der „Signalwörter", die auch kurz – aber ohne Diskussion – verdeutlicht wurden, ein erstes „Bild vom Unterricht". Es konzentriert sich auf die drei folgenden Bereiche (s. Abbildung 5), die stichwortartig festgehalten wurden (ca. 40 Min.):

Interaktion/Kommunikation
- Offenes, angenehmes *Gesprächsklima*.
- *Offene Interpretationen* wurden zugelassen – Erzeugen von „Varietät" angestrebt. Reduktion der „Varietät" der Auslegungsmöglichkeiten erfolgte durch den Lehrer relativ spät.
- Unterrichtssequenz belegte, dass auch der Formenkreis „Frontalunterricht" eine *inhaltsorientierte Auseinandersetzung* ermöglichen kann. Dennoch überraschte „*Methoden-Einfalt*".
- Ungünstige *Raumverhältnisse und Sitzordnung* beeinträchtigten Gesprächsverlauf kaum.

Lehrer
- *Zielorientierte Unterrichtsführung*, Lehrer z. T. sehr bestimmend.
- Lehrer als „*Hebamme*" bevorzugte „*sokratische Methode*" im Lehrgespräch.
- Differenzierte *Körpersprache, Mimik, Gestik*: „Choreographie des Stehens, Gehens, Sitzens", je nach Kommunikationssituation wirkungsvoll eingesetzt.
- *Konsequente Gesprächsführung*, dennoch überraschend *abruptes Ende der Sequenz*.
- Lehrer fühlte sich offensichtlich *für Qualität des Unterrichts voll verantwortlich*.

Schüler
- *Hohe Beteiligung* der Schüler, die im Unterrichtsverlauf zunahm.
- *Auffallende Bereitschaft*, sich mit dem Gedicht Celans und seiner Sprache auseinanderzusetzen.

Abbildung 5: Interaktion zwischen Lehrenden und Lernenden

5. Nach diesem Analyseschritt wurden vom Projektleiter drei Fragen an die Hospitanten gestellt:
   - Wurden die bislang angestellten Interpretationen des Unterrichts bzw. Analysen der Unterrichtssequenz den Lernenden und dem Lehrer gerecht?
   - Welche Merkmalkomplexe des Unterrichts wurden nicht angesprochen?
   - Welche Zusammenhänge (zwischen den Unterrichtsfaktoren) wurden vernachlässigt?

   Aus den Protokollnotizen lässt sich folgender Tenor zu den Antworten herauslesen:

   In den Auswertungsgesprächen kamen vornehmlich Aspekte zur Sprache, die dem „subjektiven Pol" von Unterricht zuzurechnen sind. Der „objektive Pol" (z. B. die Faktur des Gedichts von CELAN oder das hermeneutische Verfahren von GADAMER) wurden weniger bedacht (ca. 10 Min.).

6. Als mögliche weiterführende Fragestellung bzw. Merkmale von Unterricht, die, angestoßen durch die Unterrichtsanalyse, von der Hospitationsgruppe weiter zu reflektieren wären, wurden vorgeschlagen (5 Min.):
   - Welche Bedeutung kommt der Ästhetik des Raums für die unterrichtliche Kommunikation zu?
   - Wie kann man für inhaltlich anspruchsvollere Anforderungen eine angemessene „Methoden-Vielfalt" sichern, die auch der Lernansprechbarkeit der verschiedenen Schülerinnen und Schüler entgegenkommt?
   - Welche Bedeutung haben Gesprächsregeln für eine inhaltsbezogene Kommunikation im Unterricht?

Die vorgelegten Materialien, die ja nicht nur eine längere Sequenz reflexiven Lernens, sondern auch die damit verbundenen langwierigen Anstrengungen nachzeichneten, lassen einige Auskünfte erwarten. Wenn man in der neueren Forschung unter Analysekompetenz die Fähigkeit versteht, die Qualität von beobachtetem, konkretem Unterricht zu erfassen und nach Kriterien bewerten zu können (vgl. PLÖGER/SCHOLL 2012, 48), dann dürfte das vorgelegte Fallmaterial mit seinem Zyklus von Beobachten, Auswerten und Entwerfen von Handlungsalternativen – trotz des schlichten Rekonstruktionsverfahrens – einige Aufschlüsse über diese Prozesse geben.

Erfassung und Bewertung von Unterrichtsqualität

Letztere liegen – das belegen neuere Forschungsergebnisse – erstens in der methodisch-didaktischen Kompetenz der analysierenden Personen. Sie sollten in der Lage sein, Unterricht als einen Strukturzusammenhang (mit Elementen wie Ziele, Themen, Methoden, Medien und Lernvoraussetzungen der Schülerinnen und Schüler) zu erfassen und dieses formelle Gerüst

Didaktisch-methodische und fachliche Kompetenz: Basis von Unterrichtsbewertung

im Unterrichtsprozess aufzufüllen. Die dabei zu erreichende „Prozessqualität" wird über Merkmale der Unterrichtsführung (wie z. B. Klarheit der Aufgabenstellung oder Motivierung zur Selbsttätigkeit) definiert. Um aber dem Unterricht in seiner Komplexität gerecht zu werden und die Wirksamkeit von Lehr-Lern-Handlungen bewerten zu können, bedarf es zweitens der fachlichen Kompetenz, die unbedingt zur didaktisch-methodischen Kompetenz hinzutreten muss (vgl. 49 f.).

Spuren dieser so verstandenen Kompetenz sind in den oben dokumentierten Reflexionsprozessen zu entdecken, wenn auch bei ihrer Interpretation die Kontextgebundenheit des Einzelfalls und die grundsätzliche Unwiederholbarkeit theoretischer und praktischer Erfahrungen zu beachten sind, was Folgen für auf Verallgemeinerung zielende Aussagen hat:

- Die in verschieden starker Ausprägung auffindbaren Spuren reichen von der einfachen Reflexionsstufe, nimmt man die Klassifizierung der neueren Diagnose von Analysekompetenzen auf, bis hin zu komplexeren Analyseanstrengungen. Auf der untersten Stufe wählten die Hospitierenden aus der Vielfalt des gesehenen Unterrichts, also von der „Sichtstruktur" her, einzelne Szenen oder Handlungsweisen aus (z. B. quantitativ feststellbare Beteiligung der Lernenden; Mimik oder Gestik der Lehrperson) und analysierten sie daraufhin, ob es zu einer Kommunikation zwischen Lehrperson und Lerngruppe mit einer erfolgreichen Inhaltsaneignung kam.
- Zu den komplexeren Analyseleistungen zählt z. B. die Interpretation der Hospitierenden, die die Gesprächsführung der Lehrperson bei der Erschließung des Celan-Gedichtes mit der „Hebammen-Kunst" des SOKRATES verglichen, der die Schülerinnen und Schüler zu Erkenntnissen führte, sodass sie diese „aus sich selbst heraus" gewonnen zu haben meinten (vgl. ASCHERSLEBEN 1974, 181). Dieser Auslegungsakt bezieht sich schon auf die „Tiefenstruktur" des Unterrichts, indem einzelne Sequenzen oder „Schlüsselszenen" in einen größeren didaktischen Zusammenhang gestellt werden (vgl. PLÖGER/SCHOLL 2012, 9).
- Für die bei Analyseprozessen besonders hoch bewertete Fähigkeit, zu einzelnen Unterrichtssituationen begründete Alternativen zu entwickeln, finden sich in den Protokollnotizen nur spärliche Anknüpfungspunkte. Sie wäre auf eine in Umfang und Verstehenstiefe solide Wissensbasis angewiesen, die bei der Hospitationsgruppe in den Auswertungsgesprächen offensichtlich nicht ins Spiel kam. Zudem wären für diese Erwartungen an die Hospitierenden fachliche Kenntnisse über PAUL CELAN, seine „Sprachmagie" (PETER VON MATT) und seine Vorstellun-

gen über Schuld und Unschuld der deutschen Sprache oder über die
Hermeneutik HANS-GEORG GADAMERS unentbehrlich, die bei den unterschiedlichen Berufserfahrungen und bei der unterschiedlichen kulturellen Herkunft der Hospitierenden nicht vorauszusetzen sind.
- Dennoch ist in den protokollierten Aussagen eines deutlich festzustellen: Die Hospitierenden haben klare Vorstellungen vom „guten Unterricht", die ihre Analysen und Beurteilung des Unterrichts durchziehen:
  - Die Vorstellung vom Schüler, dessen Bereitschaft, sich in gemeinsamer Konzentration mit Lehrperson und Mitlernenden Sinn und Gehalt des Celan-Gedichts zu erschließen, als Voraussetzung für bildendes Lernen angesehen wird.
  - Die Vorstellung von der Lehrperson, durch deren „Lernhilfen" und „Zuspiel" die Lerngruppe angeregt wird, sich mit Lerninhalten auseinanderzusetzen und ihre Aneignung erfolgreich anzustreben.
  - Die Vorstellung von einer anregenden Lernumwelt, die z. B. durch respektvolle Umgangsformen zwischen Lehrenden und Lernenden oder abgesprochene Kommunikationsregeln selbstständiges Lernen begünstigt.
- Mit dem Fallmaterial und seiner Auslegung lässt sich die seit den 1980er Jahren geäußerte Annahme, dass Lehrpersonen über „persönliche Theorien guten Unterrichts" verfügen (vgl. z. B. MEYER 2010, 10 f.), bestätigen. Sicherlich ist das ein vereinfachender Zugriff auf das Phänomen des „Lehrerwissens". Es stellt sich nämlich bis heute als „ein sehr komplexes und heterogenes Bündel aus Wissenselementen und Überzeugungen, Vorstellungen und Metaphern, Einstellungen und Beurteilungstendenzen, Rezepten, Emotionen und Maximen, Erfahrungswerten und Selbstrechtfertigungen" dar, „das insgesamt nicht isoliert dasteht, sondern mehr oder weniger intensiv mit der Persönlichkeit bzw. Identität des jeweiligen Lehrers verwoben ist" (TERHART 1991, 133). Aber mit dem diese Struktur- und Funktionszusammenhänge reduzierenden Begriff von der „persönlichen bzw. subjektiven Theorie" lassen sich weiterführende Aussagen treffen (vgl. MEYER 2010, 10 f. und PLÖGER 2006a, 169 ff.):

Eigene Theorien „guten Unterrichts" entwickeln

  - Sie entwickelt sich im Laufe des Berufslebens, und in sie gehen reflektierte Erfahrungen aus der eigenen Unterrichtspraxis und aus der Auseinandersetzung mit wissenschaftlichen Befunden und Theorien über Unterricht ein.
  - Sie enthält Hypothesen über die Wirksamkeit von Lehr-Lern-Methoden, über Schülerinteressen oder Ursachen von Lernerfolgen u. a.
  - Sie weist Argumentationsmuster auf, mit denen Lehrpersonen ihr eigenes Handeln rechtfertigen und ihre Identität stabilisieren.

- Sie tritt besonders deutlich hervor, wenn Erziehungs- oder Unterrichtssituationen beschrieben, analysiert und beurteilt werden.
- Sie kann durch „die Mühe theoretischer Studien" (173) und in kritischem Umgang mit Untersuchungen zum „guten Unterricht" erweitert und differenziert bzw. geläutert und geschärft werden.

Gerade diese Annahme ist es, die es sinnvoll erscheinen lässt, im Folgenden exemplarisch einen Merkmalkatalog für „guten Unterricht" vorzustellen, kritisch zu kommentieren und im Hinblick auf das Gewinnen einer kritischen Distanz zur alltäglichen Unterrichtsarbeit auszulegen. Denn es ist „höchst unwahrscheinlich, dass Segmente aus diesen Wissensbereichen die Faktur und Qualität von konkretem Unterricht nicht direkt prägen" (PLÖGER/SCHOLL 2011, 654).

3.3 Was Lehrpersonen über Merkmalkataloge für „guten Unterricht" wissen sollten, um die Qualität ihres Unterrichts zu steigern

Forschungswissen als „Anhaltspunkt" für kritisches didaktisches Studieren

Zu den wichtigsten Formen des Reflexionswissens, das Lehrpersonen als „Anhaltspunkt" für das Darstellen oder Üben oder Bewerten im konkreten Unterricht heranziehen, zählt das „Forschungswissen" (vgl. STROBEL-EISELE 2011, 81 f.). Es wird dem Praktiker, der selbst nicht forscht, von den Erziehungswissenschaften bereitgestellt, und es fordert ihn zum kritischen Studieren auf, um die Aufklärung des Verhältnisses zwischen Lehren und Lernen weiter voranzutreiben.

Als „Forschungswissen" bieten sich derzeit aktuell und nötigend die empirischen Befunde der Lehr-Lern-Forschung an, die in den Merkmalkatalogen für „guten Unterricht" gebündelt vorliegen.

Derzeit finden die „Zehn Merkmale ‚guten Unterrichts'", wie sie ANDREAS HELMKE veröffentlichte, besondere Beachtung (vgl. HELMKE/SCHRADER 2011, 704 ff.). Da Aussagen über Unterrichtsqualität immer im Kontext einer bestimmten begründeten Vorstellung von Unterricht, von Lehren und Lernen getroffen und diskutiert werden, sind zum Verständnis von HELMKES „Zehnerkatalog" folgende Grundannahmen kurz anzuführen:

- HELMKE unterscheidet zwischen Prozess- und Produkt-Qualität von Unterricht. Bei der Prozess-Theorie wird die Aufmerksamkeit vorrangig auf die „Inszenierung des Unterrichts" gerichtet, also auf das, was im Unterricht hör- und sichtbar ist (vgl. 699).
- Die auf das Unterrichtsprodukt gerichtete Sichtweise hat, angestoßen durch die großen internationalen Leistungsvergleichsstudien (PISA,

TIMSS oder IGLU), ein erhebliches öffentliches Interesse gefunden. Im „Prozess-Produkt-Ansatz" geht es HELMKE nun darum, den Bezug zwischen Unterrichtsprozess-Merkmalen und dem Unterrichtsergebnis aufzuhellen (vgl. 700). Mit anderen Worten: Es geht um die Frage, ob bestimmte Merkmale von Unterricht zu höheren Lernerfolgen bei Schülerinnen und Schülern führen.

- In Anlehnung an eine Denkfigur von HELMUT FEND charakterisiert HELMKE die Wirkweise des Unterrichts als ein „Angebot-Nutzungs-Modell".

„Kern des Modells" (702) sind die Lernaktivitäten der Lernenden, die zwischen dem Unterrichtsangebot und den möglichen Wirkungen des Unterrichts bzw. dem Lernertrag „vermitteln". Das heißt, die Lehrperson macht ein Lehrangebot, das vom Lernenden individuell genutzt werden kann. Damit wird die Vorstellung verabschiedet, dass die Lehrtätigkeit in einem kausalen Verhältnis zum Lernen des Schülers steht. Lehren kann Lernen nicht „erzeugen". Lernen ist vielmehr eine eigenständige Tätigkeit, die durch unterrichtliche Angebote zwar angeregt werden kann, die sich aber der totalen Verfügbarkeit entzieht (vgl. SCHILMÖLLER 2006, 74). Dieses unterrichtliche Angebot wird durch HELMKES zehn „zentrale Merkmale", in die er, z. T. korrespondierend mit HILBERT MEYER, Erträge der internationalen Forschung einbringt, im Folgenden differenziert und im Rückgriff auf HELMKES Kommentare kurz erläutert (vgl. HELMKE/SCHRADER 2011, 704 ff.):

Zehn Merkmale guten Unterrichts nach HELMKE/SCHRADER 2011

1. *Effiziente Klassenführung/Zeitnutzung:* u. a. durch Etablierung eines Regelsystems für den Unterrichtsablauf; Aufbau von Handlungsroutinen, effizienter Umgang mit Störungen; Prävention von Störungen durch gut organisierten, anregenden Unterricht.

2. *Lernförderliches Unterrichtsklima:* u. a. durch freundlichen Umgang, wechselseitigen Respekt; positive Fehlerkultur: Fehler als Lernchance; in Lernsituationen Verzicht auf überschattende Leistungssituationen; Toleranz gegenüber Lernlangsamkeit.

3. *Vielfältige Motivierung:* u. a. durch breites Repertoire an Möglichkeiten, um Schülerinnen und Schüler zum Lernen und zur Mitarbeit anzuregen; Lehrende als motivierende Vorbilder.

4. *Strukturiertheit und Klarheit:* u. a. durch sachlogischen, geordneten Stundenaufbau; Klarheit des Unterrichts durch fachlich-inhaltliche Korrektheit, Verständlichkeit des Dargestellten, Prägnanz der Sprache.

5. *Wirkungs- und Kompetenzorientierung:* u. a. durch Ausrichtung des Unterrichts an Ergebnissen empirischer Forschung; an Bildungsstandards und daraus abgeleiteten Lehrzielen; Stärke-Schwächen-Analyse hinsichtlich der eigenen Kompetenzen; Bereitschaft zur Leistungsüberprüfung.
6. *Schülerorientierung und Unterstützung:* u. a. durch Beratung, Hilfestellung gegenüber Lernenden; Respekt vor dem jüngeren Gesprächspartner; Bereitschaft zum Einholen von Feedback und zur Diskussion der Rückmeldungen.
7. *Aktivierung:* u. a. durch häufige und vielfältige Angebote für eigenverantwortliches Lernen; Freiräume für entdeckendes Lernen und Anwenden des Gelernten; Angebot zum Erwerb methodischer Kompetenzen und Arbeitstechniken.
8. *Variation von Aufgaben, Methoden und Sozialformen:* u. a. auf der Makroebene [methodische Grundformen wie Freiarbeit oder Projekte], auf der Mesoebene [Sozialformen wie Gruppen- oder Einzelunterricht] und auf der Mikroebene [z. B. Inszenierungstechniken wie Zeigen oder Vormachen].
9. *Konsolidierung und Sicherung:* u. a. durch Festigung des Gelernten und Auffrischen von Vorwissen; Entlastung der Gedächtniskapazität durch Automatisierung von untergeordneten Fähigkeiten und Fertigkeiten z. B. im Bereich der Grundrechenarten; variantenreiche Formen intelligenten Übens.
10. *Umgang mit heterogenen Lernvoraussetzungen:* u. a. durch Abstimmung des Unterrichtsangebots auf Lernvoraussetzungen der Klasse; Variation der Inhalte im Hinblick auf Lernvoraussetzungen der Schülerinnen und Schüler, ihr Lerntempo und auf ihren soziokulturellen Hintergrund.

Dass HELMKES „Zehnerkatalog" und ähnliche Merkmallisten (vgl. z. B. die Übersicht bei TERHART 2009, 189) das Verständnis für die Spezifik von Unterrichtsprozessen bereichern und die Sensibilität für die Zusammenhänge zwischen Lehrangebot und Lernertrag schärfen können, bestätigt ein Blick auf die Praxis reflexiven Lernens:

Merkmalkataloge für „guten Unterricht" können die „Reflexionskultur" stärken, indem sie

Pädagogische Werturteile sind zustimmungsgebunden

- Lehrpersonen ermuntern, anhand z. B. des Katalogs von HELMKE, die „Stärken und Schwächen" im eigenen Unterrichtsangebot zu überprüfen oder eigene Listen als „Gegenentwurf" zu erstellen und mit Kollegen zu diskutieren. Auch bei dieser „Selbstreflexion" sollte Klarheit über die Normativität dieser Kataloge herrschen: Sie beruhen auf Werturteilen, durch die die Qualität von Unterricht bestimmt wird, und bezeichnen bestimmte Merkmale von Unterricht als besonders wertvoll. Sie haben damit einen normativen, vorschreibenden Charakter: Ein bestimmtes Qualitätsmerkmal von Unterricht soll erreicht werden. Diese Werturteile und normativen Aussagen haben allerdings nur für denjenigen Gültigkeit, der ihnen zustimmt und bereit ist, sein Handeln an ihnen auszurichten,

- Strukturierungshilfen für Auswertungsgespräche im Kollegium anbieten, sodass das „Nachdenken nach dem Unterricht" durch die Beschränkung auf vereinbarte Reflexionsschwerpunkte aus dem Katalog (z. B. bei der Celan-Stunde würden sich die Merkmale 1 und 3 empfehlen) an Konzentration gewinnen oder vor Ausuferungen geschützt würde,
- als Suchraster genutzt werden, um nach einer ersten Analyse einer konkreten Unterrichtsstunde bislang nicht berücksichtigte Merkmale aufzudecken und nachträglich für einen erneuten interpretativen Zugriff heranzuziehen (bei der Celan-Stunde kämen HELMKES Merkmale 2 oder 4 infrage),
- dazu anregen, die detaillierten Beschreibungen der einzelnen Merkmale, die die Autoren ihren Katalogen anfügen, zu studieren und für weitere Reflexionsprozesse zu nutzen. So wird z. B. die „Toleranz von Langsamkeit", wie sie das 10. Merkmal anführt, in der empirischen Unterrichtsforschung als wichtige Voraussetzung für das Lernen und Leisten der Schülerinnen und Schüler umschrieben und an die Bereitstellung von genügend Lernzeit für jeden Einzelnen und an das Vermeiden von geschwindigkeitsbetonten Aufgaben gekoppelt (vgl. SCHILMÖLLER 2003, 124 f.). Gerade für Lernschwächere sind das Vorhalten und Anbieten von mehr und zusätzlicher Lernzeit ein wichtiges Fördermittel. Lehrpersonen, die dieses Postulat ernstnehmen und auf praktische Konsequenzen hin reflektieren, kommen den Bedürfnissen langsam Lernender z. B. in der Grundschule z. B. durch eine konsequente, freundlich-geduldige Zuwendung und durch ein differenziert abgestimmtes Lernangebot oder durch Verzicht auf Aufgaben im „fixen" Kopfrechnen entgegen und nehmen „Unterrichtsverzögerungen" bewusst in Kauf (vgl. 125).

Kritisches Studium der Merkmale „guten „Unterrichts" vonnöten

Diese Beispiele erinnern daran, dass der Einsatz von Merkmalkatalogen für „guten Unterricht" und der Umgang mit ihnen nicht nur eine erarbeitete Kompetenz einfordern, die sich durch Explorationsbereitschaft, Offenheit für neue Erfahrungen und Sensibilität gegenüber Veränderungsmöglichkeiten und Distanz zum routinisierten Alltag auszeichnet (vgl. PLÖGER 2006b). Sie zeigt sich auf diesem Feld insbesondere in einer kritischen Grundhaltung gegenüber dem Erwerb von Wissen, in einer aktiven Fragehaltung gegenüber wissenschaftlichen Theorien oder jenen normativen Forderungen, wie sie alle „Merkmalkataloge" aufstellen. Schließlich geht es darum, für die eigene Arbeit eine pädagogische „Rahmung" und einen begründeten Sinnzusammenhang zu finden (vgl. 38 ff.), in dem jungen Menschen nicht nur das Recht zugesprochen wird, im Unterricht ihren eigenen Weg zur Bildung zu finden, sondern es auch realisiert wird.

Kritische Position zum Mißbrauch der Merkmalskataloge erarbeiten

Eine eigene kritische Position sollten sich Lehrpersonen auch gegenüber jenen Maßnahmen erarbeiten, die die Merkmalkataloge für „guten Unterricht", ohne ihren begrenzten Geltungsanspruch auch nur zu thematisieren, als Kriteriensatz für die Regelbeurteilung oder schulische Kontrollpraxis einsetzen oder im Rahmen von staatlichen Qualitätsüberprüfungen bei Schulinspektionen missbrauchen.

Solche Engführungen widersprechen dem Programm „Reflexives Lernen". Es setzt auf die in Ausbildung und Berufspraxis erworbenen analytischen Fähigkeiten der Lehrkräfte und traut ihnen zu, die Kriterien „guten Unterrichts" den alltäglichen pädagogischen Situationen „immer wieder neu abzugewinnen" (Lönz 1998, 229). Lehrpersonen sind nach diesem Konzept keine „Transmissionsriemen" einer vorab geklärten, nicht weiter zu reflektierenden Idee vom „guten Unterricht", die der „staatliche Schulherr" in seinen Schulen durchzusetzen versucht. Ziel scheint hier nicht der „reflektierende Praktiker", sondern der „Edukationsarbeiter" zu sein, für dessen Handeln bereits eine ideale Lösung außerhalb seines eigenen, selbstverantworteten professionellen Handelns gefunden zu sein scheint, die er nur noch zu übernehmen hat (vgl. Kalde/Wittenbruch/Lennartz 2003, 43).

Wenn Lehrpersonen ihren kritischen Umgang mit Qualitätskriterien für Unterricht, die ihrer Praxis nur zu oft unbefragt und ungefragt „überstülpt" werden, fundiert begründen und ihr eigenes Unterrichtsverständnis zugleich präzisieren wollen, dann lohnt ein Blick auf die aktuelle Debatte um Herkunft und Geltungsanspruch der Merkmalkataloge für „guten Unterricht". Sie bietet hinreichend Impulse und Potential für analytische und konstruktive Zugriffe auf Unterricht. Zumindest drei sind hervorzuheben:

- Ins Auge springt, dass sich die verbreiteten Kataloge auf eine Sicht von Unterricht konzentrieren, wie sie sich die planende und reflektierende Lehrperson vornimmt. Mit dieser Reduktion auf die Lehrerperspektive geraten die Schülerinnen und Schüler als mitgestaltende und mitentscheidende Akteure des Unterrichts leicht aus dem Blick (vgl. Herzog 2011, 126 ff.). Diese Modellierung von Unterricht mag sinnvoll sein, wenn es vorrangig um das didaktische Handeln der Lehrperson geht, um ihre Vermittlung von Wissen, um die Förderung von Lernprozessen oder um die Schaffung von sozialer Ordnung, die Lernen auf der Schülerseite erst ermöglicht. Der sozialen Realität des Unterrichts wird sie aber nicht gerecht (vgl. 155). Denn Unterrichtsqualität ist u. a. auch auf die gegenseitige Anerkennung von Lehrpersonen und Lernenden als Person, auf Respekt gegenüber den Ansprüchen der Lehrperson an Unterricht, wie sie die Merkmalkataloge auflisten, und der Lernenden an

Missachtung von Lernenden als Mitagierenden

Unterricht angewiesen. Auch hier würde die empirische Forschung, würde sie als Berufungsinstanz angegangen, auf Befunde (wie Interesse der Lehrperson am Lernfortschritt der Lernenden, Vertrauen auf ihre Lernbereitschaft, Fairness u. a.) verweisen können – kurz auf Charakteristika, die zu berücksichtigen wären, wenn Lehrpersonen der Komplexität der Bedingungen und Wirksamkeit von Unterricht Rechnung tragen wollten. Ihr Stellenwert scheint in den Merkmalkatalogen nicht besonders hoch veranschlagt zu werden.
- Es kann nicht überraschen, dass viele Lehrkräfte und Studierende, enttäuscht über die „Praxisferne" und mangelhafte Alltagstauglichkeit von Unterrichtstheorien, auf Kriterienkataloge für „guten Unterricht" und ihre Handlungsempfehlungen zurückgreifen: Sie versprechen messbare Lernerfolge und kommen „Machbarkeitserwartungen" entgegen (vgl. WITTENBRUCH 2011, 246 f.) Dabei stört die Beliebigkeit, die die Unterrichtsforscher wie HELMKE oder MEYER bei der Auswahl und Zusammenstellung der Merkmale vornehmen, ebenso wenig wie deren Willkür bei der Interpretation der herangezogenen Forschungsbefunde (vgl. SCHILMÖLLER 2006). Vielmehr vertraut man – zumeist unbeirrt – diesem Zugriff auf Unterricht, der der empirisch-analytischen Wirksamkeitsforschung folgt: Sie setzt auf stabile Muster von Instruktionsverhalten und ist auf „Gestaltungsmerkmale des unterrichtlichen Geschehens unter der Erwartung bestimmter ,Wirkungen' ausgerichtet" (EICKHORST 2011, 61). Hier wären kritische Distanz und Reflexion angesagt. Die strenge Orientierung an der empirisch-analytischen Forschung bringt es auch mit sich, dass z. B. bei HILBERT MEYER alle Merkmale „fachdidaktisch neutral" sind und für alle Schulstufen und Schulformen gelten sollen (vgl. 2010, 28). Das Problem von Lehrenden, dass sie alltäglich in ihrem Unterricht fachlich bestimmte Gegenstände der Lerngruppe vermitteln sollen und dass aus ihrer Sicht Unterricht durch die „kommunikative Verhandlung der Inhalte zwischen Lehrenden und Schülern" charakterisiert wird (vgl. GRUSCHKA 2011, 36), gehört offensichtlich in den Merkmalkatalogen nicht zum „Kern der Sache", sondern spielt, weil Unterricht nach den „Strategien der empirischen Unterrichtsforschung" modelliert wird, nur eine untergeordnete Rolle. Diese Akzentuierung ist der Komplexität des Unterrichts nicht angemessen und verweigert der Lehrperson redliche Auskünfte und erwartete Hilfestellungen für ein wichtiges didaktisches Entscheidungsfeld.
- Aus der Einsicht, dass Unterricht eben nicht in einem „luftleeren Raum" stattfindet, sondern den spezifischen Bedingungen einer Schulform oder

Qualitätsmerkmale sind nicht fachdidaktisch neutral

Fehlende Beachtung spezifischer Bedingungen einer Schulform eines Schulstandortes unterliegt und somit das pädagogische Konzept einer Einzelschule Auswirkungen auf die Formulierung von Gütekriterien und auf die Qualität von Unterricht hat (vgl. SCHILMÖLLER 2010, 76 ff.), entstand der folgende Katalog mit bislang oft übersehenen Elementen:

A	Qualitätsmerkmale „guten" Unterrichts
1.	Geregelte Ordnung des Lernens
2.	Klare Zielorientierung und optimale Nutzung der Lernzeit
3.	Hohes Maß an Adaptivität
4.	Toleranz von Langsamkeit
5.	Lebensweltbezug des Lernens
B	Qualität der Lehrer-Schüler-Interaktion
6.	Ermutigende Erwartungshaltung des Lehrers
7.	Diagnostische Sensibilität
8.	Emotionale Wärme und Zuwendung
C	Qualität der schulischen Mitwirkungs- und Abstimmungsprozesse
9.	Kollegialer Konsens und Stimmigkeit des Schulgeschehens
10.	Lebendiges Schulleben
11.	Zusammenwirken von Schule und Elternhaus
D	Qualität der schulischen Leistungsbeurteilung
12.	Anforderungsbezogene Feed-back-Kultur
13.	Transparenz der Beurteilungskriterien
14.	Vermeidung von Leistungsdruck
15.	Redlichkeit der Schule

Der Katalog fasst „Qualitätsmerkmale auf Schulebene" zusammen, die für „guten Unterricht" bedeutsam sind (vgl. 92 ff.) und ist ein Ergebnis der Kooperation von Lehrerinnen einer Münsterschen Grundschule in ihrer Aufbauphase (2000–2003) und von Dozenten und Studierenden der Universität Münster, bei der das Programm „Reflexives Lernen" das Leitmotiv für die Schulentwicklung abgab.

Über diesen aufwändigen Kreislauf von „Agieren und Reflektieren", in dem „Schulpraktiker" und „Schultheoretiker" in über 120 pädagogischen Konferenzen, Hospitationen, Einzel- und Gruppeninterviews und Seminaren „Schulentwicklung" als einen kommunikativen Prozess auffassten, um gemeinsam die alltägliche Praxis einer Grundschule pädagogisch zu vermessen und zu verbessern, liegen ausführliche Forschungsberichte vor (vgl. WITTENBRUCH/LENNARTZ 2003 oder HIDDING-KALDE 2010). Zum besseren Verständnis des Kataloges kann ein kurzer Blick auf die enge Verbindung von Reflexion und Aktion in dem Arbeitsschwerpunkt „Entwicklung und Sicherung einer schulischen Leistungskultur" beitragen. Der Katalog komprimiert Gütekriterien, die in dem Schulentwicklungsbericht in Bezug zu empirischen Befunden und schulpädagogischen Theorien ausführlich kommentiert werden. Synoptisch geordnet, werden dazu Überlegungen, Maßnahmen und Schritte angeführt, die in der Spur des Reflexiven Lernens und im kooperativen Dialog an der Münsterschen Grundschule entwickelt und überprüft wurden (vgl. SCHILMÖLLER 2003, 122–135).

In dieser Übersicht werden drei bedeutsame schulische Kontextfaktoren für die Realisierung „guten Unterrichts" hervorgehoben (vgl. SCHILMÖLLER 2010, 92 ff.):

Drei bedeutsame Kontextfaktoren „guten" Unterrichts nach SCHILMÖLLER 2010

Kollegialer Konsens und Stimmigkeit des Schulgeschehens: Notwendigkeit eines vom Kollegium gewollten und getragenen Schulprogramms, das gemeinsame pädagogische Grundorientierungen und Ordnungsrahmen für Lernen und Leisten enthält; wichtig als Bezugspunkt und Berufungsinstanz für das pädagogische Handeln der Einzellehrer und kollegiales Abstimmen und Konsequenz in Erziehungsfragen und bei Konflikten.

Lebendiges Schulleben: Partizipation aller an der Gestaltung des schulischen Lebens- und Erfahrungsraumes, um Identifikation mit der eigenen Schule zu ermöglichen. Kultivierung von Regeln und Ritualen, in denen individuelle Entfaltung und sozialer Ausgleich zum Zuge kommen, und von Kontakten zur sozialen Alltagswelt, auf die hin junge Menschen leben; vielfältige kulturelle, soziale, sportliche u. a. Aktivitäten, die Engagement ermöglichen und die schulische Lernkultur bereichern.

Zusammenwirken von Schule und Elternhaus: Abstimmen des schulischen Erziehungsauftrages mit Erziehungsvorstellungen der Eltern. Einbezug der Eltern in schulische Arbeitsfelder durch vielfältige Informations- und Kooperationsformen, um Entwicklung von Kindern und Jugendlichen durch „Erziehungspartnerschaft" optimal zu fördern.

Der Katalog erinnert an schulische Kontextfaktoren für guten Unterricht, die die gängigen Merkmalkataloge nicht bzw. nur marginal berücksichtigen. Vieles spricht dafür, dass sie aber für den Prozess, „Qualität von innen her zu entwickeln" (SCHRAATZ u. a. 2002, zit. in WITTENBRUCH/LENNARTZ 2003, 15), entscheidend sind.

Unterricht beobachten und dokumentieren

Markus Brenk

Wie in Kapitel 2 deutlich wurde, ist es für die Reflexion pädagogischer Praxis hilfreich, dass sie sich auf Beobachtungen stützt, die so dokumentiert werden, dass sie einen verlässlichen Bezugspunkt für das gemeinsame Nachdenken abgeben. Da Unterricht ein flüchtiges Geschehen darstellt, ist es wichtig, hier näher auf das pädagogische Beobachten, das Gewinnen und das Festhalten entsprechender Daten für Reflexionen im Rahmen kollegialer Unterrichtsbesuche einzugehen. In diesem Kapitel geht es darum zu klären, was in diesem Buch mit „kollegialem Unterrichtsbesuch" gemeint ist und wie er angebahnt werden kann. Danach geht es um die Frage, welche Voraussetzungen und Bedingungen für das Beobachten gelten und mit welcher Absicht und auf welche Weise man z. B. Unterrichtsereignisse dokumentieren kann. Hierzu werden Instrumentarien, die sich in der Praxis Reflexiven Lernens bewährt haben, vorgestellt und erläutert.

4.1 Kollegiale Unterrichtsbesuche

Kollegiale Unterrichtsbesuche bedürfen kommunikativer Regeln

Unter „kollegialen Unterrichtsbesuchen" werden in diesem Buch alle Formen gemeinsamer Wahrnehmung und Reflexion von Unterrichtsereignissen verstanden, gleich, ob es sich dabei um ein Tandem von Studierenden im Praktikum, um eine didaktische Lerngemeinschaft von Lehrpersonen oder um den mit Lehrpersonen gemeinsamen Hospitationsbesuch externer Erziehungswissenschaftler, Fachdidaktiker o. a. handelt.

Sofern das Programm Reflexives Lernen im Kontext von Weiterbildung und Schulentwicklung, also in seiner idealtypischen organisatorischen Form angesprochen wird, trägt es bestimmte Merkmale. Für diese Form sind Gruppenhospitationen kennzeichnend, ferner die Arbeit an als typisch betrachteten Merkmalen des besuchten Unterrichts in Kleingruppen sowie Vorstellungen und Diskussionen im Plenum (ganzes Kollegium oder Fachgruppen) und daran anschließender weitergehender Arbeit an didaktischen Themen. Diese folgt zwar genauen kommunikativen Regeln, ohne aber in „verfestigten Kommunikationsmuster(n)" zu erstarren (WITTENBRUCH 2000, 86; vgl. Abschnitt 2.4.1).

Diese haben zwar andere Eigenschaften als kollegiale Unterrichtshospitationen von Tandems, was die Kommunikations- und Arbeitsformen betrifft, aber für beide gelten bestimmte Kriterien hinsichtlich des Umgangs miteinander und der Ablaufstruktur.

Nach KEMPFERT/LUDWIG (2010), die eine bestimmte Vorgehensweise für den Rahmen gegenseitiger Unterrichtsbesuche unter Lehrpersonen empfehlen, sind z. B. persönliche Verletzungen nicht erst beim gemeinsamen Reflektieren, wenn es hier zu negativen Rückmeldungen kommt, sondern bereits in den Phasen der Vorbereitung, Durchführung und Nachbereitung möglich. Deshalb schlagen sie vor, dass, ausgehend von Wünschen der besuchten Lehrperson, in einem Vorgespräch Beobachtungsaufträge vereinbart werden, z. B. zur Formulierung von Arbeitsaufträgen, zur „Fragetechnik", zur Körpersprache usw. Diese sollen verknüpft werden mit der anzugebenden Zielebene und vereinbarten Indikatoren, an denen sich die Beobachtungen zur Feststellung der Sachverhalte festmachen sollen (vgl. KEMPFERT/LUDWIG 2010, 27 ff.).

Aus unserer Erfahrung ist es aber auch möglich, offen, z. B. unter Notierung von „Kennzeichen" oder „Merkwürdigkeiten" (das sind Merkmale, die im wörtlichen Sinne „des Merkens würdig" sind), auf Kärtchen zu verdeutlichen, was den jeweiligen Unterricht (vielleicht unverwechselbar) ausmacht, und daraus projektartige Themen für ein Gespräch zu entwickeln. Dies ist vor allem deshalb sinnvoll, weil die kollegialen Unterrichtsbesuche nach unserer Auffassung zu einer längerfristigen Angelegenheit werden sollten und man sich, in der Absicht, über schematische Verbesserungsvorschläge hinauszugehen, auch Zeit nehmen sollte für die Thematisierung eigener Sichtweisen und emotionaler Verankerungen von Denk- und Handlungsmustern. Die eigene Praxis, die eigenen Handlungsskripts, d.h. bestehende Vorstellungen des Unterrichtenden zu thematisieren, macht u. E. den wesentlichen Sinn von Kooperation aus. Sie sollte außerdem zur Weiterentwicklung der pädagogischen Nachdenklichkeit möglichst mit einem Bezug zu Forschungsergebnissen versehen sein (vgl. WITTENBRUCH 1992, 267 ff.; entsprechend BONSEN 2011, 47; Abschnitt 7.3).

Aus Merkmalen des Unterrichts Gesprächsthemen entwickeln

Ein weiteres wichtiges Kriterium bei der Vorbereitung der gemeinsamen Reflexion von Unterricht ist die Trennung von Beobachtung, Deutung und Wertung, denn nicht jedes Ereignis wird von allen an einer Beobachtung Teilnehmenden auf gleiche Weise gedeutet oder bewertet. Hier gilt es innezuhalten und diese subtilen Zusammenhänge noch einmal genauer zu betrachten. Dies geschieht im folgenden Abschnitt.

Beobachtung, Deutung und Wertung voneinander trennen

4.2 Beobachtung von Unterricht

1. „Die absichtliche, aufmerksam-selektive Art des Wahrnehmens, die ganz bestimmte Aspekte auf Kosten der Bestimmtheit von außen beachtet, nennen wir Beobachtung. Gegenüber dem üblichen Wahrnehmen ist das beobachtende Verhalten planvoller, selektiver, von einer Suchhaltung bestimmt und von vornherein auf die Möglichkeit der Auswertung des Beobachteten im Sinne der übergreifenden Absicht gerichtet." (GRAUMANN 1987, 15, zit. nach WITTENBRUCH 1985, 58)
2. „[Das Auge] *sieht*, was es *sucht*, und was es nicht *versteht*, sieht es nicht." (SLEVOGT 1928, 5, zit. nach KIEL 2012, 11)

Beobachten – kein mentales „Fotografieren"

Die obigen Sätze machen deutlich, dass Beobachten nicht gleichzusetzen ist mit „mentalem Fotografieren". Diese Einsicht geht demjenigen sehr schnell auf, der sich von einem Sachverhalt wie einem Unfall berichten lässt oder ein Personenporträt zeichnet. Hier zeigt sich, dass, je nach bisherigen Vorerfahrungen bzw. theoretischen Kenntnissen oder Interessen, Dinge (sehr) genau erfasst, aber auch teilweise vergessen oder sogar – als vermeintlich komplettierende Sinn-Ganzheiten – von außen in die Vorstellung hineingelegt werden.

Anders ausgedrückt, ohne theoretische Auffassungen ist nicht einmal ein Bild adäquat wiederzugeben. Für die Beobachtung von unterrichtlichen Prozessen gilt dies noch stärker. So ist pädagogisches Diagnostizieren und Beobachten des pädagogischen Handelns nur zirkulär zu denken: Erst derjenige, der mit einem gewissen theoretischen Rüstzeug an Beobachtungen herangeht, sieht überhaupt etwas Belangvolles. Dies zeigt sich bei der Beobachtung von Studierenden unterschiedlicher Semester bei der Fallarbeit, dies ist auch eine Einsicht der Expertiseforschung (vgl. auch PLÖGER/SCHOLL 2012): Kompetent in der Wahrnehmung von Unterricht zu sein, beruht einer zentralen Richtung dieser Forschung zufolge auf bestimmten Kriterien. Für eine kompetente Unterrichtswahrnehmung sind nach SCHWINDT (2008, 60) drei Schritte maßgeblich:

- Relevante Ereignisse werden aus dem unterrichtlichen Gesamtgeschehen herausgefiltert und beschrieben *(Selektion);*
- ein Ereignis wird aus seinem Kontext gelöst betrachtet und es werden Überlegungen zu möglichen Ursachen oder Konsequenzen des Geschehens angestellt *(Abstraktion);*
- schließlich erfolgt eine Einordnung des Ereignisses in übergreifende Konzepte und eine Bewertung vor deren Hintergrund *(Klassifikation).*

SCHWINDT unterscheidet daher fünf Teilkompetenzen, durch die sich Novizen (Lehramtsstudierende) und Experten (berufserfahrene Lehrkräfte) unterscheiden: Es geht hierbei *erstens* um einen vollständigen Analyseprozess, der grundlegend ist, um spezifische Beobachtungsfehler zu vermeiden. *Zweitens* sollte die Beobachtung fokussiert sein, um eine Reduzierung der Informationen zu erreichen. Die Einordnung relevanter Ereignisse (Umfang und Art der Klassifikation) aus dem Unterricht in ein übergreifendes Konzept (z. B. Kriterien und Handlungsformen von Wiederholungen) stellt eine *dritte* Teilkompetenz dar. Von Bedeutung sind *viertens* die Fähigkeit zur Systematisierung von schriftlichen Aufzeichnungen sowie *fünftens* die Fähigkeit, Ursachen in den Blick zu nehmen, Erklärungen für den Ablauf von Prozessen zu finden und zur Grundlage von Bewertungen des Geschehens und zur Entwicklung von Alternativen zu machen (62). Die Entwicklung dieser Kompetenzen basiert auf einer wiederholten Begegnung von theoretischem Wissen und Erfahrungen, die immer wieder, so die Folgerungen aus den empirischen Daten, von Beobachtungen ihren Ausgang nehmen sollten. Der Forschungsbefund, dass bei ausgebildeten Lehrpersonen „die Wahrnehmung von Unterrichtsaufzeichnungen vornehmlich auf einer beschreibenden Ebene stattfindet und eine lehr-lerntheoretische Verarbeitung kaum vollzogen wird" (173), legt nahe, nicht von einer quasi naturwüchsigen pädagogischen Expertiseentwicklung auszugehen.

Fünf Teilkompetenzen für die Unterrichtsbeobachtung

Für die „Wahr"-Nehmung unterrichtlicher Ereignisse gilt vielmehr, dass sie „gebunden (ist) an den Möglichkeitsraum unserer Beobachtungen, der zum einen durch den sozialen Kontext, zum anderen durch die Strukturen unseres psychischen Systems und zum Dritten durch die Instrumente des Beobachtens […] definiert ist" (WERNING 2011, 125). Instrumente des Beobachtens können die Augen, aber auch Testverfahren oder Diagnosebögen sein. Daher muss es auch ein Stück weit darum gehen, nicht nur zu reflektieren, was, sondern wie etwas beobachtet wird. Zu diesem Wie gehört auch die in der Praxis, z. B. beim Diagnostizieren (vgl. 124) häufig nicht vorgenommene Trennung von Wertung/Vorschrift und Beschreibung: Man glaubt schnell zu wissen, woran es fehlt, ohne sich hinreichend genau darüber zu verständigen, was eigentlich der Fall ist.

Daher ist es erforderlich, bei der Beobachtung und Reflexion von Unterricht drei Schritte auseinanderzuhalten (nach KIEL 2012, 12 f.):
1. *Beschreiben.* Hier geht es um die unterrichtlichen Prozesse. Wer macht was, wie, wo und auf welche Weise? Die Aufmerksamkeit wird durch unseren theoretischen Zugang gelenkt, z. B. durch Begriffe oder Modellvorstellungen.

2. *Interpretieren.* Zu welchem Zweck wird so agiert? Welches Ziel ist mit dieser Maßnahme verknüpft? Hier ist der Ort für zweckhafte Zuschreibungen (final, kausal).
3. *Bewerten.* Welchen Maßstäben folgen die Urteile? Aufgrund welcher Prämissen erscheint etwas als gelungen/nicht gelungen? Welche subjektiven Zielvorstellungen, normativen Vorgaben von Lehrplänen, wissenschaftlichen Erkenntnisse lassen sich als bewertungsbestimmende Größen ausmachen?

Das Beobachten zum Zwecke der Interpretation steht wie die empirische Beobachtungsmethode in einer zirkelhaften Struktur, wie die folgende Abbildung verdeutlicht:

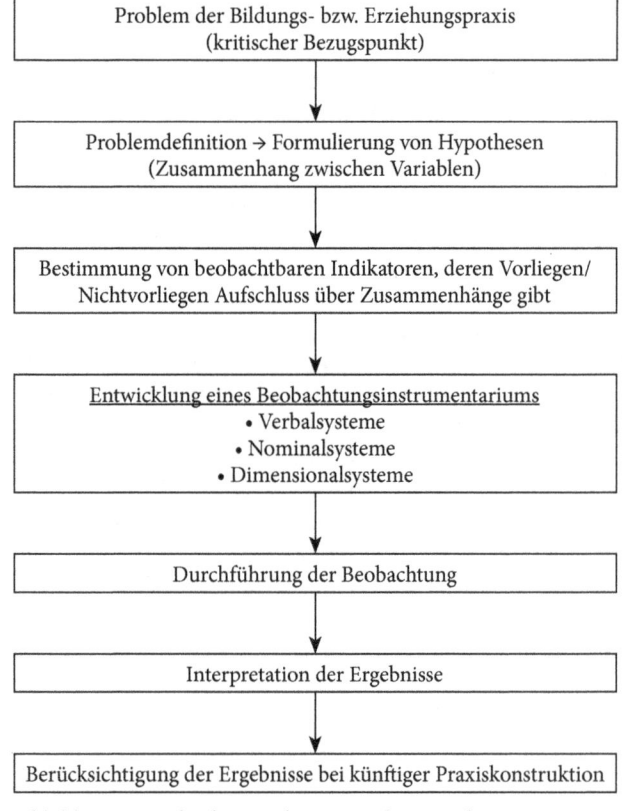

Abbildung 6: Beobachtung als empirische Vorgehensweise

Beobachtung als empirisches Verfahren

Beobachtung: Zusammenspiel von Instrumentarien und theoretischen Bemühungen

Um Wahrnehmungen und Analysefähigkeiten zu verbessern, bedarf es, wie gesehen, geeigneter Instrumentarien einerseits und theoretischer Bemühungen andererseits, um von einer Oberflächenwahrnehmung von Unterricht zu dessen Tiefenstruktur vorzudringen. Hierzu liefern die folgenden Abschnitte einige Materialien und Impulse. Einige Erläuterungen vorweg: Verbalsysteme sind Instrumentarien, die sich der Sprache bedienen (Verlaufsprotokolle, Episoden, Ereignisbeschreibungen), Nominalsysteme verzichten auf natürliche Sprachmuster und stützen sich auf Zeichen und Kategorien. Zeichensysteme halten z. B. das Auftreten bestimmter Ereignisse in ihrer zeitlichen Dauer oder Häufigkeit fest (z. B. Häufigkeits-, Strichlisten), Kategoriensysteme dienen dazu, den Ablauf eines Geschehens möglichst vollständig festzuhalten und bestimmten Kategorien zuzuordnen (z. B. Sozialbeziehungen, -formen, Unterrichtsmethoden, Interaktionsmuster, Verbalformen, Feedbackmuster). Mit Dimensionalsystemen versucht man, die Ausprägung eines Merkmals oder einer Eigenschaft festzuhalten. Bekannt sind z. B. das Polaritätenprofil von HOFSTÄTTER (Einschätzung des Klassenklimas oder eines Klassenraumes; vgl. HAMMERER 2010, 96) oder allgemeine Befragungsinstrumentarien, die die Ausprägung eines Sachverhaltes ermitteln sollen (vgl. WITTENBRUCH 1985, 61 ff.).

4.2.1 Beispiele für Beobachtungsschwerpunkte

Die folgenden Beispiele sind einem Leitfaden für das erziehungswissenschaftliche Blockpraktikum entnommen und hier als mögliche Anregungen zu sehen. Sie stellen eine Auswahl dar und sind sicher nicht nur auf Praktikumsaufgabenstellungen in der Phase des Lehramtsstudiums beschränkt.

Strukturierung/Merkmale des Unterrichts
- Aufbau/Phasengliederung des Unterrichts
- Sozial- und Arbeitsformen
- Methodisches Arrangement
- Störfaktizität
- Verwendung/Funktion von Medien
- Verwendung/Funktion von Lernspielen
- Lernerfolgskontrollen/Ergebnissicherung
- Regeln/Rituale im Unterricht
- Formen praktischen Lernens

Lehrerverhalten
- Unterrichtsstil (Führung, Kommunikation usw.)
- Umgang mit Störungen
- Merkmale der Leistungskultur (Umgang mit Schülerleistungen, Motivation, Verstärkungsmechanismen, Formen impliziter und expliziter Leistungskultur, Diagnose)
- Veränderung des Lehrerverhaltens verschiedenen Klassen gegenüber

Lerngruppen- und Schülerverhalten/L-S-Interaktion
- Beobachtung von Verhaltensauffälligkeiten
- Aufmerksamkeit der Lerngruppe/Verläufe
- Muster von Lehrer-/Schüler-Interaktionen: z. B. Möglichkeit eines Schülers zu verlaufsrelevanten Initiativen/kritischen Einwänden
- Integrationsprobleme von Kindern mit ausländischer Herkunft
- Vergleich der Lernvoraussetzungen von Schülern in zwei verschiedenen Klassen eines Jahrgangs
- Veränderung des Schülerverhaltens verschiedenen Lehrpersonen gegenüber

Bedeutung von Sinnannahmen und Kriterien für das Beobachten

Diese Schwerpunkte sind als Beispiele und Anregungen zu eigenen Konstruktionen von Beobachtungsaufgaben gemeint. Der überwiegende Teil von ihnen müsste dazu in Einzelaspekte ausdifferenziert werden. Zum Beispiel kann im Schwerpunkt *Mediennutzung* die Gestaltung und didaktische Funktion eines Tafelbildes näher untersucht werden, ebenso gut aber auch die didaktische Nutzung „neuerer" Technologien in Verbindung mit methodischen Aspekten. Einige Schwerpunkte müssten kombiniert werden, damit die Beobachtung Ertrag abwirft.

Da Beobachtung immer theoriegeleitet ist, sollte bei der Konstruktion von Beobachtungsaufgaben immer bedacht werden, welche pädagogischen Sinnannahmen (kausale Erwartungen, Korrelationen von Zusammenhängen) und Kriterien in die Konstruktion eingehen. Die im Folgenden aufgeführten Beispiele enthalten allesamt solche theoretischen Voraussetzungen. Diese werden jeweils kurz erläutert.

4.2.2 Beispiele für Instrumentarien

Instrumentarien zur Unterrichtsbeobachtung sind in großer Fülle in der Literatur zu finden, sie sind in ihrer Anzahl mittlerweile unüberschaubar. Damit steigt auch der Grad der Schwierigkeit der Auswahl geeigneter Instrumente. In diesem Kapitel werden einige erprobte Instrumentarien vorgestellt, die im Kontext Reflexiven Lernens Verwendung gefunden haben und die die in den vorangegangenen Kapiteln erläuterten Kriterien als Dokumente für kollegiale Praxisreflexion erfüllen. Sie sind insofern keine Blaupausen. Erfassungen bestimmter Aspekte von Unterricht und Schulleben sind nach kurzer Einarbeitung in die Verwendungsweisen der Instrumentarien möglich. Die Instrumentarien sind aus diesem Grunde zum größten Teil direkt einsetzbar, zum Teil können sie als Ausgangspunkt für die Entwicklung geeigneter Instrumente dienen, die auf die spezifischen Beobachtungsschwerpunkte vor Ort genau zugeschnitten werden müssen. Hierbei ist zu beachten, dass in die vorliegenden Instrumentarien immer auch Theorien, d. h. Auffassungen über die Bedeutung wichtiger oder weniger wichtiger faktorieller Zusammenhänge eingehen. Auch sind sie, wie jeder methodische Zugang zu Fakten und ihrer Analyse, immer Ergebnis pädagogisch-normativer Entscheidungen bzw. hypothetischer Annahmen (vgl. z. B. die Instrumentarien zum Aspekt „Unterrichtsstil"). Jedes Beobachtungssystem erlaubt nur einen partiellen, niemals einen vollständigen Zugang zu Unterricht und Schulleben, die als komplexe und vielschichtige Gebilde aufzufassen sind. Hilfestellungen bieten die Instrumentarien auf dem Weg von einer absichtslosen Kenntnisnahme hin zu einer gezielten und methodisch kontrollierten Beobachtung.

Die anschließend vorgestellten Materialien wie die Instrumentarien „Zeitleiste", „Topologische Skizze" und „Episode" stellen so etwas wie Basisinstrumentarien dar, die den Ausgangspunkt für unterrichtsbezogene reflexive Lernprozesse bilden können. Dabei werden mit der „Topologischen Skizze" und der „Zeitleiste" die räumliche und zeitliche Dimension des Unterrichts erfasst und es wird ein Ansatz gewählt, der Unterricht als eine inhaltsbezogene (zeitliche Dimension) und soziale (räumliche Dimension) Interaktion versteht.

Instrumentarien als Ausgangspunkt für reflexive Lernprozesse

Über diese Grundverfahren gehen die anderen Instrumentarien hinaus. Infrage kommt hier z. B. der Aufnahmebogen ASFU (Aufnahmebogen Sozial- und Unterrichtsformen). Als Beispiel für die Beobachtung der Umsetzung demokratisch-partizipativer Strukturen von Unterricht wurde ein Bogen entwickelt, der an das Kategoriensystem FIAC (Flanders Interaction Analysis Categories) und den ähnlich ausgerichteten „Walberg"-Kategorien anschließt und die Überprüfung von entsprechenden Interaktions- und Kommunikationsmerkmalen des Unterrichts erlaubt.

Die Instrumentarien stammen z. T. aus den Beispielfeldern der Arbeit am Schulporträt (u. a. WITTENBRUCH/WERRES 1992; VORSMANN/WITTENBRUCH 1997; BRENK/SALOMON 2010) sowie der Institutionalisierungsform der „Mobilen

Lernwerkstatt an der Universität Münster", die diese Materialien in über 70 Einsätzen erprobt und geprüft hat (vgl. hierzu WITTENBRUCH 2003).

Die Präsentation der Instrumentarien erfolgt nach einem bestimmten Darstellungsmuster. Zur Erläuterung des einzelnen Instrumentes werden Zielsetzungen formuliert sowie kontext- und verwendungsbezogene Hinweise gegeben.

▶ ▶ ▶ *Instrumentarium:* „Zeitleiste"
Zielsetzung: Dokumentation von Unterrichtsprozessen, mit dem Zweck, eine materiale Grundlage für die Reflexion schulpädagogisch-didaktischer Zusammenhänge zu erhalten (vgl. SCHULZE/SCHRÄDER 1978, 11, zitiert nach WITTENBRUCH 1985, 76).

Kontextbeschreibung/Merkmale: Für die Beobachtung und Dokumentation hat sich ein dreiteiliges Formular bewährt, mit welchem die Zeitstruktur, die Lehr- und Lernaktivitäten sowie persönliche Kommentare festgehalten werden. Mit der Aufzeichnung der Chronologie der Ereignisse wird der Unterricht in seiner zeitlichen Dimension erfasst, wobei unterstellt wird, dass diese untereinander in einem Zusammenhang stehen. Es werden jedoch nicht alle, sondern nur markante Ereignisse notiert. Die Zeitleiste konzentriert sich vornehmlich auf die inhaltliche und methodische Dimension des Unterrichts und dessen Gliederung. So kann sie als Grundlage für pädagogische Gespräche fungieren, in denen vor allem die unterrichtende Person eine nachträgliche kritische Überprüfung ihres Unterrichts vornehmen kann. Entsprechend können auf der Basis der Zeitleiste Studierende sowohl eine Einführung in mögliche Formen des Unterrichts erhalten als auch vergleichende Analysen vornehmen.

Ablauf/Verfahrensregeln: Die Anfertigung einer Zeitleiste geschieht während einer Unterrichtshospitation, und zwar auf der Basis von Notizen, die bei den Beobachtungen gemacht werden. Zeitleisten sind zwar ohne differenziertes und langes Training herzustellen, jedoch muss ihre Anfertigung durchaus geübt werden. Es erscheint sinnvoll, sie zu zweit oder in Gruppen anzufertigen. Das ermöglicht einen Vergleich der Protokolle. Bei der Anfertigung ist zu beachten, dass die Zeitnotierung i. d. R. nach eigenem Ermessen erfolgt. Für die Lehrperson wird das Symbol L verwendet, für Schüler S, mehrere S werden vertreten durch MS und alle Schülerinnen und Schüler durch AS. Für Schüler- und Lehreräußerungen werden ein bis fünf Stichworte zunächst pro Äußerung notiert, später wird der inhaltliche Zusammenhang mithilfe der Stichwörter rekonstruiert. Eine Aufzeichnung wörtlicher Rede soll angestrebt werden, Tätigkeiten ohne Rede werden in Klammern gesetzt, z. B. Gesten, Mimik, Murmeln usw. Texte an der Tafel werden durch T, Folien durch F eingeleitet. Bemerkenswerte Äußerungen oder Ereignisse können bereits während der Aufzeichnung durch ein Ausrufezeichen markiert werden, später noch zu klärende Ereignisse durch ein Fragezeichen. Dadurch kann ein späterer Rückgriff auf die entsprechende Stelle erfolgen. Ein ausführliches Beispiel findet sich in Kapitel 3.

Kopiervorlage
Zeitleistenformular

Phasen/Schritte	Lehr-Lernaktivitäten	Kommentar

Abbildung 7: Zeitleistenformular

Instrumentarium: „Episode" ◀ ◀ ◀

Zielsetzung: Im Gegensatz zur Zeitleiste hält dieses Instrumentarium einzelne Episoden einer Stunde fest, die bereits unter Deutungsgesichtspunkten ausgewählt werden. Das Episodenverfahren ist methodologisch in der Nähe sogenannter „kritischer Vorfälle" (WITTENBRUCH 1985, 79) angesiedelt und soll einen „denkwürdigen" Unterrichtsausschnitt mit dem Ziel präsentieren, dass dieser über den unterrichtlichen Zusammenhang hinaus zur pädagogischen Interpretation herausfordert.

Kontext/Merkmale: Das Episodenverfahren kann als eine Ergänzung zur Zeitleiste fungieren. Episoden werden unter bestimmten Gesichtspunkten ausgewählt, dabei werden die Abfolge der Ereignisse oder die sprachlichen Äußerungen genau aufgezeichnet.

Ablauf/Verfahrensregeln: Episoden werden zunächst während der Beobachtung von Unterricht erstellt, zumeist gehen sie aus dem Zeitleistenprotokoll hervor (Erfassung). Nach der Erfassung schließt sich eine Interpretation der erfassten Unterrichtsepisode an, die häufig zunächst auch als Interpretationsangebot zur Diskussion gestellt wird. Für die Erstellung von Episoden hat sich folgende Checkliste bewährt: „Ist sie umfassend" (auch scheinbare Nebensächlichkeiten berücksichtigen)? „Ist sie zuverlässig" (Beobachtung selbst machen)? „Ist sie planmäßig" (Beschränkung auf Teilbeobachtungen vermeiden)? „Ist sie zeitpunktbestimmt" (Zeitpunkt festhalten, an dem die Beobachtung gemacht wurde)? „Ist sie beobachterbestimmt" (Berücksichtigung von die Beobachtung beeinflussenden Faktoren)? „Ist sie situationsbestimmt" (Berücksichtigung des Beobachtungskontextes)? „Ist sie abgesichert" (möglichst Anwendung mehrerer Verfahren auf eine Situation)? „Ist sie ‚positivistisch'" (RUDDIES 1976, 25 ff., zitiert nach WITTENBRUCH 1985, 79 f.) (auf tatsächlich Beobachtbares gerichtet)? Bleibt die Identität des Beobachteten bei der Umsetzung in Sprache erhalten (Begründung der Wortwahl und Kommunikation über die Beschreibungssprache, um sprachbedingte Verstehensschwierigkeiten zu vermeiden)?

Kopiervorlage
Formular für Episoden

Merkmale:	E umfasst mehrere Aktivitäten, an denen mehrere Prozesse beteiligt sind. E hat einen Mittelpunkt (Fokus). E hat eine selbstständige Bedeutung in einem größeren Handlungszusammenhang. E hat aufschließende Bedeutung für Unterricht. E kann von funktionaler, kritischer, individual- oder gruppendiagnostischer oder inhaltlicher Relevanz sein.
Erfassung:	
Interpretation:	

Abbildung 8: Formular für Episoden

Einige Beispiele für Episoden finden sich in Kapitel 8.

Instrumentarium: „Topologische Skizze"   ◀ ◀ ◀
Zielsetzung: Mithilfe der Aufzeichnung der räumlichen Gegebenheiten, unter denen schulisches Lernen stattfindet, können die Bedingungen, die Räume für das schulische Lernen, für soziale Kontaktmöglichkeiten, für den Zusammenhang zwischen Lernen und Bewegung, für die „klimatische Befindlichkeit" usw. darstellen, aufgezeigt werden (vgl. WITTENBRUCH 1985, 82). Hierbei spielen die Anordnung des Mobiliars, Freiflächen, Lichtverhältnisse, die Erreichbarkeit und Übersichtlichkeit von Arbeitsmaterial und Veranschaulichungsmitteln unter dem Aspekt „lebbaren Lernens", auch in ästhetischer Hinsicht, eine besondere Rolle.

Kontext/Merkmale: Eine topologische Skizze ähnelt einem Gebäudegrundriss und sollte alle oben erwähnten Bedingungsaspekte berücksichtigen. Bis zu einem gewissen Grade kann die Aufzeichnung symbolschriftlich erfolgen, unter teilweiser Verwendung von Legenden. Zentrale Kriterien für die Skizzierung von Raummerkmalen liegen darin, dass Interpretationen unterrichtlichen Geschehens sich auf eine gute visuelle Zugänglichkeit relevanter räumlicher Bedingungen stützen können.

Ablauf/Verfahrensregeln: In der Regel werden topologische Raumskizzen unter der Voraussetzung von arbeitsteiliger Hospitation (Zeitleiste, Episode, topologische Skizze) angefertigt und ihre Erstellung kommt dabei häufig an zeitliche Grenzen, sodass nicht alle relevanten Raummerkmale zur Darstellung gelangen. Ähnlich wie bei der Zeitleiste ist aber auch hier eine Datenselektion unumgänglich. Das folgende Beispiel enthält den Aufriss eines Raumes aus einem Klassenraum des Landerziehungsheimes Haubinda.

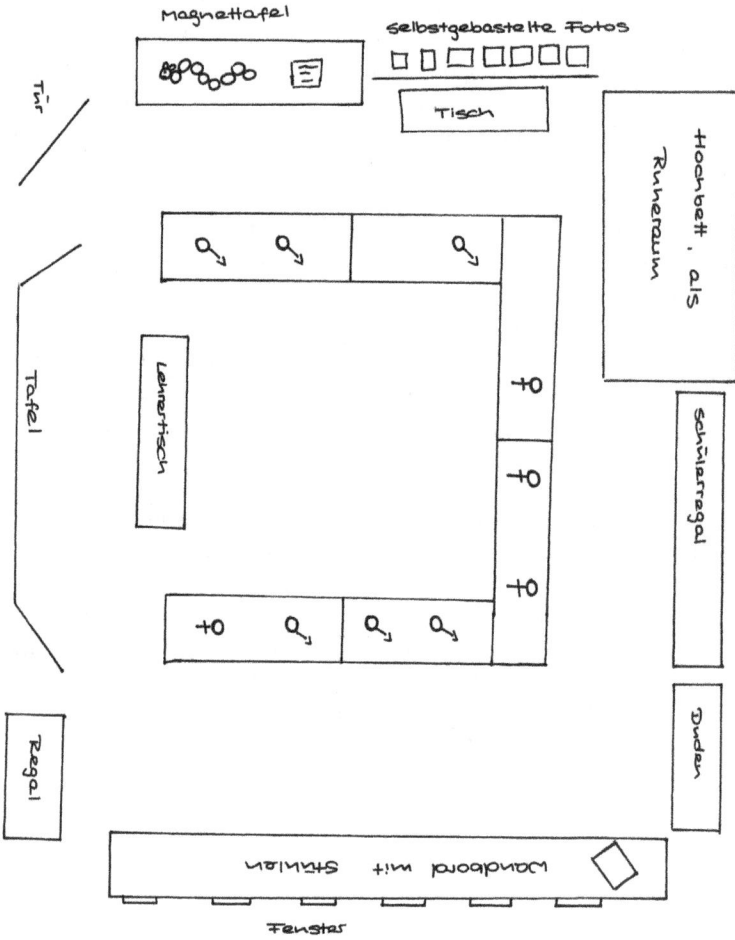

Abbildung 9: Beispiel aus dem Praktikumsbericht der Studentin SARAH SILLMANN (WS 2010)

Instrumentarium: „Lehr-Lernprozess begleitende Handlungen" ◀ ◀ ◀
Zielsetzung: Anhand einer Kombination von zwei bedeutenden Ansätzen zur Analyse der Interaktion und Kommunikation im Unterricht, nämlich den Kategorien nach FLANDERS (1970) und den von WALBERG (1984) ausgewiesenen Variablen zur Lehr-Lern-Effektivität, soll die Häufigkeit, Art und Verbindung unterschiedlicher, die Lehrer-Schüler-Interaktion ausmachender Kategorien untersucht werden.

Kontext/Merkmale: Das Instrumentarium wurde von BECKER (1998) für die direkte Beobachtung von Unterrichtsprozessen entwickelt. Diese Checkliste wird häufig bei Unterrichtsbeobachtungen im Rahmen des erziehungswissenschaftlichen und musikdidaktischen Praktikums eingesetzt und ist entwickelt worden für frontalunterrichtliche Lehrsituationen. Im Hinblick auf die Verbesserung der Interaktion und Kommunikation lassen sich Zuweisungen zu Kategorien vornehmen, die eine Beurteilung von Lehr-Handlungen ermöglichen. Dabei erfolgten bei BECKER eine Auswahl aus den 10 Kategorien von FLANDERS und eine Ergänzung um einzelne differenziertere Kategorien.

Ablauf/Verfahrensregeln: Anhand der zehn Fragen werden, eventuell in Verbindung mit einer Zeitleiste, Interaktionssituationen aufgesucht, zugeordnet und analysiert. Daran schließt sich eine Interpretation der vorgefundenen Handlungssegmente an.

Zehn Fragen zur Beobachtung von Lehrhandlungen
1. **Wie geht die Lehrperson auf Gefühlsäußerungen der Schülerinnen und Schüler ein (Flanders-Kategorie 1: Akzeptieren von Gefühlen)?**
Schülerin: *Ich mag Mathematik nicht, weil es so schwer ist. Ich verstehe überhaupt nicht, warum ich das eigentlich lernen soll.*
Lehrerin: *Manchmal kann man beim Rechnen schon den Mut verlieren und dann ärgerlich werden.*
Werden Gefühlsäußerungen aufgenommen oder ignoriert, weil sie z. B. nicht eingeplant waren?

2. **Wie lobt und ermutigt die Lehrperson die Schülerinnen und Schüler (Flanders-Kategorie 2: Loben oder ermutigen)?**
Lehrer: *Sehr gut!,* zustimmendes Kopfnicken usw.
Erfolgt das Lob bzw. die Ermutigung angemessen, flexibel und variabel oder unangemessen, übertrieben und selten?

3. Wie geht die Lehrperson auf Schülerbeiträge ein (Flanders-Kategorie 3: Gedanken von Schülerinnen und Schülern akzeptieren und weiterverwenden)?
Schülerin: *Regen in der Wüste würde viele Pflanzen wachsen lassen.*
Lehrer: *Mary glaubt, dass Pflanzen durch Regen wachsen würden. Stimmst du dem zu, Jerry?*
Lässt die Lehrperson Schülerbeiträge präzisieren oder durch andere weiterverarbeiten?

4. Fördert sie auch die Interaktion zwischen den Schülerinnen und Schülern (Flanders-Kategorie 9: Schüleräußerung – initiativ; Walberg: cooperative learning)?
Werden Schülerbeiträge auch zur Diskussion gestellt oder verbleibt die Interaktion auf der L-S-Ebene?

5. Wie bringt die Lehrperson ihre Fragen in den Unterrichtsprozess ein (Flanders-Kategorie 4: L-Fragen; Walberg: higher order questions)?
Lehrerin: *Wer hat außer Brecht den Antigonestoff noch bearbeitet?* Schüler: (denkbare Reaktion: Reproduktion von Wissen)
Verfügt die Lehrperson über unterschiedliche Fragekategorien und ihre Einsatzkontexte wie Kenntnisfragen, konvergierende, divergierende, bewertende, Sondierungsfragen und organisierende Fragen? Schätzt sie die Wirkung von Fragen richtig ein? Vermeidet sie Frageketten und räumt sie produktive Pausen ein?

6. Sind mögliche Lernhilfen gut dosiert?
Wird das Prinzip minimaler Lernhilfen beachtet? Werden Lernschwierigkeiten und -barrieren produktiv aufgenommen?

7. Welche Formen des Feedbacks werden wie eingesetzt?
Situationsangemessen, variabel und differenziert? Werden z. B. statt Richtig-/Falsch-Rückmeldungen oder einer Nennung der richtigen Antwort auch Erklärungen der Aufgabenlösungen, Unterstützung von Lösungsregeln, eine produktive Fehlerbearbeitung oder ein Darbieten der ursprünglichen Instruktion vorgenommen. Werden den Schülerinnen und Schülern zusätzliche, bisher noch nicht dargebotene Informationen zur Verfügung gestellt, wie beispielsweise neue Beispiele oder alternative Präsentationsformen des Lehrstoffs?

8. Werden die Schülerinnen und Schüler zum Fragen ermutigt?
Gibt es ein fast uneingeschränktes Fragerecht oder werden Schülerfragen eher als unangenehm oder störend empfunden?

9. **Wie werden Schülerfragen verarbeitet?**
Erhalten sie ein positives Feedback und werden die Fragen in den Unterrichtsprozess sinnvoll einbezogen oder ignoriert?

10. **Werden in bestimmten Situationen (bei allgemeiner Unruhe oder Desorientierung) auch direkte Anweisungen gegeben oder Anordnungen getroffen?**
Besteht der Mut, wenn erforderlich, Grenzsetzungen vorzunehmen?

Instrumentarium: „Protokollbogen zur Erfassung verbaler Schülerbeiträge, Schüleraktionen und direkter Lehrer-Schüler-Kontakte während der Schülerarbeit"
Zielsetzung: Mithilfe der Aufzeichnung verbaler Schülerbeiträge, Schüleraktionen und Lehrer-Schüler-Kontakte im Unterricht kann sich die Reflexion auf einzelne methodische Komponenten einer Unterrichtsstunde beziehen, die aber immer bezogen werden müssen auf die intentionale, die mediale und die thematische Ebene. Das Instrumentarium für sich gibt zwar den Blick frei auf Schüleraktivitäten. Über deren Angemessenheit kann aber nur im Lichte der drei anderen Strukturfaktoren und von Bedingungsaspekten entschieden werden. Der Perspektivpunkt ist emanzipatorisch. Dahinter steht die Frage, in welcher Weise und in welchem Maße die erzieherische Dimension der Methode, also die Selbstbestimmungs- und Solidaritätsfähigkeit junger Menschen (vgl. KLAFKI 1985, 208) begünstigt wird. Das heißt, die Perspektivpunkte sind von NORBERT VORSMANN Mitte der 1990er Jahre im Hinblick auf die Fragestellung bestimmt worden, inwieweit sie Denk- und Mitbestimmungsräume erhalten, z. B. Gelegenheit zum kritischen Hinterfragen oder gar zum Widerspruch (vgl. VORSMANN 1997, 206 ff.). Das Instrumentarium ist entsprechend aufgeteilt in Kategorien von Schüler-Aktions- und Kontaktformen.

Kontext/Merkmale: Das Instrumentarium enthält eine Übersicht von verbal bestimmten Grundformen von Schülertätigkeit als reziproken Verhaltensweisen und Aktivitäten von Lehrpersonen und Lernenden. Es entspricht einem heuristischen Kategorialmodell und soll die Ausprägung verbaler Kommunikationsbeteiligung abzuschätzen helfen. Dieses Instrumentarium kann einem Gespräch über eine solche Dimension von Unterricht als Grundlage dienen. Es werden dazu bestimmte Antwortkategorien („Einwort" bis „zusammenhängende Antwort") sowie die Kategorien „Frage", „Widerspruch", „Vorschlag", „Tafelanschrieb" sowie „Vorlesen" unterschieden und mithilfe eines Minutenrasters in ihrer Häufigkeit aufgezeichnet.

Mitaufgezeichnet werden auch Kontakte zwischen Lehrenden und Lernenden während einer Schülerarbeit.

Ablauf/Verfahrensregeln: Dieses Instrument empfiehlt sich für eine Gruppenhospitation oder als Grundlage zu arbeitsteiligem forschendem Lernen. Neben die in den Kästchen enthaltenen Minutenangaben werden in der Reihenfolge ihres Auftretens die Kategorien mit einem Kürzel und einer Schülernummer (laut Sitzplannummerierung) verzeichnet, sodass sich am Ende eine Übersicht über ihre Häufigkeit und ihr zeitliches Auftreten ergibt.

Protokollationshilfen:
Schüler/in **x E** (Aussage/Antwort/Einwort)
Schüler/in **y S** (Aussage/Antwort/Satz)
Schüler/in **z Z** (Aussage/Antwort/ Zusammenhängend)
Schüler/in **a F** (Frage)   Schüler/in **b W** (Widerspruch)
Schüler/in **c V** (Vorschlag)   Schüler/in **d TA** (Tafelanschrieb)
Schüler/in **e VL** (Vorlesen)
L > S x (direkter Lehrerkontakt zum Schüler bei Schülerarbeit (<u>H</u>ilfe, <u>B</u>eratung, <u>K</u>ontrolle u. a.)
S y > L direkter Schülerkontakt zur Lehrperson

Ein Beispiel:

Minute:	Minute:	Minute:
0 5E, 6S, 11F>S	2 2F, 10Z, 12Z	43 2W, 5W>L
1 3S, 9Z	...	44 5E, 8Z

Eine Variante diese Bogens kann darin bestehen, in der Tabelle eine Liste von Schülernummern einzutragen und ihnen bestimmte Rede-Kategorien zuzuordnen, wie das folgende Beispiel zeigt:

Sch.-Nr.	Sch.-Nr.	Sch.-Nr.
1 E S Z	3 F E E E E Z Z	24 W W
2 S Z	...	25 E E E E S S

Obiges Beispiel erinnert stark an die in der Literatur kursierenden Strichlistenbögen, in denen nach einer Schülermeldung per Strich hinter einer Schülernummer Häufigkeiten von Beiträgen aufgezeichnet werden. Es geht aber in seiner Aussagefähigkeit weit darüber hinaus.

Instrumentarium: **ASFU (Aufnahmebogen Sozialformen des Unterrichts)**
Zielsetzung: Das vorliegende Aufnahmesystem erlaubt eine Untersuchung der L-S-Interaktion, zielt allerdings nicht auf den Verbalaspekt, sondern auf die methodische Struktur.

Kontext/Merkmale: Der Erhebungsbogen ASFU dient der Dokumentation von einzelnen Arbeits- und Sozialformen (Angaben in Minuten). Die einzelnen Kategorien sind so gewählt, dass sie die mögliche Bandbreite von soziostrukturell einfachen Lernformen mit einseitiger Interaktion bis hin zu solchen abbilden können, die eine Aktivierung der Schülerinnen und Schüler bzw. Kooperation innerhalb der Klasse ermöglichen (Selbstständigkeit) und damit ihre emotionale und soziale Entwicklung fördern. Die Entwicklung des Bogens durch WALTER WERRES (WERRES 1992) ging von der Prämisse aus, dass die „individuelle Ausgestaltung der sozialen Interaktion [...] Ausdruck der Vorstellungen der Lehrer und Lehrerinnen über Lehren und Lernen unter institutionalisierten Bedingungen" (WERRES 2001, 170) ist. Es ist bei der Nutzung des Bogens darauf hinzuweisen, dass bei dieser Aufmerksamkeitsrichtung die inhaltliche Ebene des Unterrichts unberührt bleibt. Eine umfassende Interpretation unterrichtlicher Vorgänge oder hinreichende Qualitätsaussagen über Unterricht können mit diesem Dokumentationsverfahren nicht getroffen werden. Hierzu wäre eine Verknüpfung von strukturellen, normativen und fachinhaltlichen Perspektiven erforderlich. In einem solchen erweiterten Kontext stellt aber der Aufnahmebogen ASFU ein nicht zu unterschätzendes Hilfsmittel bereit.

Ablauf/Verfahrensregeln: Direkt während der Beobachtung von Unterricht werden Sozial- und Unterrichtsformen den einzelnen Kategorien zugeordnet. Bei kollegialen Hospitationen kann der Bogen seine Verwendung finden, indem während des Unterrichtsprozesses eine dauerbezogene Eintragung in das Minutenraster vorgenommen wird. Zuvor ist jedoch eine genaue Klärung der Kriterien für eine Kategorienzuweisung vorzunehmen. WERRES hat 1996 eine Erweiterung des Bogens um die Kategorie „Erwartete Schülertätigkeit" vorgenommen und dort (wie in WERRES 2001, 174 ff.) umfassende und detaillierte Erläuterungen gegeben (vgl. WERRES 1996, 132). Dieser Bogen könnte wiederum im Rahmen von Gruppenprojekten forschenden Lernens eine große Rolle spielen (s. dazu das vollständige Raster).

Kopiervorlage
Aufnahmebogen Sozialformen des Unterrichts

1. Statistik
Protokollant: .... Ort/Datum: ....
Schule: .... Klasse: .... Zeit: ....
Zahl der Schüler: m .... /w .... Fach: ....
Thema der Stunde: ....
Ziel der Stunde: ....

MIN	5	10	15	20	25	30	35	40	45
FU1									
FU2									
AAR									
PAR									
GU1									
GU2									
GK1									
GK2									
FAB									
VAF									
AUA									
STÖ									
MIN	5	10	15	20	25	30	35	40	45 Sa

2. Aufnahmeraster (45-Minuten-Raster)
Bemerkungen (z. B. VAF, AUF, STÖ): ....

Kurze Beschreibung der Kategorien:
FU1: L trägt/zeigt/führt vor, monologisiert; *FU2*: Fragend-entwickelnder/Impuls-Unterricht; *AAR*: Alleinarbeit, Aufgabe/Arbeit vom L; *PAR*: Partnerarbeit, Aufgabe/Arbeit vom L; *GU1*: Gruppenunterricht, arbeitsgleich; *GU2*: Gruppenunterricht, arbeitsteilig; *GK1*: Gesprächskreis, partnerbezogen; *GK2*: Gesprächskreis, zentriert: L oder S; *FAB*: Freie Arbeit, selbstgewählte Aufgabe; *VAF*: verschiedene Arbeitsformen gleichzeitig (z. B. Abteilungs-, Förderunterricht); *AUA*: Andere unterrichtsbezogene Aktivitäten; *STÖ*: Störung, Unruhe, kein Unterricht. L = Lehrer, S = Schüler

Mit einem kräftigen Balken werden Dauer und Wechsel der Sozialform in die entsprechende Kategorienzeile eingetragen. Durch die Markierung entsteht eine Art „Notenschrift", deren Länge die zeitliche Ausdehnung der betreffenden Sozialform wiedergibt. Besondere Vorkommnisse und Einträge in den Kategorien „VAF" und „AUA" sollen in der Zeile „Bemerkungen" kurz erläutert werden.

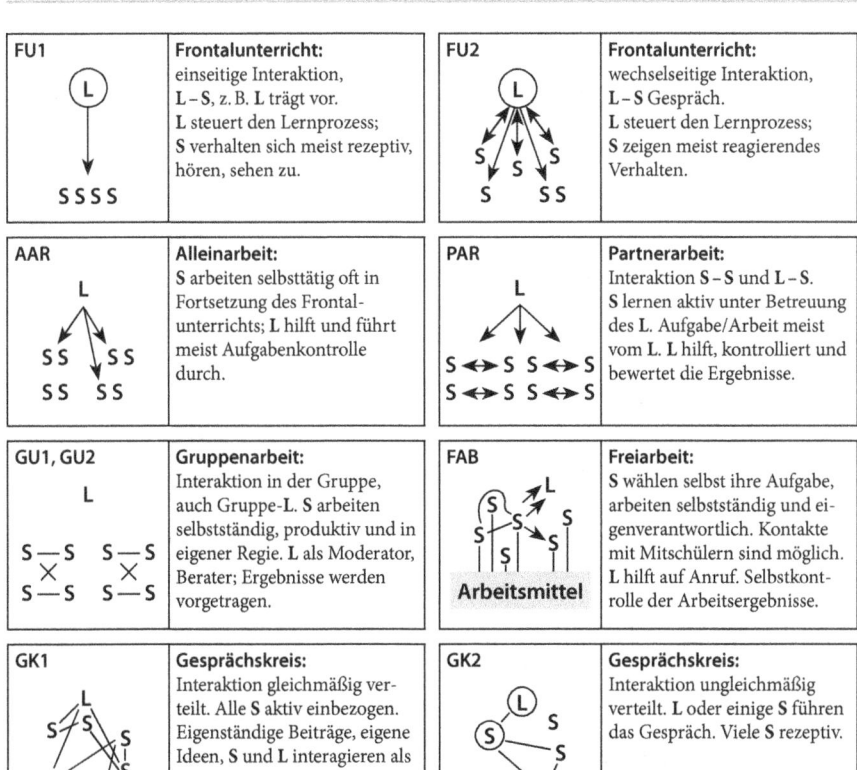

Abbildung 10: Aufnahmebogen „Sozialformen des Unterrichts" mit Piktogramm

Über die hier dargestellten Instrumentarien hinaus möchten wir den Leser ermuntern, entweder bei Bedarf weitere hinzuzuziehen, wie z. B. das Soziogramm (hierzu ausführlich KRETSCHMER/STARY 1998, 35 ff.), das Schema zur Feedback-Analyse (vgl. BRENK/SALOMON 2010, 191 f.) oder eigene Beobachtungsinstrumente zu entwerfen, wie z. B. zu einzelnen Merkmalen „guten Unterrichts" (Beispiel: Merkmalskatalog zur „Klarheit und Strukturiertheit des Unterrichts", vgl. Kapitel 3). In der Praxis schulpraktischer Studien haben z. B. Studierende ihre Phantasie bisher in großem Umfang mobilisieren können, was hier aus Platzgründen nicht dargestellt werden kann, aber als Impuls zu eigenen kreativen Ideen verstanden werden kann. Viele Instrumentarien sind auch im Internet zu finden. Es sollten dabei allerdings immer ihre theoretischen Voraussetzungen berücksichtigt werden.

Unterricht nachbesprechen und verbessern

Claudia Hidding-Kalde

Alltägliche Arbeit als Lernanlass und Forschungsgegenstand

Mit der Beobachtung und Dokumentation des Unterrichts oder anderer pädagogischer Situationen ist die Arbeitsgrundlage für die kollegiale Praxisreflexion geschaffen. Jetzt folgt der nächste und wichtigste Schritt: die Nachbesprechung des Unterrichts, sei es gemeinsam mit Kolleginnen und Kollegen oder im Rahmen der Ausbildung in Studium oder Referendariat. Im Kreislauf von Reflexion und Aktion ist die Unterrichtsbesprechung gleichsam der Dreh- und Angelpunkt: Hier kommt der subjektive Ansatz zur Geltung, indem die alltägliche Arbeit zum Lernanlass und Forschungsgegenstand gemacht wird. Hier ist der Umschlagplatz von Theorie und Praxis. Hier kann gegebenenfalls Input von außen, also von schulfremden Personen, wirksam werden. Und auf dieser Basis – Beobachtung, Analyse, Interpretation – dienen die Besprechungsstunden dazu, Handlungsalternativen ins Auge zu fassen und Veränderungen zu planen. Dieses Kapitel soll Anregungen geben, wie Unterricht kooperativ und fair besprochen und weiterentwickelt werden kann.

5.1 Gespräche planen und strukturieren

Das Sprechen über Unterricht, über pädagogisches Handeln allgemein, fällt vielen Lehrkräften, aber auch Lehramtsstudierenden und Referendaren schwer. Ein Hauptgrund ist die mangelnde Übung. Unterrichtsbesprechungen müssen gerade deshalb gut vorbereitet werden, um Lernchancen nicht leichtfertig zu verschenken. Die knappe Zeit, die meist nur zur Verfügung steht, sollte nicht durch ziellos verlaufende oder inhaltlich beliebige Diskussionen verschwendet werden. Ein Mittel, um dies zu erreichen, ist eine planvolle Strukturierung der Unterrichtsbesprechungen (selbstredend gelten die nachstehenden Empfehlungen auch dann, wenn andere pädagogische Situationen oder lediglich einzelne Episoden besprochen werden).

Protokolle als Arbeitsunterlage

Die Basis jeder Unterrichtsbesprechung ist eine schriftliche Unterlage: Allen Teilnehmenden ist idealerweise bereits zur Vorbereitung die Zeitleiste oder das Protokoll der Episode ausgehändigt worden (zur Dokumentation des Unterrichts vgl. Kapitel 4). Das gilt auch dann, wenn alle Teilnehmenden den jeweiligen Unterricht beobachtet haben. Während der Besprechung ist es hilfreich, sich bei Wortbeiträgen am Inhalt der Dokumentation zu orientieren. Dadurch wird sichergestellt, dass sich die Diskussion nicht in Allgemeinheiten verliert, sondern sich auf konkrete Gesichtspunkte des besprochenen Unterrichts bezieht.

Im Vorfeld sollte man sich darüber austauschen, auf welche Kommunikationsregeln zu achten ist. Im Rahmen dieses Buches ist es zwar nicht möglich, im Detail zu erörtern, wie (berufliche) Kommunikation so ausgestaltet werden kann, dass sie für alle Beteiligten befriedigend verläuft, und wo mögliche Schwierigkeiten liegen. Hier ist auf Spezialliteratur zu verweisen. Wichtig erscheint es uns aber, zumindest einen Punkt zu nennen, der allen Absprachen zugrunde liegen sollte: Kollegiale Unterrichtsbesprechungen sind als symmetrische (im Gegensatz zu komplementärer) Kommunikation konzipiert. Symmetrische Kommunikation bedeutet, dass die Teilnehmenden auf gleicher Ebene sprechen. Kein Teilnehmer ist dem anderen über- bzw. untergeordnet. Dadurch unterscheidet sich die kollegiale Praxisreflexion von Lehrproben im Rahmen der Ausbildung oder der Schulinspektion.

Kommunikationsregeln

Bezeichnet man eine bestimmte Diskussion als „symmetrische Kommunikation", ist dies zunächst eine bloße Beschreibung oder Bewertung der jeweiligen Situation. Symmetrisch bzw. komplementär dienen damit in erster Linie als Analysekategorien. Jedoch ist es auch möglich, symmetrische Kommunikation bewusst anzustreben. Dies kann gelingen, indem sich die Teilnehmenden zunächst vor Augen führen, welche Faktoren zu Über- und Unterordnungsverhältnissen führen können und eine symmetrische Kommunikation behindern. Ein Faktor sind formelle Hierarchien, beispielsweise: Schulleiter/in, Konrektor/in, Lehrer/in, Referendar/in, Praktikant/in (siehe zur Rolle der Schulleitung bei der Praxisreflexion näher Abschnitt 9.2). Daneben ist vor allem an informelle Hierarchien zu denken: idealtypisch etwa einerseits die erfahrene Lehrerin, die buchstäblich seit Jahrzehnten an der Schule unterrichtet und in die Position der Wortführerin und „heimlichen Chefin" hineingewachsen ist, andererseits der noch unsichere Berufsanfänger, der es kaum wagt, seine Vorstellungen zu äußern. Es liegt auf der Hand, was sich jeder Einzelne vornehmen kann, um eine symmetrische Kommunikation zu fördern: Die erfahrene Kollegin bemüht sich, ihre Erfahrung nicht gegen neue Ideen auszuspielen und auch andere Sichtweisen zu akzeptieren. Der Berufsanfänger versucht, seine Scheu vor der Beteiligung abzulegen.

Symmetrische Kommunikation

Wie läuft nun eine Unterrichtsbesprechung ab? In Schulforschungsprojekten hat sich folgendes Schema bewährt:

Statement der Lehrperson → Sammlung bedeutsamer Punkte → Themenvorschläge → Konzentration auf 2–3 Punkte → Erörterung → Zusammenfassung der TN, dann der Lehrperson → konkrete Punkte der Weiterarbeit

- Die Besprechung beginnt mit einem (knappen) einleitenden Statement derjenigen Lehrperson, die die zu besprechende Unterrichtsstunde gehalten hat. Darin gibt sie beispielsweise zusätzliche Informationen, die sich aus der Dokumentation nicht unmittelbar erschließen, indem sie etwa die Stunde in die zugehörige Unterrichtsreihe einordnet, und weist auf Besonderheiten hin, etwa einen neuen Schüler in der Klasse o. Ä. Sie kann auch darstellen, welche Aspekte ihr für die Besprechung besonders wichtig sind. Das Eingangsstatement gibt auch psychologisch ein Signal: Die Lehrperson ist handelndes Subjekt, nicht Objekt einer Bewertung oder Beurteilung.
- Auf das einleitende Statement folgt eine „erste Runde", in der jeder Teilnehmende einen oder mehrere Punkte nennt, die ihm bedeutsam erscheinen, und zwar in einer eher beschreibenden Weise und ohne vorschnelle Wertungen (siehe dazu auch Abschnitt 5.3). Falls noch Unklarheiten bestehen (weil z. B. die Unterrichtsdokumentation an einer Stelle nicht verständlich ist), kann nachgefragt werden. Das Ziel ist, eine möglichst große Zahl an Lernanlässen zu sammeln.
- Im nächsten Schritt müssen sich die Teilnehmenden verständigen: Welche der angesprochenen Themen sollen in den Fokus der Besprechung gerückt werden? Die Erfahrung zeigt: Die Zahl möglicher Lernanlässe ist in aller Regel groß, die zur Verfügung stehende Zeit dagegen sehr beschränkt. Um sich nicht zu verzetteln, ist es meist sinnvoll, sich auf zwei, maximal drei Punkte zu konzentrieren.
- Diese Besprechungspunkte werden sodann im Einzelnen nacheinander erörtert. Man kann – was sich jedenfalls in größeren Runden empfiehlt – einen Gesprächsleiter bestimmen, der in dieser Phase darauf achtet, dass jeder zu Wort kommt und die Diskussion zu den vereinbarten Themen nicht ausufert. Er sollte auch auf die Uhr achten, damit die Besprechung nicht unvermittelt abgebrochen werden muss.
- Schließlich der Ausklang. Die Besprechungsstunde endet, wie sie begonnen hat, allerdings in umgekehrter Reihenfolge: Zunächst eine abschließende Runde, in der jeder Teilnehmende kurz zusammenfasst, was er als Ergebnis der Besprechung ansieht bzw. welche Fragen noch offen geblieben sind. Wichtig ist vor allem, den Weg von der Reflexion zur Handlung vorzuzeichnen, indem Ansätze für die Weiterarbeit formuliert wer-

den. Welche Veränderungen sollen verwirklicht werden? Hier ist es sinnvoll, nicht bei pauschalen Zielaussagen („Ich möchte die Lehrer-Schüler-Interaktion verbessern") stehenzubleiben, sondern konkret und detailliert einzelne Schritte zu benennen, mit denen das Ziel verwirklicht werden kann.

Das skizzierte Schema stellt (nur) eine grobe Leitlinie für den Anfang dar und kann bei Bedarf selbstverständlich durchbrochen oder verändert werden. Wie Besprechungen speziell in der Referendarausbildung ablaufen können, erläutern wir in Abschnitt 5.4.

5.2 Vom Betroffensein zur reflexiven Distanz

Das spontan-intuitive Sprechen über Unterricht oder sonstige Elemente des Schullebens einerseits und die Reflexion andererseits zeichnen sich durch unterschiedliche Haltungen aus. WITTENBRUCH (2007, 36) spricht in diesem Zusammenhang vom „Modus des Betroffenseins oder Angetanseins" bzw. vom „Modus der Reflexion". Die Unterscheidung wird klar, wenn man sich die – aus dem Alltag bekannten – Situationen vergegenwärtigt, in denen eine Lehrperson spontan-situativ kommuniziert. Ein Beispiel:

Modus des Betroffenseins – Modus der Reflexion

> Lehrer S hat in einer Freistunde ein unerfreulich verlaufendes Elterngespräch geführt. Der Vater einer 13-jähringen Schülerin hat ihm vorgeworfen, seine Tochter bei der Notenvergabe gegenüber anderen Schülern zu benachteiligen. Auf Erläuterungen von S zur Bewertung der letzten Klassenarbeit ist er nicht eingegangen. Stattdessen hat er gedroht, sich an die Schulaufsicht zu wenden.

Wenn S jetzt in das Lehrerzimmer zurückkehrt und einer Kollegin von dem Gespräch berichtet, wird er aller Wahrscheinlichkeit nach keine distanzierte Haltung einnehmen. Er ist verärgert, fühlt sich angegriffen und ist wegen der befürchteten Einschaltung der Schulaufsicht besorgt. Sein Bericht wird daher geprägt sein vom unmittelbaren Betroffensein. Wer betroffen ist, steckt noch tief in der erleben Situation, ist von seinen Emotionen geleitet, nimmt den Sachverhalt nur selektiv wahr und neigt zu schnellen, einfachen Bewertungen. Dies gilt natürlich nicht nur für unangenehme oder belastende Erlebnisse, sondern auch dann, wenn man von einer Situation im positiven Sinne angetan ist. Betroffen oder angetan kann man nicht nur von Ausnahmesituationen sein, wie dem eben genannten Konfliktgespräch. Am Beispiel eines Lehrers, der zum ersten Mal seinen neuen Arbeitsplatz betritt: Das Schulgebäude und der Schulhof sprechen ihn spontan an oder stoßen ihn ab, das erste Gespräch mit Kollegen empfindet er als anregend oder als anstrengend, die Gestaltung einer besuchten Unterrichtsstunde erscheint ihm angemessen oder verfehlt, beim Kontakt mit den neuen Schülern springt der Funke schnell über oder es bleibt zunächst ein merklicher Abstand usw.

Kognitive Durchdringung eigener Erfahrungen

Der Gegenpol zum Betroffensein oder Angetansein ist die Haltung reflexiver Distanz. Bildlich gesprochen bedeutet sie, einen Schritt zurückzutreten und sich aus der Unmittelbarkeit der Situation zu lösen, um so einen besseren Blick zu gewinnen. Die Distanz ermöglicht es erst, eigene Erfahrungen zu analysieren und sie kognitiv zu durchdringen. Die Haltung reflexiver Distanz ist die Grundlage und Bedingung einer erfolgreichen Reflexion.

In Unterrichtsbesprechungen lassen sich immer wieder typische Formulierungen von Teilnehmenden identifizieren, die eher auf eine Haltung des Betroffenseins als der Distanz hindeuten. Das gilt übrigens nicht nur für diejenigen Lehrpersonen, die das jeweilige Ereignis selbst erlebt haben, sondern auch für die an der Besprechung beteiligten Kolleginnen und Kollegen. Dazu als Beispiel ein Wortprotokoll aus der Nachbesprechung einer Musikstunde (entnommen aus HIDDING-KALDE 2010, 243 ff., 253):

PRAXIS

Die Lehrerin L, die die Musikstunde gehalten hat, äußert u. a.:
- „Ich war sehr unzufrieden mit der Unterrichtsstunde."
- „Zu meiner Verteidigung möchte ich sagen, ..."
- „Ich habe darum gekämpft, aber alles lag daneben."

Bei den weiteren Teilnehmern der Besprechung findet man folgende Aussagen:
- „Du musst das nicht so schlimm sehen, ich empfinde es als nicht so schlimm."
- „Ich fand das süß mit der Maus und den Aufbau gelungen." (Als Unterrichtsmedium hatte die Lehrerin eine Stoffmaus benutzt.)
- „Ich finde es schade, wenn zwei bis drei Kinder anderen die Freude nehmen."
- „Das machen wir alle in dieser Form auch."

Diese knappen Ausschnitte können selbstverständlich die Besprechung nicht umfassend abbilden. Deutlich zeigt sich aber bei Lehrerin L, dass sie die Unterrichtsstunde als misslungen erachtet. Ihre Wortbeiträge sind von Selbstkritik geprägt, allerdings auf einer eher emotionalen Ebene. Andererseits hat sie die Tendenz, sich zu verteidigen (sie benutzt sogar dieses Wort). Die Beiträge der weiteren Teilnehmer sind offensichtlich von Trost, einfühlender Unterstützung und Bestärkung gekennzeichnet. Momente der Analyse fehlen.

Einigen Missverständnissen ist an dieser Stelle vorzubeugen, die aus der Gegenüberstellung von Betroffensein bzw. Angetansein einerseits und reflexiver Distanz andererseits folgen könnten: Erstens möchten wir die Haltung des Betroffenseins/Angetanseins nicht als minderwertig oder gar als einer professionell handelnden Lehrperson unwürdig kennzeichnen. Sie ist nicht nur unvermeidbar. Die Mitglieder eines intakten Kollegiums *sollen* selbstverständlich auch emotional an Erlebnissen ihrer Kollegen teilhaben. Durch Empathie und Zuspruch helfen sich Kolleginnen und Kollegen gegenseitig, den Schulalltag zu bewältigen. Dieser Modus der Kommunikation erfüllt daher eine wichtige soziale Funktion. Lediglich zum Zweck der systematischen Analyse und Entwicklung von Unterricht erscheint er weniger geeignet. Zweitens wollen wir nicht behaupten, dass die informelle oder alltägliche Kommunikation von Lehrpersonen stets unreflektiert und ohne jede Distanz abläuft. Umgekehrt sind – wie das vorstehende Besprechungsbeispiel zeigt – auch analytisch angelegte Gesprächssituationen nicht automatisch von reflexiver Distanz geprägt. Bei den unterschiedlichen Modi der Kommunikation handelt es sich um idealtypische Beschreibungen. Man kann sich die beiden Haltungen in ihrer Reinform als Endpunkte eines Kontinuums vorstellen, bei dem es unendlich viele Zwischenschritte gibt. Schließlich bedeutet die Haltung reflexiver Distanz nicht, dass Emotionen außen vor bleiben müssen. Denn eine gefühlsmäßige Reaktion auf ein schulisches Ereignis kann selbst zum Gegenstand der Analyse werden.

Wenn man unserer These folgt, dass für eine gelingende Reflexion eine reflexive Distanz erforderlich ist: Wie erreicht man diese Distanz? Klar ist dabei zunächst, dass es nicht darum geht, das Ideal in jedem Fall zu erfüllen. Vielmehr sollte im Vordergrund stehen, sich der unterschiedlichen Modi bewusst zu sein und die reflexive Distanz anzustreben. Mehrere Punkte sind wichtig:

Reflexive Distanz erreichen

An erster Stelle ist das äußere Setting zu nennen. Zeitliche und räumliche Distanz kann helfen, gefühlsmäßig Abstand zu gewinnen. Eine Besprechung von Unterricht sollte daher nicht unmittelbar auf den Unterricht folgen, sondern an einem anderen Tag und möglichst nicht im Klassenzimmer stattfinden, sondern in einem Raum, der eine nüchterne Besprechungsatmosphäre aufkommen lässt. Das Nutzen einer Zeitleiste als Aufnahmeform des Unterrichts schafft ebenfalls eine gewisse Entfernung vom Unterrichtsgeschehen.

Sich aus der Unmittelbarkeit der Situation zu lösen, kann in der Unterrichtsbesprechung gelingen, wenn der Impuls beiseitegeschoben wird, spontane *Bewertungen* („hat mir gut gefallen"; „da hat ja nichts geklappt" usw.) abzugeben. Besser erscheint es, sich beschreibend der Unterrichtsstunde zu nähern. Reflexion beginnt mit einem genauen Hinsehen und Hinhören. Die entsprechenden Leitfragen sind: Was habe ich gesehen? Was ist mir besonders aufgefallen? Was ist mir unklar geblieben und bedarf der Nachfrage bei der Lehrperson oder beim Protokoll? Welche Aspekte eignen sich für eine Vertiefung?

Über die Beschreibung führt der Weg zur Analyse und Deutung des beobachteten Geschehens. Die Beteiligten interpretieren das Geschehen und schreiben ihm eine bestimmte Bedeutung zu. Dies ist der Kern des kognitiven Durchdringens der Situation und damit auch der Kern der Reflexion. Gleichzeitig ist es deren anspruchsvollster Teil, weil in der Rückschau auf den Unterricht professionelles Wissen und Handeln zueinander ins Verhältnis gesetzt werden müssen. An dieser Stelle besteht die Gefahr, dass die Reflexion durch schnelle und unterkomplexe Bewertungen ins Beliebige und Arbiträre abgleitet. Das Gestalten des Unterrichts ist aber keine bloße Geschmacksfrage! Um der Gefahr zu begegnen, sollte sich die Reflexion an gewissen Fixpunkten orientieren. Damit sind die Maßstäbe gemeint, die wir an unser pädagogisches Handeln anlegen. Zu denken ist an curriculare, (fach-)didaktische und methodische Maßstäbe, je nach dem Fokus der Besprechung. Seiner Maßstäbe – so heterogen sie auch sein mögen – sollte man sich bei der Reflexion stets vergewissern und dies auch aussprechen.

Fixpunkte der Reflexion

▶ Ein einfaches Beispiel:
So lässt sich eine Unterrichtsstunde oder Unterrichtsreihe unter dem Blickwinkel curricularer Maßstäbe analysieren. Maßstäbe sind hier die staatlichen Richtlinien und Lehrpläne, außerdem die Konkretisierungen, die die Schule selbst vorgenommen hat, etwa in einem Schulprogramm. Die Leitfrage hier könnte lauten: Wie fügt sich die Unterrichtsstunde in die geltenden Curricula ein?

▶ Ein zweites Beispiel:
Eine Unterrichtsstunde in einer jahrgangsübergreifenden Klasse wird besprochen. Maßstab ist hier der Formenkreis des jahrgangsübergreifenden Arbeitens, wie er in der aktuellen pädagogischen Praxis und Fachliteratur als Standard gilt (ein Maßstab, über den man selbstverständlich trefflich streiten kann!). Hier könnte die didaktische Leitfrage lauten: Welche Elemente des Formenkreises jahrgangsübergreifenden Arbeitens werden beobachtet?

Das Betroffensein und das Angetansein können schließlich selbst zum Gegenstand der Reflexion werden. Pädagogisches Handeln ist ein sozialer Prozess. Zur Schulwirklichkeit gehört mehr als messbare Fakten und äußere Phänomene. Wie sich ein Lehrer in einer bestimmten Situation fühlt, welche Emotionen schulische Ereignisse bei Beteiligten oder Beobachtern auslösen, ist für die kollegiale Praxisreflexion daher nicht gleichgültig. Im Gegenteil kann das Nachdenken darüber, weshalb man auf eine bestimmte Situation genau so (und nicht anders) reagiert, wertvolle Aufschlüsse geben. Reflexion dient damit zu einem gewissen Grade auch der Selbsterfahrung.

Schulwirklichkeit: mehr als messbare Daten und Fakten

5.3 Unterricht im Studium nachbesprechen und verbessern
Markus Brenk

> „Können Sie mir sagen, was gut war und was verbesserungswürdig ist? Können Sie mir Tipps geben, wie ich die Schüler stärker aktivieren kann?"

Eine fast schon altbekannte Situation: Studierende, die während ihres Praktikums einen Besuch von der Leitung ihres Vor- und Nachbereitungsseminars erhalten, erwarten in der Regel ein Statement, das vermeintlich „gute" und „weniger gute" Merkmale des Unterrichtenden, der Planung und der Durchführung einer Stunde hervorhebt und rückmeldet. Es ist manchmal nicht leicht, diese Erwartung enttäuschen zu müssen. Trotz der Bemühungen im Vorbereitungsseminar, die Bedeutung reflexiven und forschenden Lernens im Kontext des Studiums hervorzuheben und zu verdeutlichen, dass es in der Studienphase nicht in erster Linie um die Modellierung der pädagogischen Handlungsfähigkeit geht, stehen diese Erwartungen im Raum und die Qualität des besuchenden Dozenten wird unter Umständen daran gemessen, ob er hier etwas direkt einbringen kann oder nicht bzw. ob er sich in theoretischen Spiegelgefechten einer validen Auskunft entzieht.

Es muss in dieser Situation verdeutlicht werden, dass es im Rahmen schulpraktischer Studien auch an dem Ort, wo pädagogische Praxis im Vordergrund steht, um die Gewinnung von Einsichten und Erkenntnissen über Schule, Unterricht und Unterrichtende geht, einschließlich der Bedingungen, denen sie unterliegen. Dass dies einen umständlicheren Weg der Nachbesprechung bedeutet, scheint für beide Seiten häufig schwer aushaltbar.

Zur Klärung des Sachverhalts, dass es sich um schulpraktische Studien handelt, die natürlich auch der Verbesserung des pädagogischen Denkens und Handelns dienen, kann die Gestaltung des Besuches und vor allem der Nachbesprechung des Unterrichts beitragen. Hier kommen zwei Pole von Reflexivität deutlich zum Tragen, nämlich einerseits der Bezug des Nachdenkens über pädagogisches Handeln zu theoretischem bzw. wissenschaftlichem Wissen und der Subjektbezug (Wie denke oder dachte ich, als ich das plante oder eine bestimmte Erwartung seitens des Schülerverhaltens hatte?).

Eigenes Denken und Handeln als Reflexionsinhalte

Bei der Strukturierung des Gesprächs ist es günstig, wenn die Rolle z. B. eines Seminarleiters nicht die eines besser wissenden Praktikers ist. Dies ist aufgrund berufsbiographischer Gegebenheiten vielfach auch gar nicht möglich, wenngleich eigene, mehrjährige Unterrichtserfahrungen als selbstständige Lehrkraft eine große Hilfe sind, nicht nur, damit man sich in die Situation des unterrichtenden Studierenden besser hineindenken kann.

Wenn, um nur ein Beispiel für einen Verfahrensablauf anzunehmen, das Gespräch etwa mit einem Bericht des Studierenden beginnt, in welchem er in einem ersten Schritt seine Gestimmtheit mitteilt, dann in einem zweiten unterrichtsbezogene Zielsetzungen und Erwartungen formuliert und in einem dritten Schritt auf Abweichungen des Lehr-Lernprozesses in Relation zu den Planungen eingeht, dann erscheint es sinnvoll, in einem weiteren Schritt der Frage nachzugehen, welche Hilfe er denn durch bisher Studiertes, z. B. durch ein von ihm genutztes Planungsmodell oder aus Materialien zum Medieneinsatz bzw. zu Unterrichtsprinzipien erhalten hat, die im Vorbereitungsseminar oder anderenorts im Studium erarbeitet worden waren. Es sind etwa Fragen wie die folgenden:

▶ ▶ ▶ 1. Inwiefern waren die didaktischen Grundfragen aus der „Didaktischen Analyse" von KLAFKI eine Hilfestellung bei der Auswahl und der Aufbereitung von Inhalten? Sind das Fragen, die für Sie Leitfragen abgeben konnten?
Zur Erläuterung bzw. Erinnerung: KLAFKI stellte zu Beginn der sechziger Jahre folgende Grundfragen für die Planung von Unterricht in den Mittelpunkt:
- Welchen größeren bzw. welchen allgemeinen Sinn- oder Sachzusammenhang erschließt ein Inhalt?
- Worin liegt die gegenwärtige und zukünftige Bedeutung eines Inhaltes?
- Wo lässt sich das inhaltliche Moment später fruchtbar machen?
- Wo liegt die gegenwärtige und zukünftige Bedeutung des Themas im geistigen Leben eines Kindes?

- Wo liegt die exemplarische Bedeutung des Inhaltes?
- Wie ist der Inhalt aufgebaut (geschichtet, strukturiert)?
- An welchen Sachverhalten, Situationen, Problemstellungen, Anlässen kann die Sache fragwürdig bzw. zugänglich gemacht werden (vgl. KRON 2004, 81 f.)?
2. Hatte die Ermittlung anthropogener oder institutioneller Voraussetzungen für die Planung oder für den Verlauf dieser Unterrichtsstunden eine Bedeutung?
3. Von welcher Vorstellung zur Lehrerrolle, zur Schülerrolle und zu einer gelungen Lehrer-Schüler-Interaktion haben Sie sich leiten lassen? Was war Ihnen da bewusst?

Wird das Gespräch etwa auf diese Weise angelegt, so wird deutlich, dass es sich bei dieser Kommunikationssituation nicht um ein Meister-Schüler-Verhältnis handelt, sondern um eine gemeinsame Herstellung möglicher Bezüge von Studieninhalten, pädagogischer Praxis und Praktizierendem selbst. Auf diese Weise kann jene Distanz vorbereitet werden, die zur Durchdringung der Sachverhalte, zur Klärung eigener Denk- und Handlungsmuster, der eigenen Erfahrungen sowie der Art, diese zu verarbeiten, erforderlich ist.

Bezüge zwischen Studieninhalten, pädagogischer Praxis und Praktizierendem

Es versteht sich von selbst, dass die Reflexion auf dieser Stufe der Gewinnung von Erkenntnissen und Einsichten nicht stehen bleiben darf, sondern dass von den Praxiserfahrungen aus durchaus Raum für Kritik an den wissenschaftlich-theoretischen Ansätzen im Hinblick auf ihre aufklärenden Leistungen oder ihre praktischen Nutzbarkeit möglich sein muss.

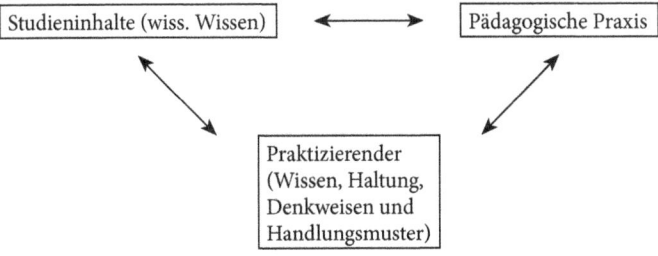

Abbildung 11: Das reflexive Dreieck

Schließlich soll das weitere Handeln in den Blick genommen werden. Die Reflexion sollte deshalb, um sich nicht nur in der akademischen Analyse von Studienobjekten zu ergehen, einerseits zum Benennen von Alternativen hinsichtlich der Planung, der Durchführung und Auswertung pädagogischen Handelns und andererseits zur Frage führen, was denn vielleicht geübt werden müsste, worin ein mögliches Training z. B. von Beobachtungsformen, Fragetechniken oder Formen der Stiftung von Aufmerksamkeit bestehen könnte, um so wieder in den Kreislauf von Reflexion und Aktion eintreten zu können.

Unterrichts-reflexion: Akzentverschiebungen in Studium und Referendariat

Die besonderen Akzente von Studien im Bereich Schule, wie sie Studierende betreiben, werden deutlich, wenn sie konfrontiert werden mit den Aussagen des folgenden Kapitels zu Kriterien und Verfahrensweisen der Nachbesprechung und Verbesserung von Unterricht im Referendariat: Reflexivität bezeichnet dort eher die Selbstbezüglichkeit und den Bezug auf Aspekte, die die Lehrperson und das „richtige" Lehrerhandeln betreffen. Gegenüber dem ursprünglichen Programm des Reflexiven Lernens, das im Kontext von Schulentwicklung und Lehrerfortbildung angesiedelt war und bei dem wissenschaftliche Theorieelemente durch externe Beratung beigesteuert wurden, um Praxis fundiert zu beschreiben, zu deuten und auf der Basis kritischer Analysen zu verbessern, handelt es sich hier um eine Akzentverlagerung, die den besonderen administrativen Bedingungen und Aufgaben des Referendariats folgen. Reflektieren bezieht sich hier im Wesentlichen auf die Aspekte, welche im Studium weniger berücksichtigt werden können: die übende Arbeit an pädagogischen Handlungs- und an Selbstkompetenzen der Lehrperson. Die Fokussierung darauf wird im folgenden Abschnitt greifbar, in dem Fragen angesprochen werden, die auf der Ebene des Lehrerhandelns liegen.

Es handelt sich hierbei zwar auch um reflexive Lerndimensionen, jedoch scheinen sie weniger um die Reflexivität von Theorie und Praxis als um die Perspektive auf die Person des Lehrers und dessen Einstellungen und Handlungskompetenzen zentriert. Institutionelle und situative Rahmenbedingungen des unterrichtspraktischen Ausbildungszentrums werden deutlich. Reflexives Lernen bekommt eine andere Färbung, da es sich hier um eine lehrerausbildende Institution handelt, die sich auf das Handeln der Lehrperson konzentriert und weniger auf den Unterricht als Interaktionsgeschehen. Es werden aber auch Perspektiven deutlich gemacht, in welcher Weise und in welchem Umfang Praxisreflexion im Sinne des Konzeptes Reflexives Lernen möglich wäre (vgl. Kapitel 10).

5.4 Unterricht im Studienseminar nachbesprechen und verbessern

Micheline Prüter-Müller

Die Zielsetzung dieses Kapitels besteht darin, Anregungen zu geben, wie Unterricht kooperativ, fair und symmetrisch besprochen und weiterentwickelt werden kann.

Ein erster Blick mag sich hier auf die gängige Seminarpraxis richten – den Ort, an dem wohl am meisten Unterricht beobachtet und besprochen wird. Die Seminare bemühen sich sehr um eine möglichst wenig verletzende Nachbesprechungskultur, dennoch gilt es zu bedenken, dass Besprechungen innerhalb hierarchischer Beurteilungssituationen dem Anspruch von Fairness und Symmetrie strukturell nie ganz gerecht werden können. Mit berücksichtigt wird in diesem Kapitel aber auch die Praxis der kollegialen Hospitation und Nachbesprechung zwischen Referendaren.

Im Folgenden möchte ich eine Sammlung von Aspekten nennen, die im Jahr 2012 in den schriftlichen Berichten über die kollegialen Unterrichtsbesuche genannt wurden:

Mögliche Aspekte von kollegialen Unterrichtsbesuchen

- Wie gehe ich mit Unterrichtsstörungen um?
- Ist mein Lehrerverhalten konsequent genug?
- Waren die Aufgabenstellungen verständlich und machbar?
- Habe ich alle Schülerinnen und Schüler drangenommen und die Beiträge gerecht verteilt?
- Behandele ich Jungen und Mädchen gleich?
- Behandele ich alle Mitglieder meiner Klasse altersgerecht und spreche ich verständlich?
- Formuliere ich meine Fragen im Unterrichtsgespräch offen genug?
- Verwende ich das Lehrerecho?
- Ist meine Körpersprache angemessen?
- War das Unterrichtsgespräch zielführend?
- Haben sich meine Phasenübergänge am Inhalt orientiert?
- Hätte ich alle Lernenden noch stärker einbeziehen können?
- Passte mein Medieneinsatz zum Lernziel?

All das sind Themen, an denen sich pädagogische Nachdenklichkeit ausschärfen kann, indem sich subjektives Empfinden und pädagogische Theorie produktiv ergänzen.

Seit Ansätze zu mehr Reflexivität in den Seminaren verfolgt werden, wird mit strukturierten Gesprächsverläufen experimentiert. Durchgesetzt haben

Ansätze von Reflexivität im Seminar

sich Schemata, die weitgehend dem in Kapitel 2 geschilderten idealen Ablauf entsprechen. Diese Struktur erscheint mir ebenso für die Praxisanteile im Studium wie auch für Besprechungen im späteren Schulalltag geeignet.

Erinnern wir uns an die beiden gegensätzlichen Äußerungen in Abschnitt 1.1.2. Die beiden Nachbesprechungen unterscheiden sich eklatant. Im Vergleich werden sie für den Leser zu einem Lernanlass.

Was war in dem ersten Fall geschehen?

PRAXIS

Eine sehr komplex geplante Stunde in der Oberstufe (Gruppenpuzzle mit drei verschiedenen, sehr schwierigen Texten, die in einer arbeitsteiligen Hausaufgabe vorbereitet werden sollten) hatte nicht zu den gewünschten Ergebnissen geführt. Während der Referendar sich noch zu einer ersten Reflexion zurückgezogen hatte, versuchten die Unterrichtsbeobachter Ursachen für die Schwierigkeiten herauszufinden und entwickelten Alternativen. Fachleiter, Kernseminarleiterin und Ausbildungsbeauftragte waren im vertieften, suchenden Gespräch, als der Referendar wieder hereinkam. Wie es der Struktur entspricht, begann er seine mündliche Reflexion. Er benannte seine Enttäuschung und mögliche Gründe, warum es nicht geklappt hatte. Die Beobachter, die sich noch nicht auf eine gemeinsame Interpretation hatten einigen können, unterbrachen die Reflexion nach wenigen Sätzen. In freundlich-zugewandtem Ton wurde nun gemeinsam nach Ursachen gesucht. Der Referendar beteiligte sich an dem Gespräch. Er spielte ein Spiel mit – war aber überhaupt nicht bei der Sache. Niemand verwies darauf, dass die vorgesehene Gesprächsstruktur vollkommen verlassen worden war. Mimik und Körpersprache signalisierten Verunsicherung, aber niemand reagierte darauf, sondern alle waren mit der scheinbar objektiven Sachlage beschäftigt. Der Referendar konnte sich aber kaum auf Sachliches konzentrieren. Seine Gedanken umkreisten ganz offensichtlich die Frage nach dem Urteil der Beobachter oder andere Fragen, die wir nicht kannten. Das Gespräch wurde zu einer enormen Belastung für ihn und dauerte viel zu lange. Schlussendlich gab es immer noch keine eindeutige Antwort. Mehrere Alternativen standen im Raum. Der Referendar wurde mit der verwirrenden Bitte entlassen, eine Neukonzeption der Stunde vorzulegen.

Die Beobachter redeten sich noch beim Hinausgehen ein, sie hätten den Referendar symmetrisch und fair in einen gemeinsamen Dialog mitgenommen. Am nächsten Morgen suchte die Kernseminarleiterin, die nicht mehr beurteilen muss, das Gespräch mit dem Referendar. Folgende Worte brachen sinngemäß aus ihm heraus:

PRAXIS Ich habe nicht geschlafen. Wie fanden Sie denn nun alle die Stunde? War das eine 5? Hat der Fachleiter jetzt ein schlechtes Bild von mir? Ich hab von dem ganzen Gespräch nicht wirklich was mitgekriegt und hab keine Ahnung, was ich jetzt noch schriftlich reflektieren soll. Warum haben die Schüler bloß keine Hausaufgaben gemacht? Dann hätte doch alles geklappt! Ich dachte, ich wäre in so gutem Kontakt zu dem Kurs und war sicher, alle würden Hausaufgaben machen. Aber so konnte das Gruppenpuzzle gar nicht funktionieren, weil ja alle die sehr schwierigen Texte erst in der Stunde gelesen haben und die Zeitplanung gar nicht aufgehen konnte.

Erst am Ende dieses Wortschwalls wurde also deutlich, was den Referendar wirklich beschäftigt hatte. Nicht andere Methoden, andere Texte oder passendere Lernziele waren wichtig. Entscheidend war seine Enttäuschung über die Arbeitshaltung der Klasse und seine Frage, was mit der Beziehung zu den Schülerinnen und Schülern passiert war. Außerdem plagte ihn die Sorge um seine Beurteilung.

Möglichkeit eines fairen und symmetrisch gestalteten Dialogs

Entscheidend waren also das Fehlen einer Phase des Gespräches, in der zurückgemeldet wird, was alles gut gelaufen ist, und das Fehlen einer gemeinsamen Suche nach Besprechungspunkten. Die irrige Annahme, der Referendar wisse schon, dass wir seine Arbeit sehr schätzen, hat die Beobachter leichtsinnig und unkontrolliert agieren lassen. Ein strukturiertes Gespräch hätte Sicherheit gegeben und dann möglicherweise den für die Weiterentwicklung des Referendars entscheidenden Besprechungspunkt auf den Tisch gebracht: Wie konsequent und streng kann ich mit den nur wenig jüngeren Schülerinnen und Schülern einer 13. Klasse umgehen, ohne dass die lernförderliche gute Beziehung zwischen uns gefährdet wird? Wie schärfe ich meine Lehrerrolle so aus, dass Hausaufgaben verbindlich gemacht werden? Erkenntnis und veränderte Praxis hätten folgen können.

Diese unstrukturierten Besprechungen sind selten geworden – aber es gibt sie noch. Und es gibt auch ganz selten die noch schlimmere Variante, in der ein Fachleiter seine Alternative von oben herab belehrend als die bessere entwickelt.

Welches sind nun die Unterschiede, die zu dem effektiveren Gespräch in dem zweiten Fall geführt haben? Es handelte sich um eine ähnlich komplex geplante Stunde in einer 8. Klasse, die ebenfalls ein Gruppenpuzzle enthielt. Die Planung war einigermaßen aufgegangen, aber auch hier war es zu leicht differenzierenden Eindrücken der Beobachter gekommen. Diese wurden, als die Referendarin noch nicht dabei war, kurz ausgetauscht und dann kontrolliert und professionell zurückgestellt. Der standardisierte Ablauf für ein strukturiertes Gespräch wurde in die Mitte des Tisches gelegt.

Im Zentrum für schulpraktische Ausbildung Detmold haben wir uns analog zu dem Reflexionszirkel, d. h. zu dem „Kreislauf aus Reflexion und Aktion" (vgl. Kapitel 2), für eine graphische Darstellung in einem Kreis entschieden. Aus anderen Seminaren sind lineare Ablaufschemata mit identischen Phasen bekannt (s. u.).

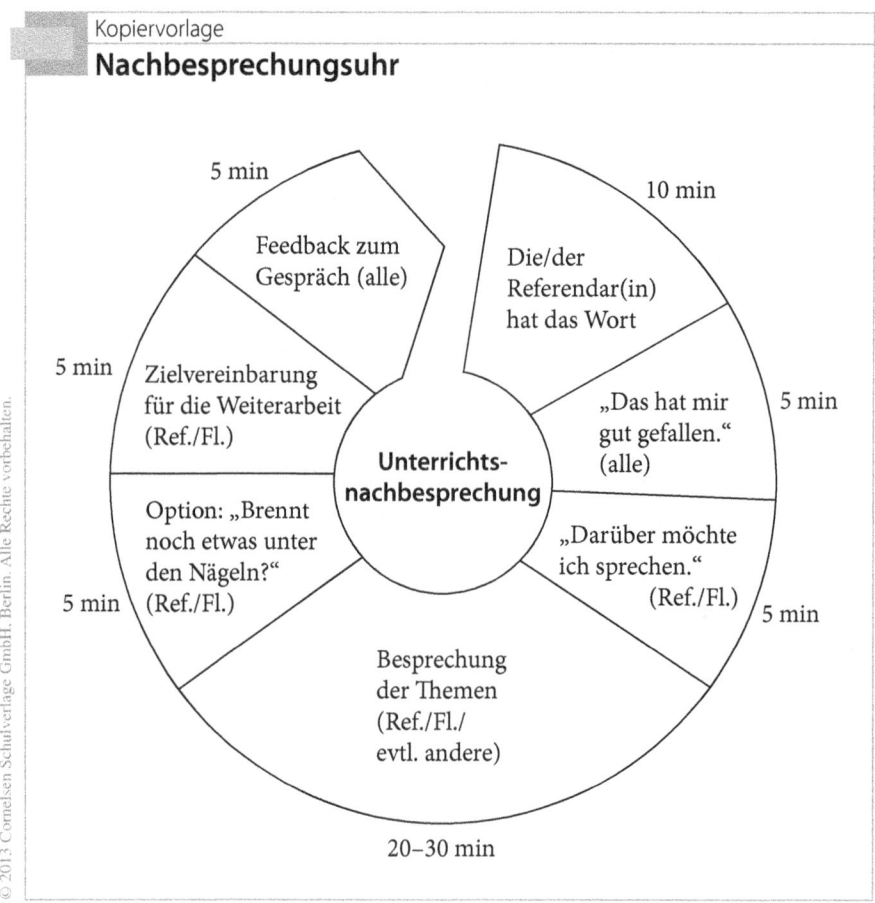

Abbildung 12: Nachbesprechungsuhr

Entscheidend ist weniger die Darstellungsweise als die Verlässlichkeit der Abläufe. Entsprechend der runden Graphik ist auch das Setting dann symmetrisch, wenn alle um einen runden Tisch sitzen können.

Der erste Schritt der Auswertung nach Kapitel 2 sind *Beobachtung und Dokumentation*. Wir verwenden Unterrichtsmitschriften, die während der Besprechung als klärendes Protokoll und im Anschluss als Hilfe für die schriftliche Reflexion dienen, aber natürlich nie vollständig sein können.

Der zweite Schritt der *Analyse und Differenzierung* enthält als Erstes den Bericht über all das, was die Referendarin selbst beobachtet hat, und sollte möglichst aspektgeleitet dargestellt werden. Nachdem sie von den Beobachtern eine kurze Rückmeldung zu dieser Reflexion erhalten hat, nennt sie erste Besprechungswünsche.

Schritte der kollegialen Unterrichtsberatung im Referendariat

Kollegiale Unterrichtsberatung

1. • Verabredung: Moderation, Organisation, Zeit
2. • erste Stellungnahme: Lehrer schaut auf seine Unterrichtsstunde.
3. • Verstärkung: Beobachter nehmen Stellung.
4. • Sammlung: Gesprächsgegenstände werden benannt.
5. • Festlegung: Lehrer wählt Gesprächsgegenstände aus.
6. • Beratung: Gewählte Aspekte werden reflektiert.
7. • *Resümee*. Lehrer benennt eigene Erkenntnisse.
8. • *Bewertung* : Ausbilder schätzt Leistungsstand ein.
9. • Metakommunikation: Alle Beteiligten reflektieren die Beratung.

Abbildung 13: Lineares Ablaufschema nach D. WIEBUSCH (ZfsL Paderborn)

Es folgt die so wichtige Runde, in der all das genannt wird, was an der Unterrichtsstunde gelungen scheint. Ihre Bemühungen werden wertgeschätzt, sie entspannt sich und wird aufnahmebereit für die gemeinsame Besprechung.

Die kommunikationswissenschaftliche Erkenntnis, dass wahrgenommen wird und wirksam nur das ist, was gehört, nicht automatisch aber das, was nur gesagt wurde, kommt hier zum Tragen. Eine wichtige Voraussetzung für das Sicheinlassen ist die Wertschätzung der Referendarin, die sich mit ihrer ganzen Person im Unterricht gezeigt hatte. Im Anschluss an jede Stunde nennt jeder an der Besprechung Teilnehmende seine Besprechungswünsche und man einigt sich auf drei bis vier Aspekte, damit die Stundenbesprechung nicht zu lang wird. Vollständigkeit wäre hier nicht hilfreich. Als Letztes in dieser Phase hierarchisiert die Referendarin die Aspekte und legt damit die Reihenfolge der Besprechung fest.

Kritische Sichtung pädagogischer Situationen und eigener Denkweisen

Der dritte Schritt der Besprechung ist die *gemeinsame Interpretation*. Eine pädagogische Situation konnte nun auf ihre Erkenntnisfunktion reduziert werden. Zu den 3–4 Punkten wird es klare Ergebnisse geben, die in erneutem Unterricht weiterentwickelt werden können. Biografische Erfahrungen, subjektive und wissenschaftliche Theorien können hier einfließen. Dies ist die Stelle, an der Theorie die Reflexion anreichern kann. Erfahrungen können mithilfe von Theorieelementen (Begriffe, Forschungsergebnisse, Modelle) formuliert und geordnet werden. Auf der Basis einer Lektüre von Texten zu einzelnen Fragestellungen kann eine kritische Sichtung pädagogischer Situationen, eigener Denkweisen und sogenannter pädagogischer Standards herbeigeführt werden. Soll es zu Lernfortschritten kommen, ist in dieser Phase manchmal auch eine Konfrontation hilfreich. Entscheidend ist hierbei, dass sie *zugewandt* ist. Das bedeutet, dass sie nicht nur inhaltsbezogen ist, sondern auch *beziehungsgestützt* geäußert wird. Irritation und Verunsicherungen sind häufig notwendig für eine Weiterentwicklung, aber auch die Einsicht, dass es für unterrichtliche Lernprozesse nicht immer nur gelungene Beispiele gibt, und die Grundhaltung, dass es nicht um eine Infragestellung der ganzen Person gehen darf. Dies kann auf der Metaebene geschehen oder durch positiv-wertschätzende Äußerungen im Vorfeld der Besprechung. Wichtig ist, die konfrontierende Betrachtung auf einzelne zentrale Punkte zu bündeln. Die Belastbarkeit des Gegenübers und der Grad der Selbstsicherheit sollte möglichst genau eingeschätzt werden, auch sollte der Standpunkt des Kritikers klar geäußert und das Verständnis rückgekoppelt werden. Oft helfen Beschreibungen oder Spiegelungen von konkretem Verhalten mehr als ein Urteil (vgl. Hürter 1997, 104 ff.).

Der vierte Schritt enthält dann *Zielvereinbarungen für neue Handlungsmöglichkeiten*. Man einigt sich auf eine Reflexionsaufgabe. Einige Beispiele:
- Zusammenfassung des Gesprächsverlaufs der Nachbesprechung,
- Entwicklung eines neuen Einstiegs für die gezeigte Stunde,
- erneute Formulierung einer Aufgabenstellung,
- sehr detaillierte Beschreibung der Stelle mit den unerwarteten Lernschwierigkeiten und Neuplanung dieser Phase.

Der dargestellte konstruktive Ablauf soll Unterrichtspraxis sinnhaft verändern. Entscheidend für das Gelingen wirklicher Veränderung ist dabei, dass die Referendarinnen und Referendare die Besprechungspunkte wirklich als ihre eigenen ansehen. Sie benennen sie selbst oder setzen sich mit Vorschlägen auseinander. Das bedarf eines Momentes des Innehaltens im Gesprächsverlauf. Diese Ruhe und die gegenseitige Vergewisserung sollen ein symmetrisches und faires Verfahren ermöglichen.

Leitideen für die Reflexion gewinnen

Markus Brenk

Wie die Ausführungen insbesondere in Kapitel 3 verdeutlicht haben, sind sowohl die Gestaltung als auch die Beobachtung und Analyse pädagogischen Geschehens immer von bestimmten Wertentscheidungen geleitet, ob diese nun ausdrücklich genannt werden oder nicht. Dieser Frage, woher Leitideen für die Reflexion gewonnen werden können und welche Bedeutung sie für diese haben, wird in diesem Kapitel nachgegangen. So lassen sich Kriterien für „guten Unterricht" nicht aus einer, wenn auch mit wissenschaftlich ambitionierten Methoden vorgenommenen Analyse der Realität selbst ableiten, sondern sie sind in sie immer bereits eingegangen oder werden an sie herangetragen, z. B. in Gestalt von leitenden Fragestellungen oder Intentionen.

6.1 Weshalb Leitideen wichtig sind

Normative Prämissen der Reflexion

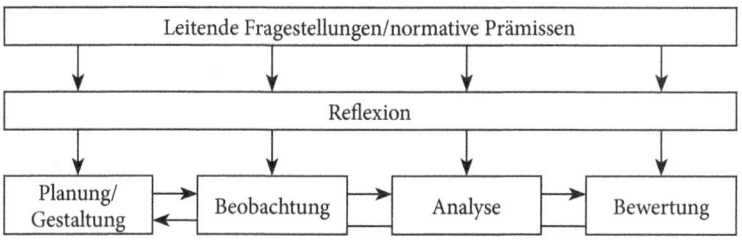

Abbildung 14: Bedeutung von Normen für die pädagogische Reflexion

Auch eine Analyse pädagogischer Vorgänge ist niemals wertneutral, sondern ermittelt Prozesse und Verhältnisse letztlich im Hinblick darauf, ob sie bestimmten Anforderungen an eine pädagogische Praxis genügen oder ob sie zum Erreichen für wichtig gehaltener Ziele führen.

Daher lässt sich schulischer Unterricht nicht vorschnell als gelungen oder weniger gelungen klassifizieren, sondern hier sind die – häufig nicht ausgesprochenen – leitenden Maßstäbe, die Kriterien und Zielsetzungen heranzuziehen und in ein Verhältnis zu setzen zu getroffenen Entscheidungen, z. B. bestimmte Methoden oder Medien einzusetzen, bestimmte Formen von Interaktion zu bevorzugen usw. Wenn diese offengelegt werden, dann ist es leichter, einen Konsens hinsichtlich der pädagogischen Ziele zu finden, nämlich dann, wenn sie z. B. mit den eigenen, begründeten Maßstäben

Wertbezogene Seite pädagogischen Handelns beachten!

übereinstimmen oder argumentativ überzeugen. Woher kommen diese Maßstäbe bzw. wo sind sie ausfindig zu machen? Normative Annahmen sind sicherlich in den Bildungs- und Erziehungsidealen auszumachen. Danach kann z. B. schulisches Handeln vor dem Hintergrund der generellen Förderung eines Welt- und Selbstverstehens, der Selbstbestimmungs-, Mitbestimmungs- und Solidaritätsfähigkeit (KLAFKI 1994) betrachtet werden. Es kann die Frage gestellt werden, inwiefern der Unterricht über eine bloße Wissensvermittlung hinaus auch die moralische, die ästhetische, soziale und weltanschauliche Dimension des Lernens berücksichtigt.

Diese Maßstäbe sind allerdings wenig anschaulich und hilfreich, wenn es darum geht, von allgemeinen leitenden Perspektiven aus in die Tiefenstruktur eines Unterrichts zu schauen und hier Wesentliches von Unwesentlichem zu unterscheiden. Im Hinblick auf Schule als soziales Handlungsfeld ist es deshalb unerlässlich, einerseits die wertbezogene Seite allen pädagogischen Handelns (alltagssprachlich: die pädagogischen Philosophien) mit in den Blick zu nehmen und eine pädagogische Praxis von ausgewiesenen expliziten oder impliziten Zielsetzungen her zu reflektieren. Es können somit mindestens *drei Ebenen* unterschieden werden, in denen normative Bezugspunkte eine Funktion für die Zielausrichtung pädagogischen Handelns haben: *erstens* das bildungsphilosophische Denken über letzte, begründete Bildungs- und Erziehungsziele, *zweitens* die Ziele, die einer schulischen Praxis innerhalb eines Handlungsfeldes Dimensionen und Kriterien für das Handeln vorgeben (z. B. durch didaktische Modelle, Schulprogramme, Lehrpläne) und *drittens* die Ziele und Überzeugungen, von denen das individuelle pädagogische Handeln bestimmt ist. Diese können bewusst oder aber unbewusst sein. Es handelt sich auf allen Ebenen um Leitideen, nach denen pädagogische Praxis absichtsvoll gestaltet wird. Praxisreflexion muss, wenn sie Analyse und Deutung betreibt, immer diese Zielebenen kritisch im Auge behalten, wenn sie zu sachlich angemessenen Urteilen gelangen möchte (vgl. hierzu im Nachtrag Abschnitt III zur „Berliner Didaktik").

In den folgenden zwei Abschnitten werden anhand eines Schulprogramms und eines Ausschnitts aus den Richtlinien und Kernlehrplänen des Faches Musik (**NRW 2011**) drei Beispiele vorgestellt, die ausgewählt wurden, um Impulse und Anregungen zu geben für das Nachdenken über mögliche Leitideen und die Entwicklung eigener Leitideen für die Reflexion.

6.2 Richtlinien/Lehrpläne als Quelle für Leitideen

Die Richtlinien und der Kernlehrplan für das Fach Musik (Gymnasium) in NRW SI (Erlass vom 11.5.2011) werden im Folgenden als Ausgangspunkt gewählt, um aus einzelnen Zielsetzungen mögliche Leitideen für die Beobachtung und Reflexion von Unterricht und weiterem Schulleben zu gewinnen. In der ersten Spalte finden sich, in Form von Ziel- oder Kompetenzbeschreibungen, Aussagenbeispiele aus dem Lehrplan Musik, in der zweiten Spalte werden entsprechende Leitideen für Beobachtung und Reflexion entwickelt, in der dritten erfolgt ein Hinweis auf geeignete pädagogische Literatur.

▶ *Beispiel: Lehrplan Musik*

Zielsetzung/Kompetenzformulierung des Lehrplans Musik	Mögliche Leitideen für die Reflexion	Anregungen und Hilfen durch Fachliteratur
„(…) hat das Fach Musik die Aufgabe, den jungen Menschen zu befähigen, seine künstlerisch-ästhetische Identität zu finden (…)." (Lehrplan, 9)	In welcher Weise wird den Schülerinnen und Schülern Gelegenheit gegeben, Musik mit Bezug auf ihre eigene Wahrnehmung und ihren eigenen Geschmack zu thematisieren?	Brenk (2010a)
„Musikalisch-ästhetische Kompetenzen (…) lassen sich unter vier komplementären Aspekten konkretisieren: Wahrnehmung, Empathie, Intuition und Körpersensibilität." (Lehrplan, 10)	Inwiefern wird den genannten vier Aspekten in Unterricht und im weiteren Schulleben Beachtung geschenkt?	Venus (1984)
„Handlungsbezogene Kompetenzen (…) beschreiben fachliche Anforderungen und Lernergebnisse, die überprüfbar sind." (Lehrplan, 10).	Werden musikbezogene Lernprozesse nur auf überprüfbare, testfähige Ergebnisse hin arrangiert oder beziehen sie sich auch auf nichtüberprüfbare, z. B. ästhetische Ziele?	Koch (2010)
„Die Schülerinnen und Schüler beschreiben subjektive Höreindrücke bezogen auf den Ausdruck von Musik." (Lehrplan, 19)	Erhalten die Schülerinnen und Schüler Raum für verschiedene Medien der Beschreibung (Texte, Bilder, Graphiken, Gesten)? Werden Ihnen diese in einer Auswahl vorgegeben oder gibt es Raum für die Entwicklung eigener Beschreibungsmittel?	Weisbrod (1982)

„Die Schülerinnen und Schüler beurteilen eigene Gestaltungsergebnisse hinsichtlich der Umsetzung von Ausdrucksvermögen." (Lehrplan, 19)	Auf welche Weise werden Kriterien für die Beurteilung von musikalischen Produkten im Unterricht thematisiert?	DAHLHAUS (1970)
„Die Schülerinnen und Schüler entwerfen und realisieren klangliche Gestaltungen unter bestimmten Wirkungsabsichten." (Lehrplan, 21)	Welche Hilfen werden von Lehrerseite aus in welcher Dosierung gegeben, um musikalisch-produktive Selbstständigkeit bei den Lernenden zu fördern?	BRENK/BRENK (1998)
„Lernerfolgsüberprüfungen (müssen) darauf ausgerichtet sein (…), Schülerinnen und Schülern Gelegenheit zu geben, handlungsbezogene und musikalisch-ästhetische Kompetenzen (…) wiederholt und in wechselnden Kontexten anzuwenden." (Lehrplan, 27)	Über welche impliziten und expliziten Formen der Lernerfolgsüberprüfung verfügt der Unterricht im Fach Musik? Genügen diese Formen den Anforderungen an eine pädagogisch begründbare Leistungskultur der Schule?	SCHILMÖLLER (2003)

6.3 Schulprogramme als Quelle für Leitideen

Wie eingangs formuliert, enthalten auch Schulprogramme stets Leitideen. Daher können im Rahmen schulpraktischer Studien, aber auch in der pädagogischen Praxis die Zieldefinitionen oder pädagogischen Kriterien, die ein Kollegium im Schulprogramm formuliert hat, als Ausgangspunkt für eine Erforschung der Stimmigkeit von Zielsetzungen und pädagogischer Praxisgestaltung gewählt werden. Eine solche Aufgabenstellung soll sensibel machen für die Eigensprache der Institution und für den Sachverhalt, dass man im Hinblick auf das pädagogische Geschehen in einer Schule nicht durchweg von bruchlosen, gelingenden Transformationen „guter Absichten" in „gute Praxis" sprechen kann, da pädagogisches Handeln stets antinomischen Gegebenheiten unterliegt (vgl. HELSPER 1998).

Als Beispiele sind hier Sätze aus dem „Leitbild 2020" der Landerziehungsheime (LEH-Heime) angeführt, die quasi als Leitprogramme aller Landerziehungsheime in der Tradition des Reformpädagogen HERMANN LIETZ Geltung haben. Diese Beispiele sollen dazu anregen, eigene Fragestellungen auf der Basis einer Analyse von Schulprogrammen zu entwickeln. Die Zitate beziehen sich auf eine Übersicht in Kapitel 3 des entsprechenden Schulprogramms bzw. der Leitbild-Schrift.[1]

---

1 Vgl. www.leh-internate.de, Recherche vom 20.1.2013.

▶ *Beispiel: Leitbild 2010 der LEH-Internate (Auswahl von Leitsätzen)*

Sätze aus dem Leitbild	Mögliche Leitideen für die Reflexion	Anregungen und Hilfen durch Fachliteratur
„1. Ganzheitliche Bildung des Menschen und Persönlichkeitsentwicklung in einem verbindlichen Wertekontext – ganzheitliches Leben & Lernen"	Werden neben dem theoretischen Aspekt des Lernens z. B. auch emotionale, handlungsbezogene, moralische sowie ästhetische Aspekte berücksichtigt? Durch welche organisatorischen, inhaltlichen und methodischen Elemente des Schullebens werden „Werte" zu vermitteln versucht?	GASSER (1999, 37 ff.)
„6. Lernen von interkultureller Neugier, Toleranz und Weltoffenheit durch internationale Verbindungen der Schule"	Gibt es curriculare Verankerungen dieser Zielsetzung, um sie nicht der Beliebigkeit preiszugeben, z. B. durch entsprechende multikulturell ausgerichtete Perspektiven auf Lerninhalte oder durch eine auch unterrichtlich vor- und nachbereitete „Pädagogik des Reisens"?	BRENK (1997)
„10. Anregung des kritischen Denkens und Hinterfragens"	Lassen sich „Entsprechungen" finden auf der methodischen Ebene des Unterrichts, konkret: durch die Anregung zu kritischem Hinterfragen von Inhalten, zum Einspruch, zu Debatten oder durch Orientierung des Unterrichtsgesprächs an den Fragen der Schülerinnen und Schüler?	VORSMANN (2009)
„12. Lernen soll Stärken aufbauen, deshalb sollen störende Einflussfaktoren, wie Leistungsstress, Notendruck und Versagensängste vermieden werden."	Wie geht die Schule bei der Gestaltung von Leistungsüberprüfungen oder Laufbahnentscheidungen z. B. mit der gesellschaftlichen Funktion der Allokation/sozialen Selektion und dem daraus entstehenden Konflikt zwischen „Auslesen" und Fördern um?	FEND (2009, 45)

Unterricht mehrperspektivisch deuten – Theorie und Praxis verbinden

Claudia Hidding-Kalde

Kollegiale Praxisreflexion lebt davon, den Unterricht und das gesamte Schulleben aus mehr als nur einem Blickwinkel zu betrachten. Nur wer sich ein möglichst nuancen- und aspektreiches Bild des „Ist-Zustands" seiner Schule verschafft, kann Selbsttäuschungen und Einseitigkeiten vermeiden und eine verlässliche Basis für Veränderungen schaffen. Dafür sind mehrere Voraussetzungen zu erfüllen: Als an der kollegialen Praxisreflexion beteiligte Lehrperson sollte man sich zunächst bewusst machen, dass Nachdenken über Schule und Unterricht auch zu „reflexiven Irrtümern" führen kann (siehe Abschnitt 7.1). Wie man durch das Einnehmen wechselnder Perspektiven solche Irrtümer erkennt und welche Bedeutung erziehungswissenschaftliche Theorien für die Reflexion haben, wird im Folgenden erläutert (Abschnitte 7.2 und 7.3).

7.1 Reflexive Irrtümer

Wie entstehen reflexive Irrtümer?

Reflexive Irrtümer – diese Überschrift klingt plakativ. Der Begriff des „reflexiven Irrtums" ist bei FRITZ OSER entlehnt (OSER 2001, 154 f.). Gemeint ist, dass der Prozess der Reflexion erfahrungsgemäß nicht garantieren kann, dass am Ende stets „richtige" oder angemessene pädagogische Entscheidungen stehen. (Genauer müsste man formulieren, dass keine Garantie für die best*mögliche* Entscheidung besteht, denn ob eine Entscheidung „richtig" oder angemessen ist, erweist sich ohnehin erst viel später und ist oft nicht eindeutig zu beantworten.) Wodurch entstehen reflexive Irrtümer? Auch mit besten Absichten kann man sich täuschen, beispielsweise Äußerungen von Schülerinnen und Schülern missverstehen und dadurch ein Ereignis im Unterricht falsch deuten. Oft unterliegt man bei der Reflexion aber gar nicht Irrtümern im eigentlichen Sinne, sondern hat einen wichtigen Aspekt bloß nicht erfasst und einbezogen. Typisch ist folgende Situation: Man diskutiert sich über eine Frage die Köpfe heiß; die „richtige Lösung" steuert aber eine Kollegin bei, die nur zufällig den Raum betreten hatte. Bisweilen herrscht die Vorstellung, für eine tragfähige Deutung des pädagogischen Geschehens genüge es, aus dem eigenen schulischen Erfahrungsraum zu schöpfen und sich auf Alltagstheorien zu verlassen (vgl. MERKENS 2001, 178).

Zurückhaltender könnte man anstatt von reflexiven Irrtümern auch von Engführungen oder Einseitigkeiten der Reflexion sprechen. Zunächst ein Beispiel, das aus der konzeptionellen Arbeit eines Kollegiums stammt. Es ist dem Projekt „Schulentwicklung konkret" entnommen (WITTENBRUCH/LENN-ARTZ 2003, 50):

> Während der Projektlaufzeit erarbeitete das Kollegium ein Schulprogramm. Darin betonte es vor allem eine Funktion von Schule, die man „kompensatorisch" nennen kann: Die Schule soll etwa den Schülerinnen und Schülern Geborgenheit vermitteln, die Integration fördern, auch ganz handfest für regelmäßige Mahlzeiten sorgen. Sie soll also jene (wirklichen oder vermuteten) Defizite ausgleichen, denen die Schüler ausgesetzt sind. Das Motiv für die Betonung der kompensatorischen Funktion mag darin gelegen haben, dass die Befürchtung herrschte, der Stadtteil Gievenbeck-Südwest könne sich zu einem sozialen Brennpunkt entwickeln. Außerdem war den Lehrpersonen sehr wichtig, die Schülerinnen und Schüler mit Migrationshintergrund zu integrieren. Ein Einwand der wissenschaftlichen Begleitung gegen den Entwurf des Schulprogramms lautete, das Schulprogramm müsse noch stärker auf „differenzierte fachliche Lernangebote" und „schulisches Lernen und Leisten" eingehen.

Das Beispiel zeigt eine Erfahrung, die wir nicht nur im Beruf, sondern auch im Alltagsleben oft machen: Je stärker wir uns auf eine Seite einer Sache konzentrieren, desto eher geraten die anderen Seiten aus dem Blick. Dies gilt nicht nur, wenn wir allein arbeiten, sondern kann auch in einer Gruppe geschehen, die sich auf ein Ziel fokussiert. Dazu ein zweites Beispiel, ebenfalls aus dem Projekt „Schulentwicklung konkret" (HIDDING-KALDE 2010, 235 ff.):

Perspektivische Einseitigkeiten und Engführungen vermeiden!

> Mehrere Kolleginnen besprechen eine Musikstunde von Lehrerin L nach. L ist erst seit kurzer Zeit an der Schule tätig und hat bislang nur eine befristete Stelle. In der Unterrichtsstunde – der Unterricht findet in einem Gymnastikraum statt – lautete die Aufgabe für die Schülerinnen und Schüler der Klasse des dritten Schuljahrs, sich zum Takt von Klanghölzern bewegen „wie eine Maus". Dabei hielten sich viele Schülerinnen und Schüler nicht an Ls Anweisungen, rannten herum und spielten „Fangen". Die Nachbesprechung kreist zunächst im Wesentlichen um die „Disziplinschwierigkeiten", die L zu haben scheint. Ihr selbst ist dieser Punkt besonders wichtig. Mögliche Ursachen und Möglichkeiten der Abhilfe werden ausführlich diskutiert.

Hier besteht die Gefahr, die Diskussion auf dasjenige Problem zu beschränken, das die Beteiligen beim ersten Zugriff als besonders drängend empfunden haben, nämlich die Unterrichtsstörungen. Die Beteiligten in unserem Beispiel haben eine solche Verengung vermeiden können, indem sie ihren Blick erweitert und auch auf das didaktische Konzept der Stunde gerichtet haben. Das Einnehmen einer zweiten Beobachtungsebene vermittelt eine weitere Problemsicht, es lohnt sich mitunter, einen Schritt zurückzutreten und zu fragen: Weshalb sehen wir ein bestimmtes Thema als bedeutsam an? In unserem Beispiel könnte die Antwort lauten: Weil das ungestörte Stundenhalten oftmals für Kollegen oder Außenstehende, aber auch für die betroffene Lehrperson selbst der Maßstab ist, ob sie den Anforderungen der Praxis genügt. Eine einfache (wenn auch falsche) Gleichung lautet: Wer seine Klasse „im Griff" hat, ist eine gute Lehrkraft.

Eine zweite Beobachtungsebene einnehmen!

Reflexive Irrtümer bzw. Engführungen können im Zyklus von Reflexion und Aktion an verschiedenen Punkten entstehen. Bereits eine verengte Beobachtung kann zur Folge haben, dass bestimmte Dinge buchstäblich nicht gesehen werden. Diese Gefahr besteht vor allem, wenn die Hospitierenden ihre Beobachtung bewusst auf einen bestimmten Aspekt – z. B. das Schülerverhalten oder die Verständlichkeit des Lehrervortrags – beschränken, wie dies in Anleitungsbüchern oft empfohlen wird. Bisweilen werden manche Aspekte zwar beobachtet und registriert, aber nicht für wichtig genug gehalten und daher nicht in der Zeitleiste dokumentiert. In der anschließenden Besprechung bleiben sie dann unbeachtet. Und schließlich das Problem, dass in der Unterrichtsbesprechung interessante Fragen ausgeblendet werden, obwohl eine ausreichende Dokumentation vorliegt.

7.2 Verschiedene Perspektiven einnehmen

Um reflexive Irrtümer bzw. Engführungen zu vermeiden, kommt es darauf an, den Unterricht – und das Schulleben insgesamt – mehrperspektivisch zu erfassen. Jeder besprochene Fall bietet mehrere Deutungen, die bei der Reflexion entwickelt werden können. Die Zahl möglicher Perspektiven ist prinzipiell unbeschränkt. Zu einer groben Orientierung lassen sich aber drei zentrale Blickrichtungen benennen, die im Folgenden skizziert werden sollen, nämlich fachliche und (fach-)didaktische, biographische und gesellschaftliche Blickrichtungen.

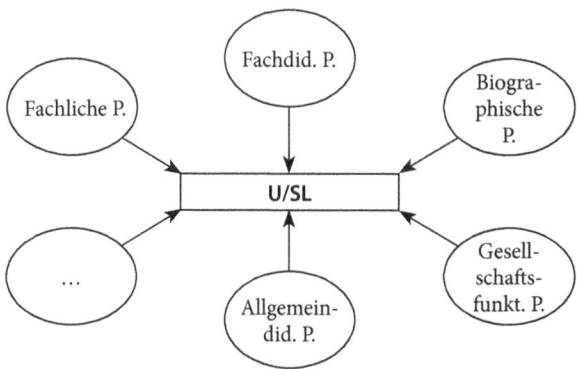

Abbildung 15: Perspektiven auf Schulleben/Unterricht

7.2.1 Fachliche und (fach-)didaktische Perspektiven

Die fachlichen und (fach-)didaktischen Perspektiven sind sicherlich diejenigen, die einem als erste in den Sinn kommen, wenn man über kollegiale Praxisreflexion in der Schule nachdenkt. Im Abschnitt 5.3 sind wir darauf bereits kursorisch mit kurzen Beispielen eingegangen: Fachliche und (fach-)didaktische Perspektiven einzunehmen, bedeutet nichts anderes, als curriculare, didaktische und methodische Maßstäbe an den besprochenen Unterricht anzulegen. Dies bezieht sich sowohl auf das beobachtbare äußere Geschehen des Unterrichts, die sogenannte Sichtstruktur, als auch auf die zugrunde liegenden didaktisch-methodischen Entscheidungen der Lehrperson, die sogenannte Tiefenstruktur (siehe dazu näher PLÖGER/SCHOLL 2011). Beim Anlegen des Maßstabs geht es nicht darum, ob der zu besprechende Unterricht abstrakt „gut" oder „richtig" ist; ein solcher abstrakter Maßstab existiert nicht. Vielmehr geht es um die Angemessenheit des Unterrichts (und der ihm zugrunde liegenden Entscheidungen) unter den konkret gegebenen Bedingungen. Die Leitfrage lautet: Ist der Unterricht an dieser Schule, für diese Lerngruppe, für diese Lehrperson angemessen? Und: Welche Veränderungen sind sinnvoll?

Angemessenheit pädagogischer Entscheidungen

In Anleitungen zur Praxisreflexion wird die fachliche und (fach-)didaktische Perspektive oftmals so gewendet, dass nicht der Unterricht, sondern die Lehrpersonen selbst (genauer: ihre Kompetenzen) im Mittelpunkt der Betrachtung stehen. Exemplarisch zeigen lässt sich dies bei KEMPFERT/LUDWIG (2010): Sie bieten ein (von ihnen so bezeichnetes) Raster für unterrichtsbezogene Kompetenzen an. Es ist eingeteilt in insgesamt vierzehn Kompetenzen, angefangen von der Berücksichtigung geschlechtsspezifischer Voraussetzungen über Diagnostik und Klassenführung bis hin zum Umgang mit Unterrichtsmaterialien. Die Kompetenzen wiederum sind aufgefächert in einzelne Items, beispielsweise heißt es als Unterpunkt der Diagnostik: „Ich messe die Leistungen mit unterschiedlichen Prüfungsmethoden." Insgesamt ergibt sich eine Zahl von rund 330 (!) Items dieser Art. Wenngleich das Raster ausdrücklich für die Selbstevaluation vorgesehen ist, hat es Rückwirkungen auf die Unterrichtshospitationen und -besprechungen, denn die Beobachtungsschwerpunkte sollen an den definierten Kompetenzen orientiert werden (KEMPFERT/LUDWIG 2010, 99). Der Fokus der Unterrichtsbeobachtungen richtet sich damit auf die individuelle Performanz der Lehrperson in der Unterrichtsstunde, von der aus wiederum auf deren Kompetenz rückgeschlossen werden soll. Unterricht und pädagogisches Handeln allgemein werden damit zu einer Funktion von Lehrerkompetenz. Die Leitfrage, die sich eine Lehrperson vor diesem Hintergrund stellen wird, lautet: Wie sollte *ich* mich ändern?

Pädagogisch orientierte Reflexion

Der hier vertretene Ansatz der kollegialen Praxisreflexion stellt die Lehrerkompetenzen nicht in dieser Weise in den Fokus. Zwar geht es um ein Lernen der Lehrpersonen, denen die Möglichkeit eröffnet werden soll, ihre Fähigkeiten zu entwickeln. Auch spielt die Lehrerpersönlichkeit eine Rolle (siehe sogleich Abschnitt 7.2.2). Referenzpunkt ist aber dennoch stets die Verbesserung des Unterrichts. Die Fähigkeiten der Lehrperson – so die Erwartung – verbessern sich gleichsam *en passant* mit. Die Leitfrage lautet: Wie sollte sich *mein Unterricht* ändern? Der Unterschied ist kein bloß rhetorischer. Vielmehr zeigt sich hier eine entscheidende Differenz, der kompetenzorientierte Ansatz funktioniert nach dem Modell eines „Transmissionsriemens": Eine bereits festgelegte Vorstellung eines guten Unterrichts und einer guten Lehrkraft wird in die Schule transportiert (vgl. LÖNZ 2002). Diese Vorstellung ist in Form von Kompetenzen vorformuliert, sodass nur noch danach zu fragen ist, in welchem Maße diese vorgegebenen Kompetenzen beherrscht werden. Aber erst die Frage nach möglichen Verbesserungen des Unterrichts eröffnet das Feld, um *pädagogische* Entscheidungen zu diskutieren, und macht damit den pädagogisch orientierten Reflexionsansatz aus. Hier ist also das Selbstverständnis der Lehrperson berührt: Agiert sie wie ein pädagogischer Sachbearbeiter, der von außen vorgegebene Lösungen nur noch umsetzen muss? Oder versteht sie sich selbstbewusst als „reflektierende Praktikerin", die durch das Erforschen des eigenen Unterrichts erst die Maßstäbe für ihr Handeln gewinnt (vgl. LÖNZ 2002; WITTENBRUCH/LENNARTZ 2003, 43)?

7.2.2 Biographische Perspektiven

Biographische Perspektiven nehmen auf die Biographie der an der kollegialen Praxisreflexion beteiligten Lehrpersonen Bezug. Dem liegt die Überlegung zugrunde, dass sich unsere (pädagogischen) Einstellungen, Motive und die daraus resultierenden Handlungen auch auf biographische Prägungen zurückführen lassen, z. B. auf Lern- und Lehrerfahrungen als Schülerin oder Schüler, Lehramtsstudentin oder Lehramtsstudent usw. (vgl. WITTENBRUCH 1992, 295). Außerdem können sich Einstellungen und Motive und mit ihnen auch die Handlungsmöglichkeiten während der Berufslaufbahn wandeln: Nach einem verbreiteten Verständnis tritt nicht der „fertige" und unveränderliche Lehrer in den Beruf ein, sondern entwickelt sich die Lehrerpersönlichkeit im Laufe des Berufslebens fortwährend weiter. Vor diesem Hintergrund kann die biographische Perspektive helfen, ein tieferes Verständnis des eigenen pädagogischen Handelns zu gewinnen und Ansatzpunkte für Veränderungen zu finden und realistisch einzuschätzen.

Mit Biographie ist dabei in einem weiteren Sinne die gesamte Lehr- und Lernbiographie gemeint; in einem engeren Sinne die eigentliche Berufslaufbahn des Lehrers. Biographien sind selbstverständlich individuell höchst verschieden; es gibt aber auch bestimmte Einschnitte oder Verläufe, die sich in vielen Biographien in typischer Weise wiederfinden lassen. HUBERMAN (1989) hat das Schlagwort des „professional life cycle of teachers" geprägt, als er eine Anzahl empirischer Untersuchungen zu Lehrerbiographien auswertete: Der Berufsweg lässt sich demnach – nicht verwunderlich – in Phasen einteilen. Das von HUBERMAN vorgestellte (aus einer Synthese verschiedener empirischer Untersuchungen gewonnene) Schema nennt beispielsweise folgenden typischen Verlauf: Auf den Berufseinstieg folgt zunächst eine Phase des reinen „Überlebens" und des Erkundens (in den Worten HUBERMANS: „survival and discovery"), an die sich eine Zeit der Stabilisation anschließt („stabilization"), deren Beginn (in Deutschland) oft durch Lebenszeitverbeamtung oder unbefristete Anstellung markiert wird. Im mittleren Berufsleben trennen sich dann die Wege: Während manche Lehrer in eine Phase des Experimentierens und der aktiven Berufsgestaltung eintreten („experimentation, activism"), sind andere mit ihrer Berufswahl zunehmend unzufrieden und von Selbstzweifeln bestimmt („reassessment, self-doubts"). Nach etwa zwanzig Berufsjahren beginnt dann eine Phase, die bei manchen Lehrern zu einer gelassenen und etwas distanzierten, bei anderen zu einer konservativen Berufseinstellung führt („serenity/relational distance" bzw. „conservatism"). Schließlich die Endphase des Berufs („disengagement"), die von Gelassenheit oder Bitterkeit geprägt sein kann („serene

„Professional life cycle of teachers"

or bitter"). Was hier so holzschnittartig daherkommt, wird von HUBERMAN weit differenzierter beschrieben und analysiert; es ist mit Ergebnissen empirischer Forschung unterlegt.

Worin liegt nun das Spezifikum der biographischen Perspektive? Es geht darum, Einstellungen oder konkrete Verhaltensweisen (auch) biographisch zu interpretieren, indem mittels der Reflexion Verknüpfungen hergestellt werden. Ein Beispiel, das sich auf Einstellungen zur Praxisreflexion selbst bezieht, entnommen aus dem Projekt „Schulentwicklung konkret":

> Integraler Projektbestandteil war die gemeinsame Reflexion von Lehrpersonen und Hochschulangehörigen. In einem Interview zum Projekt äußert eine Lehrerin sinngemäß: „Für mich war das sehr ungewohnt und auch unangenehm, dass nach all den Jahren wieder jemand hinten in der Klasse sitzt und meinen Unterricht beobachtet. Auch die theoretischen Betrachtungen in den Reflexionsgesprächen haben mich sehr an frühere Zeiten erinnert. Das war für mich lange beendet."

Ein "Biographiekonzept"

Was ist aus einer solchen, nicht untypischen Äußerung abzulesen? Erstens, dass systematische Reflexion unter Einbeziehung von Kollegen im Schulalltag der betreffenden Lehrerin bislang keinen Raum eingenommen hat. Vor allem aber – und hier kommt der biographische Aspekt ins Spiel – nimmt die Lehrerin eine klare zeitliche Trennung vor: In ihrer Vorstellung, die mutmaßlich von vielen Kollegen unausgesprochen geteilt werden dürfte, gehören die Auseinandersetzung mit theoretischen Überlegungen, aber auch die Unterrichtsreflexion zur Ausbildung und damit zu einem abgeschlossenen Ausbildungsabschnitt. Zutage tritt ein Biographiekonzept, das durch das sogenannte Konsekutivmodell der Lehrerausbildung geprägt ist: Auf die Reifeprüfung folgen das Studium und (im Referendariat) die praktische Unterweisung in der beruflichen Arbeit. Daran schließt sich das Arbeiten im Beruf an, ohne dass diese Phasen miteinander verknüpft wären. So ist eine Fortführung von Unterrichtshospitationen über das Referendariat hinaus für den „berufsfertigen" Lehrer nicht vorgesehen (zur Befreiung, die Lehrer bisweilen sogar verspüren, wenn sie nach dem Referendariat hinter geschlossenen Türen unterrichten dürfen, siehe oben Abschnitt 1.1.2). Die biographische Perspektive ist sinnvoll nutzbar gemacht, wenn der Lehrerin aus unserem Beispiel durch die Reflexion die gerade genannten Implikationen bewusst werden. Sie könnte erkennen, dass das von ihr beschriebene Gefühl zumindest anteilig auf eine unterschwellig vorhandene Vorstellung zurückzuführen ist: dass nämlich Hospitationen und die Beschäftigung mit Theorie zum Berufsabschnitt der Ausbildung gehören und sie jetzt wieder in die Rolle der Novizin zurückfällt. Lässt sich diese Vorstellung korrigieren, kann sich – so die Erwartung – dadurch auch die Einstellung zur Reflexionsarbeit ändern.

> **PRAXIS**
> Noch einmal zurück zur Musikstunde der Lehrerin L im dritten Schuljahr (oben Abschnitt 7.1). Die Schülerinnen und Schüler sollten sich zum Takt von Klanghölzern bewegen wie eine Maus. Dazu hatte L eine Stoffmaus mitgebracht und zu Beginn der Stunde gezeigt. Auf die Frage, was sie da mitgebracht habe, rief ein Schüler in die Klasse: „Iih, eine Ratte!"

Als Unterrichtsmedium wählt L eine „süße" Maus. Doch ihre Absicht, die Klasse damit in den Bann zu ziehen, misslingt. Ein Schüler zieht die Situation mit seiner Bemerkung treffsicher ins Lächerliche. Die biographische Perspektive könnte für L Anlass geben zu prüfen, welches Bild vom Kind (hier: von Schülerinnen und Schülern des dritten Schuljahres) ihrer Wahl des Unterrichtsmediums zugrunde liegt und worauf es zurückzuführen ist. Zu denken ist beispielsweise an eine verniedlichende oder gefühlige Sichtweise. In dieser Hinsicht kann die Reflexion den Anstoß geben, das vorhandene, biographisch geprägte Bild mit der schulischen Wirklichkeit abzugleichen, um so zu einer anderen und möglicherweise realistischeren Einschätzung zu kommen.

7.2.3 Gesellschaftliche Einflussfaktoren

Welchen Zwecken die Schule dient, lässt sich „offiziell" den Schulgesetzen, ministeriellen Verordnungen, Richtlinien und Lehrplänen entnehmen. Unabhängig davon schreiben Politik und gesellschaftliche Gruppen der Schule zahlreiche Funktionen zu, die damit nicht immer vollständig deckungsgleich sind (vgl. FEND 2009). Dazu einige Beispiele:

Zuschreibungen an Schule

- So ist die Auffassung verbreitet, die Schule sei eine Integrationseinrichtung: Sie müsse die Eingliederung gesellschaftlicher Außenseiter bewirken, seien es Kinder mit Migrationshintergrund, Kinder mit Behinderungen (Inklusion) oder Kinder aus sozial benachteiligten Familien.
- Viele Wirtschaftsvertreter propagieren (meist unausgesprochen) ein Verständnis von Grundbildung, das man als „funktionalistisch" bezeichnen könnte (WITTENBRUCH 2004, 705): Ihrer Auffassung nach liegt die zentrale Aufgabe der Schule darin, die jungen Menschen so auszubilden, dass sie möglichst schnell im Wirtschaftsleben ihren Platz finden. Vor diesem Hintergrund ist die häufige Klage zu verstehen, die Lese-,

Schreib-, und Rechenfertigkeiten der Absolventen würden von Jahr zu Jahr schlechter.
- Kommunalpolitiker und örtliche Verwaltungen sehen angesichts sinkender Einwohnerzahlen die Schule vor Ort als Zukunftsgarantie ihrer Kommune – bisweilen selbst dann, wenn eine Schließung oder Fusion sinnvoller wäre.
- Für manche Mediziner und Ernährungswissenschaftler, aber auch für Krankenkassen ist die Schule ein Betätigungsfeld, um ihre Vorstellungen eines gesunden Lebens umzusetzen: Aktionen wie das „gesunde Schulfrühstück" oder die Forderung nach einem Schulfach „Gesundheit" oder „Kochen" zeugen von ihrem Engagement.

Schule in der gesellschaftlichen Wirklichkeit

Die Berechtigung der einzelnen Zuschreibungen soll hier nicht vertieft oder bewertet werden. Jedenfalls kann man vermuten, dass sie nicht ein bloßes neutrales Grundrauschen bilden, sondern sich auf die tägliche schulische Arbeit konkret auswirken. Durch ihre Präsenz in der Öffentlichkeit oder Fachöffentlichkeit bestimmen sie nämlich mit, wie Lehrkräfte, Eltern, Schüler höherer Klassen und Außenstehende über die Schule und ihre Aufgaben denken und woran sie ihr Handeln ausrichten: beispielsweise indem sie sich bestimmte Zuschreibungen zu eigen machen oder sich bewusst davon abgrenzen. Lehrkräfte agieren eben nicht in einem quasi-luftleeren Raum, sondern sind in die gesellschaftliche Wirklichkeit eingebunden. Haben verschiedenste Zuschreibungen aber zumindest das Potential, eine maßgebliche Einflussgröße für pädagogisches Handeln zu bilden, dann müssen sie auch ein Gegenstand der kollegialen Praxisreflexion sein. Dies bedeutet zunächst, sie bei der Reflexion als bestimmenden Faktor des eigenen Handelns zu benennen: In welcher Weise wirken sie sich aus? Ein zweiter Schritt ist die kritische Prüfung der jeweiligen Einflussgröße: Ist sie mit dem gesetzlichen Auftrag der Schule vereinbar? Wieweit kann oder muss sie als Einflussfaktor akzeptiert werden? Inwieweit ist sie zurückzuweisen? Zu diesen abstrakten Ausführungen als Beispiel eine Episode, die sich tatsächlich in ähnlicher Form abgespielt hat:

PRAXIS Der 12-jährige Schüler F fällt seit einiger Zeit dadurch auf, dass er sich innerhalb und außerhalb des Unterrichts gegenüber Mitschülern sehr rücksichtslos verhält. Am liebsten steht er selbst im Mittelpunkt. Die Bedürfnisse anderer scheinen für ihn keine große Bedeutung zu haben. Beim Elternsprechtag von der Klassenlehrerin auf sein Verhalten angesprochen, erklärt seine Mutter: „Das ist mir ganz recht. Mein Sohn muss lernen sich durchzusetzen. In unserer Gesellschaft braucht man ein gewisses Maß an Ellenbogeneinsatz, um voranzukommen. Ich sehe es als Aufgabe der Schule, die Schüler auch in dieser Weise auf das Leben vorzubereiten."

Bei einer Reflexion dieses Elterngesprächs würde es zu kurz greifen, die Auffassung der Mutter kopfschüttelnd als sonderbare Einzelmeinung abzutun, zumal die Mutter möglicherweise nur ausspricht, was eine durchaus verbreitete Denkweise sein könnte. Der Schlüssel dürfte hier darin liegen, sich ihre Meinung, aber auch die Gegenauffassung probeweise zu eigen zu machen und dadurch die Spannung zwischen gegensätzlichen gesellschaftlichen Vorstellungen von der Aufgabe der Schule zu thematisieren.

Ein weiteres Beispiel, angelehnt an einen Zeitungsbericht in der ZEIT aus dem Jahr 2012:

PRAXIS Eine Grundschule in einem sogenannten Problemviertel einer Großstadt mit hohem Migrantenanteil möchte für „deutsche" Schüler wieder attraktiv werden und den Rückgang der Schülerzahlen stoppen. Sie bietet daher Eltern deutschstämmiger Kindergartenkinder an, dass ihre Kinder in der Schule gruppenweise zusammenbleiben können. Die Folge ist, dass eine Klasse des ersten Schuljahres mit vorwiegend deutschstämmigen Schülern gebildet wird, während die weitere Klasse fast nur aus Schülern mit Migrationshintergrund besteht. Nachdem in der Öffentlichkeit Vorwürfe des Rassismus laut werden, ordnet die Schulverwaltung eine Neubildung der beiden Klassen an.

Diese Skizze reicht nicht aus, um die Situation annähernd vollständig zu beschreiben oder gar eine „Lösung" zu entwerfen. Offensichtlich ist aber, dass die hier bestehenden Konfliktlagen ohne eine gesellschaftliche Perspektive weder zutreffend erkannt noch angemessen bearbeitet werden können. Willkürlich aufgezählt: das Bemühen des Kollegiums um den Fortbestand der Schule, ungünstige soziale Strukturen, die einen geordneten Unterrichtsbetrieb erschweren, die im Hintergrund stehende gesamtgesellschaftliche Debatte um Integration und Parallelgesellschaften, die Aufgabe gerade der Grundschule als Schule für alle Kinder.

7.3 Theorie und Praxis verbinden

Theorie und Praxis: unterschiedliche Welten?

Pädagogische Theorie als Element der kollegialen *Praxis*reflexion? Theorie und Praxis sind unterschiedliche Welten: Der Erziehungswissenschaftler strebt – vereinfacht gesagt – mit spezifischen Methoden nach verallgemeinerbaren Erkenntnissen, während der Praktiker in der Schule nach angemessenen Lösungen im Einzelfall sucht. Schulpraktikern ist Theorie oft fremd (geworden), sie wird berufsbiographisch der Ausbildung zugeordnet und als wenig hilfreich für das Bewältigen des Schulalltags angesehen (Wisbert 2006, 183). Handlungsprobleme sucht man anders zu lösen als durch Rückgriff auf erziehungswissenschaftliche Erkenntnisse: beispielsweise durch die viel zitierten Unterrichtsrezepte. Andererseits wird die Forderung erhoben, Reflexion dürfe wissenschaftliches Wissen nicht ignorieren: „Soll die Reflexion nicht nur auf Alltagserfahrungen beruhen, bedarf sie wiederum einer theoretischen Einbettung, das heißt, die Ergebnisse der Dokumentation müssen in Beziehung zu Theorien gesetzt werden, wenn der Prozess der Reflexion erfolgreich gestartet werden soll" (Merkens 2001, 176).

Bedarf an Theorie

Im Anschluss an Wittenbruch geht unser Konzept der kollegialen Praxisreflexion davon aus, dass zwischen den Welten ein Dialog möglich und sinnvoll ist: „Wenn Praxis, wie sie geschieht, nicht einfach hingenommen wird, sondern wenn ihr gegenüber ein Unbehagen artikuliert wird und das wahrgenommene Defizit reflektiert wird, entsteht ein Bedarf an Theorien, durch die oder mit deren Hilfe sich die bestehende Praxis verbessern soll" (Wittenbruch 2004, 705). Ausgangspunkt ist also ein Unbehagen: ein zunächst oftmals diffuses Gefühl, dass mit der eigenen Arbeit etwas nicht stimmt, dass Unebenheiten bestehen, dass etwas zu verbessern wäre. Nach dem Wahrnehmen ist der zweite Schritt das „Artikulieren" des Unbehagens: Es wird in Worte gefasst und ausgesprochen. Sodann kann es im Rahmen der Reflexion präziser benannt werden. Und schließlich der Versuch, durch oder mithilfe von Theorien das wahrgenommene Defizit zu bearbeiten.

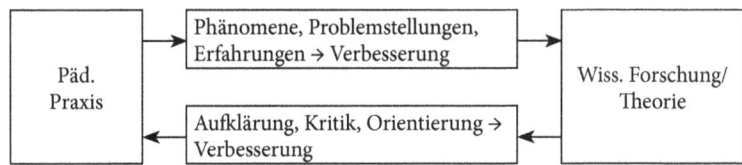

Abbildung 16: Reflexiver Bezug von Theorie und Praxis

Doch wie kann dieser Bezug hergestellt werden? Denn wenn Wissenschaft und Praxis als unterschiedliche Welten bezeichnet werden, dann bedeutet das: Sie unterscheiden sich in ihrem Gegenstand, in Aufgaben, Zielen, Methoden und Sprache. Gerade weil die Wissenschaft das Allgemeine im Blick hat, die Schulpraxis den besonderen Fall, ist es nicht möglich, die beiden Bereiche ohne Weiteres zu koppeln (PLÖGER 2006a, 168). Nicht jedes Geschehen in der Erziehungswirklichkeit lässt sich in jeder Facette durch wissenschaftliche Theorien erklären. Umgekehrt gilt: Nicht für jede theoretische Aussage lässt sich in der Praxis ein Anwendungsbeispiel in Reinkultur finden (MERKENS 2001, 175). Die Lehrperson sieht sich damit in die Rolle des Vermittlers versetzt, wobei die Vermittlung nach PLÖGER (2006a, 172 ff.) über die sogenannten subjektiven Theorien geschieht, also das sich im Laufe des Berufslebens immer weiter verfeinernde Vorstellungsbild der Lehrperson von ihrem pädagogischen Handeln, das im „Lern- und Entwicklungsprozess [...] geläutert, geschärft, ausdifferenziert und besser strukturiert" wird. Diese Vermittlung ist bei der Reflexionsarbeit zu leisten. WITTENBRUCH weist in diesem Zusammenhang darauf hin, dass das theoriegeleitete Verbessern der Praxis allerdings voraussetzt, dass man über ein Bild verfügt, wie die pädagogische Praxis überhaupt aussehen soll, welche Ziele also anzustreben sind. Es geht dabei um eine „Norm, die eine Beurteilung bzw. eine Richtungsangabe für die Verbesserung der Praxis erst erlaubt" (WITTENBRUCH 2004, 705; siehe dazu näher Kapitel 3).

Während verschiedener Begleitforschungsprojekte (vgl. u. a. WITTENBRUCH/WERRES 1992; VORSMANN/WITTENBRUCH 1997; WITTENBRUCH/LENNARTZ 2003) haben einige der schulischen Teilnehmer gelegentlich geäußert, die universitären Projektmitarbeiter sollten doch zu bestimmten Praxisfragen detaillierte Handlungsvorschläge unterbreiten. Und auch im Schulalltag vernimmt man manchmal diesen Wunsch. Aus dem vorstehend Gesagten ergibt sich aber, dass eine solche Erwartung nicht erfüllt werden kann. Was die Praxis – bescheidener – aus der Theorie gewinnen kann, sind „Aufklärung, Orientierung und Kritik" (WITTENBRUCH 2004, 696).

Durch Reflexion zwischen Theorie und Praxis vermitteln

Wie kann die genannte Verbesserung durch oder mithilfe von Theorien im Rahmen der kollegialen Praxisreflexion konkret gelingen? In diesen Projekten begegneten sich Erziehungswissenschaftler und Schulpraktiker in Person und konnten so in einen Dialog eintreten. Wenn man Theorie und Praxis in der Weise ins Verhältnis setzt, wie oben skizziert, gilt nämlich nicht nur, dass Schulpraktiker theoretische Aussagen nutzen, um ihre Praxis zu verbessern. Spiegelbildlich wird die „theoriegeleitete Optimierung von Praxis zum wichtigen Ziel pädagogischer Forschung" (Wittenbruch 2004, 705). Das bedeutet, unter Anerkennung der unterschiedlichen Aufgaben und Interessenslagen in einen gemeinsamen Lernprozess einzutreten (vgl. näher HIDDING-KALDE 2010, 28). Nun ist es selbstverständlich nicht mög-

Die Praxis theoriegeleitet optimieren

lich, dass jede Schule über einen längeren Zeitraum kontinuierlich wissenschaftlich begleitet wird. Trotzdem kann die persönliche Begegnung auch bei der kollegialen Praxisreflexion stattfinden, und zwar durch (punktuelle) Beteiligung externer Berater. Zur Einbeziehung externer Beratung führen wir in Abschnitt 9.3 einiges aus.

Dies bedeutet aber nicht, eine Verknüpfung von Theorie und Praxis sei ohne Gesprächspartner aus der Erziehungswissenschaft oder Fachdidaktiken unmöglich. Zurückgreifen kann man auf allgemeine Quellen, namentlich auf Fachliteratur. Dabei kann die Einbeziehung wissenschaftlichen Wissens an verschiedenen Punkten des Kreislaufs von Reflexion und Aktion eine Rolle spielen: So bereits bei der Festlegung von leitenden Fragen, wenn das Untersuchungsfeld angelehnt an wissenschaftliche Theoriebildung aufbereitet wird. Weiter bei der Daten- und Informationssammlung. Hier kann beispielsweise die Art und Weise der Unterrichtsbeobachtung zu Standards der qualitativen Sozialforschung in Bezug gesetzt werden: Denn aus der wissenschaftlichen Feldforschung bekannte Schwierigkeiten können bei Unterrichtshospitationen in vergleichbarer Weise auftreten. Zu denken ist an Verzerrungen, die sich dadurch ergeben, dass Menschen sich unter Beobachtung anders verhalten als in unbeobachteten Situationen. Auch bei anderen Formen der Informationssammlung kann es sinnvoll sein, sich an Methoden der Sozialforschung anzulehnen: etwa wenn es darum geht, Fragen für Interviews so zu formulieren, dass eine suggestive Wirkung weitgehend vermieden wird, oder Erfassungsinstrumente wie Zeitleisten usw. passgenau herzustellen. Das wichtigste Feld der theoretischen Einbettung ist sicherlich die Reflexionsarbeit als solche, also namentlich die Unterrichtsbesprechungen. Abschließend ein Beispiel zur Anbindung der kollegialen Praxisreflexion an wissenschaftliches Wissen:

Orientierung an Methoden der Sozialforschung

> **PRAXIS**
>
> Ein fiktiver Beispielfall (angelehnt an Plöger 2006a, 172 f.): Studentin S hospitiert im Rahmen der Ausbildung im Unterricht von Deutschlehrer L. Bei der Nachbesprechung einiger Unterrichtsstunden meint S: „Ich habe den Eindruck, dass Sie dem Frontalunterricht so breiten Raum geben. Was spricht aus Ihrer Sicht dafür, diese Form des Unterrichts so häufig zu wählen?" L ist zunächst überrascht und hat keine sofortige Antwort parat. Er schätzt seinen Unterricht so ein, dass er verschiedene Unterrichtsformen ausgewogen nutzt. Oder besteht nur ein Missverständnis, weil die Studentin und er unter Frontalunterricht Unterschiedliches verstehen? L beschließt, im Rahmen der kollegialen Praxisreflexion zu untersuchen, ob er sich täuscht und tatsächlich dem Frontalunterricht ein (zu) großes Gewicht beimisst.

Wie könnte in einem solchen Fall die Beobachtung, Dokumentation und Auswertung von Beispielen aus L's Unterricht theoriegeleitet erfolgen?

> **PRAXIS** L ist sich bewusst, dass die populäre Darstellung von Frontalunterricht als unzeitgemäße Unterrichtsform viel zu holzschnittartig ist und der Sache nicht gerecht wird. Er will sich daher zunächst über den aktuellen Wissensstand informieren.

Einen ersten Zugriff kann ein Handbuch-Artikel bieten: „Frontalunterricht – Formenkreis und Problematik" (VORSMANN 2009), der eine Tendenz zur „Rehabilitierung" des Frontalunterrichts aufzeigt. Der Artikel verweist u. a. auf das Fachbuch: „Frontalunterricht – neu entdeckt. Integration in offene Unterrichtsformen" (GUDJONS 2007). *Zugriff auf Fachliteratur*

GUDJONS' Grundthese lautet, dass im Kreis der Sozialformen des Unterrichts der Frontalunterricht als alleinige Sozialform zwar abzulehnen, für bestimmte Ziele jedoch unverzichtbar sei (GUDJONS 2007, 36). Er erläutert „sinnvolle und unverzichtbare didaktische Funktionen" und „lernpsychologische Grundlagen" des Frontalunterrichts, „methodische Möglichkeiten" sowie „Raumregie, Körpersprache und Interaktion", schließlich die „Integration in offene Unterrichtsformen". Zahlreiche Einzelaspekte lassen sich für die Reflexion nutzen (wobei selbstverständlich nicht einer unbesehenen Übernahme das Wort geredet werden soll):

- GUDJONS ordnet den Frontalunterricht als Sozialform des Unterrichts ein, und zwar (neben der Schüler-Interaktion) als Unterfall des Klassenunterrichts, der neben Einzelarbeit, Partnerarbeit, Kleingruppenarbeit und verschiedenen Sonderformen steht (GUDJONS 2007, 23). Mit VORSMANN kann der Frontalunterricht seinerseits aufgegliedert werden in den „darbietend-darstellenden" und den „fragend-entwickelnden" Unterricht (VORSMANN 2009). Auf diese Einordnungen kann L bei der Analyse seiner eigenen Unterrichtsbeispiele zurückgreifen und so ermitteln, welche Anteile die jeweiligen Sozialformen in seinem Unterricht einnehmen.
- Weiter zeigt GUDJONS „sinnvolle und unverzichtbare didaktische Funktionen" des Frontalunterrichts auf, beispielsweise „Informieren und Darbieten" oder „Lernmethoden vermitteln (GUDJONS 2007, 51 ff.). Hier bietet sich für L eine Kontrastierung mit seinem Unterricht an: Wählt er den Frontalunterricht, um eben diese Ziele zu erreichen? Oder nimmt er andere Zwecksetzungen vor?
- Das Gleiche gilt für die Gestaltung des Frontalunterrichts im Einzelnen, etwa für die sogenannte „Raumregie". Hier finden sich Beispiele, wie

(auf welchen „Linien") sich der Lehrer im Unterrichtsraum bewegen kann bzw. sollte, um bestimmte Wirkungen auf die Lerngruppe zu erzielen (GUDJONS 2007, 215 ff.). Auch hier wird sich L fragen: Nutze ich die aufgezeigten Gestaltungsmöglichkeiten bewusst oder unbewusst? Wäre es für meinen Unterricht sinnvoll, sie zu nutzen?

Die Kluft zwischen Allgemeinem und Besonderem

Zurück zu unserem Ausgangspunkt, der Verbindung von Theorie und Praxis. Wenn sich die Reflexion in der beschriebenen Weise an dem Fachbuch von Gudjons orientiert: Kann man in diesem Fall davon sprechen, dass wissenschaftliches Wissen in die Reflexion einbezogen wird, dass zwischen Theorie und Praxis vermittelt wird? Immerhin handelt es sich nicht um ein wissenschaftliches Werk im eigentlichen Sinne, sondern um ein Anleitungsbuch, das sich ausdrücklich an Lehrkräfte wendet. Auf der Grundlage von Überlegungen PLÖGERS (2006a, 169) lässt sich die Frage vielleicht folgendermaßen beantworten: Mit dem Verfassen eines (wissenschaftlich fundierten) Anleitungsbuchs ist der Erziehungswissenschaftler dem Praktiker bildlich gesprochen bereits ein Stück entgegengekommen. Er hat seine theoretischen Aussagen, die auf empirischen Forschungen beruhen, umgeformt und präsentiert sie so, dass der Praktiker daraus (leichter) einen Nutzen ziehen kann. Aber PLÖGER betont auch: „Die Kluft zwischen Allgemeinem und Besonderem bleibt trotz der Transformationsbemühungen der Wissenschaft *prinzipiell* bestehen" (PLÖGER 2006a, 169). Ob also eine konkrete Unterrichtsphase eher als darstellend-darbietender Unterricht oder als fragend-entwickelnder Unterricht einzustufen wäre, ist dem Fachbuch ebenso wenig zu entnehmen wie eine Antwort auf die Frage, ob L's konkrete Raumregie seine didaktischen Absichten stützt oder konterkariert oder überhaupt keine Wirkungen zeitigt. Diese Lücke muss letztlich die Lehrperson selbst mit ihrer Erfahrung und Intuition schließen.

Lernanlässe schaffen –
an Praxisbeispielen lernen

Markus Brenk

In diesem Kapitel werden in exemplarischer Absicht Lernanlässe beschrieben und Praxisbeispiele aufgeführt, an denen sich pädagogische Nachdenklichkeit entwickeln kann. Diese Beispiele erheben nicht den Anspruch, ein *pars pro toto* zu sein. In ihnen spiegeln sich nicht *in nuce* alle als wichtig zu betrachtenden Fragestellungen pädagogischer Praxis wider. Vielmehr geht es darum, in einem Dreieck anhand von Fallkonstruktionen jeweils mögliche subjektive Deutungsansätze mit pädagogisch-theoretischen Elementen zu konfrontieren, um so einen Überblick zu geben, mögliche Deutungsschlüssel und Hilfsmittel vorzustellen und damit Transferperspektiven aufzuzeigen, denen schulpädagogische Reflexion im Sinne der hier vorgestellten Positionen nachgehen könnte.

Deutungsschlüssel und Hilfsmittel

8.1 Umgang mit einer (sich nicht ereignenden) Störung im Unterricht

In einer während eines Praktikums gehaltenen Musikunterrichtsstunde mit dem Thema „Worksong" wurden nach dem Hören eines Beispiels dessen zentralen Merkmale in einem fragend-entwickelnden Verfahren herausgearbeitet und an der Tafel festgehalten. Dabei sollte die Lerngruppe die vom Studenten vorab definierten Aspekte (u. a. Aufbau, vokale Tongebung, Singtext) hörend verfolgen, wiedergeben und richtig benennen. Die Unterrichtssequenz wurde videographiert und später in einem Seminar besprochen. Im Seminargespräch wurden Aspekte der Thematik, der Intentionen, der Medienwahl und der methodischen Vorgehensweisen erörtert. Die Stunde verlief nach Plan: in ruhiger Atmosphäre, sachlich konzentriert und ohne „Reibungen". Dann hieß es seitens der Seminarleiterin: „Ich war irritiert, dass die Schüler nicht gestört haben." Sie fragte den Studierenden: „Finden Sie das denn positiv, das niemand gestört hat?"

Abgesehen davon, dass diese Äußerungen aus Sicht des Studierenden als eine Zumutung mit starkem Demotivierungseffekt angekommen sein könnten, weil es in Anfangsphasen des didaktischen Lernens erfahrungsgemäß doch zur wichtigsten Frage gehört, ob der Unterricht bereits störungsfrei gestaltet werden kann, so wird doch ein bestimmtes Verständnis von

Störung unübersehbar: „Störung" wird aus dieser Sicht, mit der die Seminarleiterin beim Studierenden Denkprozesse anstoßen möchte, als ein „heuristischer Schlüssel" gesehen, der beim Aufdecken von tieferen Zusammenhängen zwischen Zielsetzung, Sachbegegnung, methodischer Vorgehensweise und Kommunikationsprozessen hilfreich sein kann.

Störung als „heuristischer Schlüssel"

Dies entspräche dem klassischen diagnostischen Ansatz bei RAINER WINKEL u. a., demzufolge Störungen Aufschluss geben können z. B. über einen mangelnden Erfahrungsbezug, eine mangelnde Passung von Lehrabsichten und Lernvoraussetzungen, Ungleichgerichtetheit von Zielen der Schüler- und Lehrerseite, Desinteresse, Unangepasstheit des Lernniveaus und -tempos, der Sprache und inadäquater Methoden o. Ä. (vgl. WINKEL 2006, 96 ff.). Der störfaktoriale Aspekt wird hier deshalb gleichrangig neben den Dimensionen der Vermittlung, des Inhalts- und des Beziehungsaspektes gesehen (vgl. KRON 2004, 135) und genau geprüft, woher die Störung kommt, in welche Richtung sie geht, welcher Art sie ist usw. und wie sie schließlich intervenierend oder präventiv angegangen werden kann, dadurch dass die oben genannten Aspekte stärker ins Kalkül gezogen werden.

In diesem Beispiel gab es aber keine sichtbare oder hörbare Störung, die den Unterrichtsfluss hätte unterbrechen können. Sie wäre aus Sicht der Seminarleiterin vielleicht eine hilfreiche Rückmeldung für den Lehrenden gewesen, da sie zur Nachdenklichkeit hätte anregen können. Aus welcher Position heraus wird hier dieses Problem definiert? Dies offenbarte der weitere Gesprächsverlauf: Im Seminar ging es grundsätzlicher um das Verständnis von Bildung, Lern-Inhalten, Identität, Unterricht und Lehrplan, also allesamt Aspekte, die nicht zur Oberflächenstruktur des Unterrichts gehören. Eine kurze Skizze soll die Denkrichtung dieser Position verdeutlichen: Die Seminarleiterin berief sich auf die in den letzten Jahren erziehungswissenschaftlich bedeutsam gewordene Theorie der Performativität. Unterricht wird dabei als ein performatives Geschehen aufgefasst, als eine über den Körper bzw. über Sprache vollzogene Inszenierung bzw. „Aufführung" einer sozialen Situation: Durch Akte des Sprechens und Darstellens/Zeigens wird Handeln in Gang gesetzt, werden Haltungen, Identitäten und Denkweisen geformt, es werden soziale Hierarchien aufgebaut und auf subtile Weise Formen von Herrschaft ausgeübt, ohne dass dies zugleich auf einer kritisch-rationalen Ebene einsichtig oder verhandelt wird (vgl. dazu einführend WULF u. a. 2001, 9 ff.). Daher gerieten bei der Reflexion dieser Stunde die Lehrerzentriertheit, das „power teaching" und bestimmte verbale und nonverbale Zeichen ins Blickfeld der kritischen Betrachtung, die auf eine „Überwältigung" der Lerngruppe hindeuteten. Darüber hinaus

Unterricht als performatives Geschehen

wurden unter Hinweis auf J. BUTLERS Kritik am Substanzdenken (etwa: eine Sache ist schlicht, wie sie ist) (vgl. BUTLER 2003, 18), zugunsten eines Denkens in Relationen (etwa: eine Sache ist, wie sie auf vielfältige Weise von lernenden Subjekten kognitiv „hergestellt" wird, wobei auch „Durchstreichungen" bisheriger Sichtweisen möglich sein müssen) bestimmte Folgerungen gezogen: Da didaktische Vermittlung nicht als „Transport eines Sachverhaltes von A nach B" (Substanz-Denken) verstanden wurde, sondern als Ort der Herstellung von offenen Relationen zwischen Lehrperson, Lerngruppe und Inhalt, wurde die Anregung gegeben, dass der Student auch die Subjekte zu ihrem Verhältnis zum Inhalt befragt, Chancen gibt zu alternativen Sichtweisen oder irritierende Räume schafft, damit die Dinge potentiell auch anders gesehen bzw. gedacht werden könnten. Ein Kritikpunkt bestand deshalb darin, dass das Verhältnis der einzelnen Schülerinnen und Schüler zum Worksong, zu dieser Art sich zu äußern, zu protestieren, nicht in Bezug auf sie selbst und ihre Gegenwart thematisiert und vielleicht vollzogen wurde, womit der Inhalt seine „erzieherische Dimension" (in der Spur HERBARTS) hätte entfalten können (vgl. Nachtrag Abschnitt III). So wurde der Inhalt lediglich äußerlich als Wissensstoff abfragbar angeeignet und für die Identitätsbildung der jungen Menschen womöglich nicht relevant.

Didaktische Vermittlung als Ort der Herstellung von Relationen

Der Einwand seitens des Unterrichtenden, dass dieser Inhalt im Lehrplan stehe und thematisiert werden müsse, ob nun Interesse dafür vorhanden sei oder nicht, beförderte eine Klärung des Verständnisses von Lehrplänen im Lichte dieses theoretischen Ansatzes: Der Lehrplan ermögliche den Aufbau eines Verhältnisses von Fremd- und Selbstbestimmung seitens der jungen Menschen. Er erlaube lediglich das Kennenlernen performativer Ansprüche, er eröffne als ein Bezugspunkt für die Sicht auf Inhalte die Möglichkeit zu anderen Sichtweisen, die potentiell auch die Veränderung bestimmter Denkweisen und Begriffskonstruktionen zugunsten neuer Relationen beinhalte. Um dieses Potential auszuschöpfen, wurden als Alternative zur Lehrerzentrierung Möglichkeiten kooperativen Lernens diskutiert. Hierbei wurde an Lebenssituationen von Menschen gedacht, in denen Musik eine ähnliche Entlastung bringen bzw. als Medium des Protestes eingesetzt werden könne wie im Unterrichtsbeispiel. Dieses käme dem Verständnis eines Unterrichts entgegen, in welchem Raum gegeben wird, um in Beziehungen gleichwertige kulturelle, weltanschauliche und identitätsoffene Angebote für eine zu wählende Zukunft erhalten zu können, zu denen sich junge Menschen positionieren können.

8.2 Zwei Unterrichtseinstiege

Die folgenden beiden Protokollausschnitte entstammen zwei studentischen Praktikumsberichten. Sie wurden hier im Wortlaut übernommen. Der erste Ausschnitt enthält eine Einstiegssequenz aus dem Physikunterricht einer achten Klasse eines Lübecker Gymnasiums, der zweite aus einem Grundkurs Musik der Jahrgangsstufe 12 eines Gymnasiums in NRW.

▶ *Beispiel 1*

Zeit	Beobachtungen	Bemerkungen
13.20	L kommt in die Klasse. Unterrichtsbeginn mit Tafelanschrieb ohne weiteren Kommentar des Lehrers. L leitet eine Formel selbst her. Dies geschieht sehr schnell und ohne weiteren Kommentar, schließlich unterstreicht er: $v = \omega \cdot r$.	Schüler werden leise und beginnen den Tafelanschrieb zu übernehmen.
13.24	L gibt Beispielaufgabe und rechnet diese an der Tafel vor: „In einem Auto steht 1.500 r. p. m. Was bedeutet dies?"	Schüler sind immer noch mit dem Abschreiben beschäftigt, einige haben Probleme, die griechischen Buchstaben an der Tafel zu entziffern → Unruhe
13.28	L: „Wenn ihr was nicht lesen könnt, dann sagt es. Die Buchstaben habe ich euch aber in der letzten Stunde schon erklärt."	Schüler sind wieder leiser, keiner fragt. L wirkt genervt.
13.30	L: „Ok." (Lehrer geht davon aus, dass alle mit dem Abschreiben fertig sind). L: „Ich diktiere eine Aufgabe: ..."	Schüler schreiben weiter ...
	L schreibt an Tafel, was gegeben, was gesucht ist. L: „Habt ihr alles?"	Schüler sind noch nicht fertig. L beginnt trotzdem schon, die Aufgaben an der Tafel vorzurechnen.
13.37	L rechnet an Tafel vor. L: „Versteht ihr das?"	Schüler werden unruhig. Die meisten von ihnen haben Probleme zu folgen.

▶ *Beispiel 2*

Zeit	Beobachtungen	Bemerkungen
8.00	L begrüßt den Kurs. L: „Ich habe heute ein Hörbeispiel mitgebracht, von dem ich einen kurzen Ausschnitt vorstellen möchte."	Schüler sind gespannt auf das Beispiel. Sie hören interessiert zu und machen sich Notizen.
8.01	L spielt einen Ausschnitt (2 Takte) aus dem Kunstlied „Der Erlkönig" in einer Vertonung von LOEWE vor.	Schüler sind involviert.

	L: „Versucht, euch einen Rahmen vorzustellen, in dem diese Musik erklingt." SuS äußern sich zur Musik und versuchen, Einordnungen vorzunehmen. Sie tippen auf Musik zu einem romantischen Film, auf eine Klaviersonate, eine Einleitung zu einem Klavierstück bzw. einem Lied mit „schaurigem" Inhalt. Sie versuchen ihre Auffassung an der Musik zu „begründen." L schreibt die Antworten an die Tafel.	
8.03	L spielt den kurzen Ausschnitt noch einmal vor. L: „Überlegt einmal, wie das Stück weitergehen könnte!"	Schüler überlegen intensiv und beraten sich untereinander hinsichtlich einer möglichen Fortsetzung des Stückes.

Diese kontrastiv angelegten Beispiele wären sicherlich geeignet, um mit hohem Erkenntnisgewinn vom Interpretationsansatz des letzten Kapitels aus in den Blick genommen zu werden. Aber wie jeder Unterricht, so ist auch dieser zugänglich für verschiedene Deutungsperspektiven, z. B. lernpsychologischer Art oder im Hinblick auf die Umsetzung bzw. Nichtumsetzung didaktischer Prinzipien, ferner bezogen auf die Frage nach den Interaktions- und Kommunikationsstilen oder Fragetechniken, um nur einzelne Perspektiven zu nennen.

Unterricht ist zugänglich für verschiedene Deutungsperspektiven

Was fällt auf? Legt man einmal eine Typologie von Frontalunterrichtsformen zugrunde (vgl. u. a. VORSMANN 1997, 199), so handelt es sich im ersten Falle im Hinblick auf den Lehrer um Formen eines darbietenden, vorzeigenden und aufgebenden Unterrichts (Typ 1–3 bei VORSMANN). Es werden Aufgaben gestellt, es wird etwas erläutert und entwickelt, es wird etwas vorgemacht und angeschrieben. Auf Schülerseite finden sich entsprechend die Aktivitäten Zuhören und Abschreiben. Da es nicht zu einem Lehrgespräch oder einem abfragenden Unterricht (Typen 4–5) kommt, der den Formenkreis des Frontalunterrichts komplettieren würde, tritt auch die Aktivität des Antwortens nicht auf. Auch im weiteren Verlauf der Stunde, die mit einer massiven Störung und einem Aggressionsausbruch des Lehrers endet, gibt es keine nennenswerten inhaltsbezogenen Antworten auf Schülerseite.

Im zweiten Beispiel handelt es sich in etwa um die gleiche Typologie aufseiten der Lehrperson. Auch hier findet sich auf Lehrerseite das Darbieten, das Aufgeben und Vorzeigen (Vorführen) und auf Schülerseite entsprechend das Zuhören, Beobachten, Aufschreiben. Allerdings sticht eine bestimmte Aktion deutlicher hervor, nämlich die recht offene Impulsgebung. Sie löst andere entsprechende Verhaltensweisen aus: das Sichmelden, das Antworten. Es kommt zu Schülergesprächsformen. VORSMANN zählt zu die-

Zwei Unterrichtseinstiege

ser Kategorie die Einstiegsgespräche, das *brainstorming*, Problemlösegespräche (vgl. 200), die Beratung der Schülerinnen und Schüler untereinander in Partnerkonstellationen, die wiederum eine Entsprechung auf Lehrerseite findet: das Zuhören, Moderieren und Strukturieren von Schülerbeiträgen.

Unterschiedliche Deutungen des Handelns

Um bestimmte Merkmale noch einmal aus anderer Sicht zu formulieren: Lehrer 1 übt durch seinen Kommunikationsstil einen äußeren Druck auf die Lerngruppe aus, seine Handlungen – dazu gehören nicht nur Fragen und Nebenbemerkungen, sondern auch die Raumaufteilung (Magischer Tafelbezirk) – sind Teil der Inszenierung eines geteilten sozialen Raumes, welcher offenbar für Blockaden sorgt. Die monologische Tendenz bringt es mit sich, dass die Schülerinnen und Schüler nicht in den Denkprozess mitgenommen werden. Legt man einige der sogenannten Merkmale für guten Unterricht an (vgl. Kapitel 3), so ist festzustellen: Es liegt zwar einerseits offenbar eine hohe Erwartungshaltung des Lehrers vor, andererseits zeigt dieser keine Toleranz für Langsamkeit. Es erfolgt ferner keine aussagekräftige Diagnose des Lernstandes, sodass der Unterricht an Adaptivität stark einbüßt.

Aus der Sicht einer ästhetischen Fundierung des Lernens (Stiftung von Aufmerksamkeit, Beziehung des Denkens auf Wahrnehmungen bzw. Vorstellungen, förderliche Lernatmosphäre, Spannungsaufbau) ist zu bemerken: Teil einer Problemwahrnehmung und -erörterung hätte ein sinnlich erfassbares, anschauliches Beispiel sein können. Eine Interesseweckung oder Weckung von Neugier über ästhetische Zugänge, die für einen Teil der Lerngruppe möglicherweise hilfreich gewesen wäre, wurde offenbar nicht beabsichtigt.

Lehrer 2 schafft dagegen eine aus Schülersicht problemhaltige Situation, die nach einer Lösung ruft. Seinem Arrangement liegt offenbar das Kriterium der Fragwürdigkeit des Inhaltes aus Schülersicht zugrunde. Durch das Inszenieren eines erratischen Momentes erzielt er einen Aufmerksamkeit stiftenden Spannungsaufbau, der Potential zur Weckung von Neugierde stiftet. Somit werden die Schülerinnen und Schüler involviert und es kommt augenscheinlich zu jener Verhakung mit der Sache, die der vor 100 Jahren geborene Klassiker der Lernpsychologie, HEINRICH ROTH, als wichtiges, auf humanes Lernen zielendes, didaktisches Prinzip beschrieb. Zugleich kann Lehrer 1 die erforderlichen Lernvoraussetzungen und das erforderliche Vorwissen zu einem günstigen Zeitpunkt am Anfang der Stunde diagnostizieren, um eine Passung herbeizuführen.

Unter der Perspektive von Subjektorientierung erhalten die Schülerinnen und Schüler Raum, um ihre eigenen Hörgeschichten zu reflektieren. Ihre eigenen Perspektiven, ihre subjektiven Hör- und Denkkonzepte werden thematisch, sie werden befragt, transparent, vielleicht auch fraglich und als veränderbar eingeschätzt.

Dass die ästhetische Dimension des Lernens im Musikunterricht einen grundlegenden Status hat oder haben sollte, scheint zwar selbstverständlich, dennoch stellen die Merkmale Wahrnehmungsanreiz, Aufmerksamkeitsstiftung, Spannungsaufbau und gute Atmosphäre Resultate didaktischer Entscheidungen bzw. eines bestimmten pädagogischen Verhältnisses von Lehrer und Lerngruppe dar, die nicht bereits aus dem ästhetischen Gegenstand des Lernens in zwingender Weise folgen. Somit ist mit diesem Unterrichtseinstieg nicht nur eine Voraussetzung zu einem sachlich intensiven, sondern auch zu einem identitätsstiftenden Lernen gegeben.

8.3 „Fragen"

▶ *Beispiel 1*

Lehrerin: „Ich bin erschrocken über die vielen W-Fragen. Ich habe mein Sprechen daraufhin in den letzten Wochen überprüft. Es kann gut sein, dass ich zu viele W-Fragen stelle." Wissenschaftlicher Berater: „Das sehe ich nicht als so problematisch an. W-Fragen ermöglichen genaues Fragen!" (Bericht aus einer Stundenbesprechung in einer Gruppendiskussion aus dem SEK-Projekt am 6.3.2001)

▶ *Beispiel 2 (aus einem Praktikumsbericht Wintersemester 2010)*

St: „Nach jedem Intervall melden sich bitte alle, die den Akkord passend finden." SuS verstehen nicht richtig, Zwischenfragen kommen. St: „O.K., machen wir das anders. Ich frag nach jedem Akkord, ob ihr den eher als schräg oder als schön empfindet." St spielt die ersten beiden Akkorde (konsonant und dissonant) und fragt jeweils: „Ist er dissonant oder konsonant?" S1: „Ja, ich weiß nicht so recht, der zweite ist auf jeden Fall schön." S2: „Ja, aber der erste auch irgendwie." Beim nächsten Akkord gibt es eine Diskussion. Fast alle Schüler melden sich bei „konsonant", aber einige nicht. St fragt einen S direkt: „Findest du den nicht schön?" S3 „Nee!" „Was hörst du denn so für Musik? Ist das vielleicht Jazz?" S3: „Ne, so alles, ich mag den Akkord aber irgendwie nicht." St: „Komisch, den finden eigentlich alle schön …"

Kritische Aspekte der Lehrerfrage

Es handelt sich hier wieder um kontrastive Beispiele, die zur Reflexion anregen sollen. Im ersten Beispiel meldet sich das pädagogische Frage-Gewissen. Es ließe sich u. a. so deuten: Die Denkräume der Lernenden könnten durch eine quasi katechetische, engschrittige Frageweise stark eingeschränkt werden. Dieser Technik wird in der Literatur häufig zugeschrieben, sie führe die Klasse am Gängelband der Lehrperson und erschwere das eigene kritische Befragen und Durchdenken des Inhalts. Vielfach seien hierzu Impulse und Denkanstöße eher geeignet als engschrittiges Fragen. In diese Richtung zielte gegen Ende der 1960er Jahre C. SALZMANN (1969), der gegenüber diesem negativen Merkmal die Bedeutung von Impuls und Anstoß hervorhebt: „Wenn die Frage von Lehrern angewandt wird, bei denen sie Ausdruck oder gar Mittel ihrer persönlichen Dominanz ist, kann sie nur unter großen Vorbehalten bejaht werden. Im Rahmen eines Unterrichts dagegen, der durch einen sachorientierten und die jungen Menschen in ihrer Selbständigkeit fördernden Umgangsstil gekennzeichnet ist, vermag auch die Frage die in ihr liegenden Möglichkeiten zu entfalten" (46). Die Absicht, „explizites Wissen zur Sprache zu bringen, zu gliedern und verfügbar zu machen" (48), ist nach SALZMANN nicht an die Lehrerfrage gebunden, aber dann gegeben, wenn sie als Impuls und Anstoß zu Schülerfragen gedacht ist.

Dem steht die obige Äußerung gegenüber, dass W-Fragen genaues Fragen ermöglichen. W-Fragen sind, im Gegensatz zu Denkfragen, offenbar nötig, wo es um eine genaue Klärung von Fakten oder ein Erfragen von Wissen (Reproduktion) geht (vgl. LINDNER 2011, 31 f.). Hier geht es im Wesentlichen um genaue kausale, lokale, modale oder auktoriale Zusammenhänge, auf die sich die Aufmerksamkeit und das Denken nur richten können, wenn es in gewisser Weise „dirigiert" (vgl. ASCHERSLEBEN 1987, 91) wird. Diese Auffassung spiegelt den Erkundungscharakter wider, der in jeder Lehrerfrage steckt und sie so als „eines der wichtigsten Mittel der Leitung der geistigen Arbeit des Schülers" (AEBLI 1987, 366) erscheinen lässt. Die Leitung der geistigen Arbeit bezieht sich dabei aber nicht nur auf Fakten, Sachen und ihre Zusammenhänge, sondern ist Teil des gesamten, unterrichtliches Lernen ermöglichenden kommunikativen Systems, in welchem Fragen sich auf das Verfahren, auf die Konversation, auf Ziele und Motive, auf Methoden, Urteile, Emotionen etc. beziehen können (vgl. LINDNER 2011, 74 ff.).

Im zweiten Beispiel wird m. E. die Richtigkeit des Einwandes des wissenschaftlichen Beraters aus dem ersten Beispiel sinnfällig vor Augen geführt. Es ist zwar nicht unproblematisch, wenn der gesamte Kreis von Lehrerfragen letztlich linear ausgerichtet ist auf das große Ziel einer Unterrichtsstunde und dabei Möglichkeiten kritischer Einwände oder anderer, vom Schülerseite angestoßener, unvorhergesehener Lernwege verbaut werden (vgl. VORSMANN 1997, 208), der Lehrende kann hier aber kaum anders, als durch Fragen Wissensklärungen herbeizuführen (Prüffragen). Allerdings fragt er in dieser Prüfsituation auf zwei Ebenen nach den Verhältnissen von Intervallen (Tonabständen) und ihrer Wirkung. Damit nutzt er zwar die aktivierende, initiierende und steuernde Funktion der Frage (vgl. ASCHERSLEBEN 1987, 91). Es entsteht aber das Problem einer ungenauen bzw. ungeklärten Fragesituation, eine Sachfrage (konsonant/dissonant) wechselt unvermittelt in dieser Prüfsituation mit einer allgemeinen Geschmacksfrage (schräg/ schön), in die am Ende diese Gesprächseinheit mündet, wobei denkbar ist, dass der Schüler durch seine die Situation „auskostende" Reaktion dem Lehrer etwas über die Unangemessenheit der Begriffsdifferenz „schräg"/ „schön" mitteilen möchte. Nach RIEDL (2004, 121) hat jede Lehrerfrage mindestens drei Kriterien zu folgen:

Grundkriterien für die Lehrerfrage

- der *sprachlichen* Korrektheit (richtiges Fragewort),
- der *logischen* Korrektheit (eindeutige und verständliche Formulierung) und
- der *lernpsychologischen* Angemessenheit (passendes Schwierigkeits-/ Abstraktionsniveau).

Es ist verständlich, dass die Begriffe konsonant/dissonant für eine 5. Klasse definitorisch schwer zugänglich sind, alternativ könnte hier versucht werden, anhand von Beispielreihen über das Hören diese Grundklassifizierung einzuführen. Der hier beschrittene Weg über ästhetische Qualitäten ist daher mit Blick auf die Ebene des zweiten und dritten Kriteriums als problematisch anzusehen, wobei zudem im Gespräch nicht klar ist, um welche Begriffsebenen es jeweils geht. Daher nimmt die Entwicklung eine unerwünschte und situativ nicht völlig einzuholende Dynamik „privaten Charakters", die aus der Perspektive der Zielsetzung der Stunde nur schwer integriert werden kann.

8.4 Regeln im Schulalltag
Claudia Hidding-Kalde

Im Abschnitt 2.3 haben wir den Kreislauf von Reflexion und Aktion als Modell der Praxisforschung vorgestellt. Im Folgenden soll dieser Kreislauf exemplarisch mit Leben gefüllt werden. Die vorstehenden Praxisbeispiele haben jeweils einen Ausschnitt der kollegialen Praxisreflexion im Detail beleuchtet. Jetzt möchten wir einen Blick auf den gesamten Verlauf eines Zyklus werfen, was notwendig zu Lasten der Detailgenauigkeit geht. Das folgende Ablaufschema ist fiktiv. Einige Elemente sind an das Beispiel bei HIDDING-KALDE (2010, 209 ff.) angelehnt:

> Im Kollegium einer Grundschule entsteht bei einer Konferenz eine Meinungsverschiedenheit über das Einhalten von Regeln durch die Schüler. Lehrer S hat zwei Schüler einer anderen Klasse, die vor Unterrichtsbeginn laut lärmend durch den Korridor gelaufen sind, zurechtgewiesen. Deren Klassenlehrerin T beschwert sich bei S, er sei zu streng. Es gebe doch keine Regel, dass die Schüler im Gebäude nicht toben dürften. Jedenfalls außerhalb der Unterrichtszeiten könne dies wohl nicht verboten sein. Schließlich müssten die Schüler auch ihren Bewegungsdrang ausleben können. S wendet ein, er habe seine eigene Klasse angewiesen, sich im Korridor stets ruhig zu verhalten. Die Lehrerin R meint, es sei nicht überraschend, dass es zu derartigen Differenzen komme: „Bei uns stellt doch jeder Kollege seine eigenen Regeln auf."

Die Schritte des zyklischen Modells

Eine solche Situation, ein „Unbehagen" oder eine Unzufriedenheit mit der vorgefundenen Praxis (WITTENBRUCH 2004, 705), kann den Anstoß für eine Bearbeitung in der kollegialen Praxisreflexion geben. Sind sich die Lehrpersonen darüber einig, können sie das Thema „Regeln" in den Zyklus der Praxisreflexion einfließen lassen. (Wir nehmen an, dass an der Schule eine regelmäßige kollegiale Praxisreflexion bereits existiert; es geht uns an dieser Stelle nicht darum, den Aufbau und die Verankerung einer Reflexionskultur zu zeigen.)

In einem ersten Schritt sind nun leitende Fragen als Arbeitsgrundlage zu formulieren (vgl. oben Abschnitt 2.3). Sinnvollerweise setzen sich die Lehrpersonen zunächst damit auseinander, was überhaupt unter Regeln zu verstehen ist: Es geht hier um Regeln, die das Verhalten der Schüler betreffen. Eine mögliche Systematisierung unterscheidet nach Kommunikationsregeln, Kooperationsregeln, Arbeitsregeln und allgemeinen Verhaltensregeln (WITTENBRUCH/WERRES 1992, 178). Die Regel beispielsweise, sich im Schulgebäude ruhig zu verhalten, ist nach dieser Einteilung eine allgemeine Verhaltensregel. Eine Kommunikationsregel wäre es etwa, einen Mitschüler, der spricht, nicht zu unterbrechen.

> Die an der Reflexion beteiligten Lehrpersonen einigen sich auf folgende Leitfragen (angelehnt an HIDDING-KALDE 2010, 219):
> - Welche Regeln existieren derzeit in den einzelnen Klassen?
> - Wie sind die Regeln festgelegt (schriftlicher Aushang/mündlich)?
> - Benötigen wir einheitliche Regeln für alle Klassen?
> - Falls ja: Wie sollten diese gestaltet sein? Möglichst detailliert? Oder reichen Minimal-Regeln aus?
> - Sollen die Schüler, eventuell sogar die Eltern, beim Aufstellen von Regeln beteiligt werden?
> - Welche Sanktionen folgen, wenn ein Schüler eine Regel nicht einhält?

Im zweiten Schritt ermitteln die Lehrpersonen orientiert an den ersten beiden Leitfragen den Ist-Zustand. Dies ist die Phase der Informationssammlung (siehe oben Kapitel 2.3). Zu kurz gegriffen wäre es, innerhalb des Kollegiums von jeder Lehrperson lediglich eine Stellungnahme einzuholen, welche Regeln in ihrer Klasse gelten. Denn auch die tatsächliche Handhabung im Schulalltag ist von Interesse. Sie könnte von den eigentlich mit den Schülern getroffenen Abmachungen bzw. den von der Lehrperson angeordneten Regeln abweichen.

> Das Kollegium vereinbart daher, bei den nächsten turnusmäßigen Unterrichtsbeobachtungen und -nachbesprechungen dem Thema „Regeln" verstärkte Aufmerksamkeit zu widmen. Nach einigen Wochen liegen ausreichende Informationen über den Ist-Zustand vor, die gemeinsam ausgewertet und interpretiert werden. Ein Lehrer erstellt anhand des genannten Ordnungsschemas (Kommunikationsregeln, Kooperationsregeln, Arbeitsregeln und allgemeine Verhaltensregeln) eine Übersicht. Die Vermutung bestätigt sich, dass Geltung und Durchsetzung von Regeln ganz unterschiedlich gehandhabt werden.

Das Auswerten und Interpretieren der gesammelten Informationen gehört bereits zum dritten Arbeitsschritt (siehe oben 2.3). Darauf baut das Planen von Handlungsschritten auf. Dazu müssen die weiteren Leitfragen beantwortet werden, zuerst also die Frage, ob einheitliche Regeln geschaffen werden sollen: Für einheitliche Regeln kann es gute Gründe geben, etwa die Praktikabilität, weil jede Lehrperson (und entsprechend die Schülerinnen und Schüler) auch beim Unterricht in fremden Klassen weiß, welche Regeln gelten. Andererseits beschränken einheitliche Regeln die pädagogische Freiheit der einzelnen Lehrkraft. Zu dieser und den weiteren Leitfragen lassen sich zahlreiche Argumente finden, die für die eine oder andere Position sprechen.

PRAXIS Das Kollegium entscheidet sich nach ausführlicher Diskussion mehrheitlich dafür, dass im Unterricht und in den Pausen für alle Schüler in Zukunft einheitliche Regeln gelten. Die Regeln sollen in den Klassen mit den Schülern vereinbart und schriftlich festgehalten werden. Sie beschränken sich auf das erforderliche Minimum, damit die Schüler sie leicht erfassen und verinnerlichen können. Zusätzliche Absprachen in den einzelnen Klassen, die mit diesen Regeln nicht im Widerspruch stehen, bleiben jeder Lehrperson möglich. So werden etwa folgende Kommunikationsregeln eingeführt (vgl. HIDDING-KALDE 2010, 223):
- Wer im Unterricht etwas sagen möchte, zeigt auf.
- Jeder Schüler wartet, bis er das Wort hat.
- Wir hören anderen zu und lassen sie ausreden.

Eine Arbeitsregel lautet, dass die Schultasche morgens ausgeräumt und in einem Regal im Vorraum der Klasse aufbewahrt wird.

Als Pausenregel wird u. a. festgelegt:
- Wir gehen langsam und ohne Lärm durch das Gebäude.

Der vierte Schritt des Kreislaufs von Reflexion und Aktion ist das Implementieren der geplanten Veränderungen im Unterricht.

PRAXIS Die Lehrerinnen und Lehrer führen nun die einheitlich geltenden Regeln in ihren Klassen ein und achten darauf, dass diese auch eingehalten werden.

Es folgt der fünfte und letzte Schritt des Zyklus: Überprüft wird, ob das modifizierte Handeln zu einer verbesserten Praxis geführt hat. Das bedeutet, erneut Informationen zu sammeln, insbesondere im Rahmen der Unterrichtsbeobachtungen.

PRAXIS Die weitere Unterrichtserforschung ergibt, dass die Planung aufgegangen ist: Die einheitlichen Regeln sind eingeführt und werden von den Schülerinnen und Schülern akzeptiert. Jedoch stellt sich heraus, dass einigen Lehrkräften, die inzwischen neu in das Kollegium aufgenommen wurden, die neuen Arbeitsregeln zu „eng" und detailliert erscheinen.

Damit ist der letzte Schritt des Zyklus gleichzeitig der erste Schritt eines neuen Zyklus. Die Reflexionsarbeit kann von neuem beginnen.

Ein Einwand, der sich aufdrängt: Dieses Beispiel ist zu schön, um wahr zu sein! In der Tat handelt es sich hier um einen idealisierten Ablauf, der in der Praxis in dieser Form nur schwer umzusetzen sein dürfte. Und zwar schon deshalb, weil es die vielfältige und disparate Schulwirklichkeit nicht hergibt, eine einzelne pädagogische Frage derart säuberlich zu isolieren und herauszupräparieren, wie wir hier vorgeben. Bei jedem Zyklusschritt können außerdem Misshelligkeiten und Unschärfen auftreten: So mag der Ist-Zustand nur schwer feststellbar sein, weil einzelne Lehrpersonen ihre Linie selbst nicht konsequent verfolgen, bleibt die Einigung auf gemeinsame Regeln umstritten, gerät die Implementierung „nach den Sommerferien" in Vergessenheit usw. Daher bleibt es bei dem Postulat aus Abschnitt 2.3: Das zyklische Handlungsmodell ist vor allem ein Orientierungsrahmen, der helfen kann, Reflexion und Aktion systematisch zu gestalten.

8.5 An einem Projekt lernen
Ulrike Kurth

Das Ziel dieses Beitrags ist es, aufzuzeigen, inwieweit ein europäisches Schulprojekt geeignet ist, die Reflexionskompetenzen von Lehrerinnen und Lehrern zu verbessern. Die Lern- und Entwicklungsmöglichkeiten, die eine aktive Projektteilnahme – oder die Bearbeitung eines gut dokumentierten Projektes als Fallbeispiel im Nachgang – bietet, werden im Folgenden anhand ausgewählter Bezugsfelder im Hinblick auf ein konkretes Schulprojekt knapp skizziert.

Stärkung der Reflexionskompetenzen durch ein europäisches Schulprojekt

> COMENIUS-Projekt „ID: CoNoTe – Identität durch Kunst, Musik und Literatur" (2008–2010)
> In diesem Projekt haben die folgenden sieben Schulen zwei Jahre gemeinsam gearbeitet und in transnationalen Treffen Ergebnisse präsentiert, kommentiert, korrigiert und sich vor allem daran erfreut: Prohaszka Ottokar Katolikus Gimnazium, HU; Polhemsgymnasiet, SE; Technical School Makarios 3rd, CY; ROC van Amsterdam, Joke Smit College, NL; St. Theresa Girls' Junior Lyceum, MT; Privatgymnasium der Herz-Jesu-Missionare, AT; Westfalen-Kolleg Paderborn, DE (Koordinator).
> Kunst, Musik und Literatur wurden in diesem Projekt als Ausdruck regionaler und nationaler Kultur verstanden und immer auch als Spiegelung gesellschaftlicher und historischer Gegebenheiten. Deshalb beschäftigten sich alle Teilnehmer mit der Frage, wie diese Einflüsse die eigene Identität prägen.
> Bei der Konzeption der Projektarbeit gingen die beteiligten Lehrpersonen davon aus, dass Rezeption und Übernahme literarischer Leitbilder,

musikalischer Strömungen und künstlerischer Ausdrucksformen in unterschiedlicher Intensität – bewusst und unbewusst – zur Entwicklung und Prägung der individuellen Persönlichkeit beitragen.

Die Schülerinnen und Schüler aus sieben Partnereinrichtungen sollten an selbst gewählten Beispielen ihren Horizont erweitern, europäische Parallelen und Verschiedenartigkeiten kennenlernen und Inszenierungen der erarbeiteten Themen realisieren.

Sie sollten darüber hinaus ermutigt und befähigt werden in eigenen, ihnen angemessenen Ausdrucksformen, die ihre Kreativität und ihren Ideenreichtum, aber auch ihre regionale und nationale Prägung spiegeln, kreativ zu arbeiten. In diesem Rahmen entstanden Bilder, Gedichte und Tänze, verschiedene Präsentationen zu Nationalhymnen und zu nationalen Autoren bzw. Dichtern. Es wurden exemplarische Künstlerbiographien und Werkanalysen vorgestellt und einzelne Werkausschnitte wurden musikalisch/bildnerisch umgesetzt.

Die Schülergruppe aus Ungarn erstellte einen Film zu ihnen wichtigen Identifikationsmomenten im Land, in der Geschichte und im Alltag.

Dieses Projekt wurde mit einer umfangreichen Publikation (KURTH 2010) abgeschlossen.[1]

Förderung pädagogischer Nachdenklichkeit durch Begleiten eines Projektprozesses

Anhand dieser kurzen Skizze der Projektidee und -inhalte soll nun verdeutlicht werden, wie durch die Begleitung eines Projektprozesses Pädagogische Nachdenklichkeit entwickelt und eingeübt werden kann. Sie lässt sich in der Begleitung von transnationaler Projektarbeit sinnvoll schulen, weil gerade die kritisch-distanzierte Selbstreflexion ein integraler Bestandteil jedes Projektprozesses ist.

Reflexionsaspekt „Teamarbeit"
Die Reflexion, die innerhalb der Projektarbeit immer wieder notwendig wird, leistet nicht die einzelne Lehrperson individuell, sondern ein Team von am Projekt beteiligten Lehrerinnen und Lehrern überlegt zusammen mit den Kollegien der Partnerschulen, welche Ziele erreicht wurden, welche Planungsschritte verändert werden mussten, welche Absichten nicht realisiert werden konnten und welche Gründe dafür angeführt werden können. Gemeinsam berät dieses Team Strategien, wie der Projektverlauf Erfolg versprechend fortgeschrieben werden kann. Eine erfolgreiche Fortschreibung und Entwicklung lässt sich nur dann anbahnen, wenn eine intensive, ergeb-

---

1 Ausgewählte Ergebnisse können auf der Website eingesehen werden: www.pellionis.de/identität.

nisoffene Diskussion des Projektprozesses gepflegt wird, denn der Prozess lebt „durch das eigene interessierte Interpretieren und damit durch das aktive Herausfordern und Infragestellen der erworbenen Sinnzuschreibungen und deren Änderung im Prozeß [...]. Dies gilt gleichermaßen für die Entfaltung der kritischen Selbstreflexion" (BAUERSFELD 1999, 203).

Interpretieren, Herausfordern und Infragestellen erworbener Sinnzuschreibungen

Für das Projekt ID: CoNoTe bedeutete dies, dass die Koordinatoren der sieben Partnerschulen und die Fachlehrer, die sich in der Projektarbeit punktuell engagiert hatten, zum ersten Mal beim Partner in Zypern nach acht Monaten Projektlaufzeit im März 2009 zusammenkamen. Bei diesem Treffen wurden die ersten Ergebnisse vorgestellt und diskutiert. Wie zu erwarten, hatten die Schülerinnen und Schüler der verschiedenen Länder die Frage nach Prägung der Identität unterschiedlich aufgegriffen und umgesetzt. Nun ging es in der Reflexionsphase darum, wie die verschiedenen Stränge zusammengeführt werden konnten, um sie beim Festival in der Europawoche 2009 im Mai in Paderborn stimmig präsentieren zu können. Die Schülerinnen und Schüler aus Schweden hatten im Kunst- und Schwedischunterricht Themenfelder der Identifikation aufgegriffen und zwei Bereiche ausgesucht, die ihnen wichtig schienen: „Midsummer" und „Lucia". Diese beiden Feste, die überall in Schweden gefeiert werden, wurden anhand selbstgemalter Bilder, selbst formulierter Gedichte und Beschreibungen vorgestellt. Ganz anders hatten die Schülerinnen aus Malta das Thema umgesetzt, denn hier hatte eine Schülerin, die außerhalb der Schule Ballettunterricht erhielt, den Tanz als Bezugspunkt aufgegriffen, der zu ihrer Selbstidentifikation einen wichtigen Beitrag leistete, und sie hatte zur Musik von CATS einen Tanz einstudiert, den ihre Mitschülerinnen durch die Geschichte eines egoistischen Katers, der sozialisiert werden musste, um in die Gesellschaft integriert werden zu können, illustriert hatten. Nun ging es in der Teambesprechung darum, ob die gesamte Projektgruppe „Identifikation" eher national oder eher individuell verstanden wissen wollte. Es folgte eine ausführliche Diskussion, in der Aspekte ausgetauscht wurden wie: „Ein Schwede wächst mit ‚Midsummer' und ‚Lucia' auf und identifiziert sich mit diesen Festen." Oder: „Wenn Lydia das Tanzen für sich als wichtiges Identifikationsmoment erkannt hat, dann muss es eine Möglichkeit geben, dies im Rahmen des Projektes zu thematisieren."

Diese Diskussion wurde erweitert durch die Feststellung, dass einige Gruppen eher kreativ-assoziativ gearbeitet hatten (SE/MT), einige eher auf nationales Brauchtum zurückgegriffen hatten (HU/CY) und schließlich die Gruppen AT/DE/NL das Thema eher theoretisch angegangen waren mit der Vorstellung von Musikern, Literaten und Malern, die sie für ihr

Problem der Vermittlung von verschiedenen Aufgabenverständnissen

Land, ihre Identität und ihre Entwicklung prägend empfanden. Vor diesem Hintergrund war für die Reflexion des Erreichten nicht nur das Team wichtig, das gemeinsam die verschiedenen Ergebnisse sichten, bewerten und einordnen konnte, sondern als ein weiterer Aspekt kam die Frage der Vermittlung der verschiedenen Positionen zum Tragen.

Reflexionsaspekt „Kommunikationsfähigkeit"
Sowohl für den Kommunikationsprozess in der Einzelschule als auch für die Diskussion bei den Treffen mit den europäischen Partnern ist es von grundsätzlicher Bedeutung, dass alle Beteiligten sich gesprächsoffen, gesprächsbereit und kompromissfähig zeigen. APEL/KNOLL sehen einen grundlegenden Zusammenhang zwischen der Fähigkeit, mit unterschiedlichen Fragen umzugehen, und dem Erfolg von Projektarbeit:

> *Die Komplexität gestellter Fragen und ihrer Bedeutung wird auch beim schulischen Lernen erlebbar. Auf diese Weise wird auf die Ernsthaftigkeit des Projektlernens hingewiesen. Was für die Lernenden Bedeutung hat, motiviert und regt zu selbstständigem Weiterlernen an. Zugleich wird das Erleben angesprochen, das im alltäglichen Lehrgangsunterricht im Allgemeinen gegenüber dem Leistungsanspruch zurücktritt. Auch die in der Regel kooperativen Arbeitsformen bieten Möglichkeiten des Lernens: Wer stärker selbstverantwortlich mit der Gruppe an einer Aufgabe tätig ist, erfährt, was es heißt, sich für die Erreichung eines Zieles mit anderen einzusetzen ... Projektlernen bietet also im Idealfall besondere situative Lernchancen, die es sonst im Unterricht nicht gibt.* (APEL/KNOLL 2001, 151)

Dies war beim Projekt ID: CoNoTe der Fall, denn die Ballerina hätte ihr außerschulisches Engagement im Regelunterricht nicht einbringen können, schon gar nicht hätten ihre Mitschülerinnen ihr mit einer Bildgeschichte über eine „ignorante Katze" zugearbeitet, wenn nicht das Projekt eine Plattform geboten hätte. Das Gespräch in der Schule in Malta, ob ein solcher Beitrag im Projekt sinnvoll verortet werden kann, und das Gespräch mit allen Beteiligten beim Treffen in Zypern zeigte, dass Alltagserfahrungen und schulisches Lernen häufig weit auseinanderliegen, weshalb sich einige Kollegen anfangs schwertaten, diesen eher individuellen Beitrag zu akzeptieren. Aber für die Schülerin war es in verschiedener Hinsicht ein wichtiges Element: Sie konnte ihre Mitschülerinnen in der Projektarbeit mit Fertigkeiten unterstützen, die sie außerhalb der Schule erworben hatte, und die Mitschülerinnen konnten aktiv damit umgehen, waren also nicht nur Publikum oder Konsumenten für eine Aufführung, sondern integrierten diesen Beitrag in eine größere Geschichte, an der alle Anteil hatten. FREY beklagt:

Die Schule hat sich an vielen Stellen vom Leben um sie herum gelöst. Eine Kluft hat sich aufgetan. Mit der Projektmethode soll versucht werden, die Kluft zwischen der Welt von Schule und der Welt von Nicht-Schule an einigen Orten zu überbrücken. (FREY 1998, 71)

Eine solche Brücke kann geschaffen werden, wenn die Kommunikationsfähigkeit bewusst trainiert wird, denn im Projektprozess muss vermittelt werden, welche Bestandteile Gegenstand der Projektpräsentation sein sollen. Hier geht es um Wertschätzung, um Akzeptanz, um Rücksichtnahme, aber auch um die Entwicklung einer gemeinsamen Position. Die Gesprächspartner in diesem konkreten Fall fanden den Kompromiss, dass von einer theoretischen Basis aus, die die Partner aus AT/DE/NL vorbereiteten, zwei verschiedene Bereiche erschlossen werden sollten: zum einen der Bereich Volksmusik, Volkstanz und Volksfest (CY/HU/SE) und zum anderen der Bereich Persönliche Begegnung mit Musik, Kunst und Literatur (DE/MT/SE). Für die Präsentation wurden die Beiträge aufgeteilt: Die Bilder und Gedichte wurden als Ausstellung aufgebaut, die theoretischen Beiträge wurden am Vormittag als Referate vorgetragen und die eher künstlerischen Beiträge bildeten am Nachmittag die Inhalte für ein buntes Programm, das die Vielfalt Europas für alle teilnehmenden Lehrpersonen und Lerngruppen eindrucksvoll präsentierte. Dies war eine Regelung, die im laufenden Projektprozess vor dem Hintergrund der ersten Beiträge erfolgen musste, und dies kann nur funktionieren, wenn die Beteiligten in der Lage sind, flexibel und spontan auf Änderungen, Erweiterungen, Verschiebungen usw. zu reagieren.

Projektlernen: Brücke zwischen Schul- und Nichtschulwelt

Reflexionsaspekt „Projektmanagement"
Die Frage, wie ein Projekt koordiniert, betreut und moderiert wird, ist wichtig für die Form der Kommunikation und Kooperation und die Bereitschaft zur Übernahme von Teilaufgaben durch die Partner. LITKE/KUNOW weisen darauf hin, dass der Erfolg eines Projektes von vielfältigen Faktoren abhängt, und sie nennen Kennzeichen der Projektarbeit, denen Rechnung zu tragen ist:

Projekte sind komplex. Die Bearbeitung der Projektaufgaben erfolgt meistens im Team. Der Lösungsweg ist häufig nicht vollständig klar und planbar. Projekte liegen außerhalb der Routinetätigkeit. (LITKE/KUNOW 2002, 9)

Projektarbeit: Zusammenspiel von Planung und Improvisation

Diese Aufzählung verdeutlicht, dass sich Projektmanagement vom schulischen Alltag deutlich unterscheidet, denn die Unterrichtsaufgaben sind in der Regel gut überschaubar, zumindest für den jeweiligen Fachlehrer. Angehende Lehrerinnen und Lehrer lernen es – vor allem in der zweiten Phase der Ausbildung – kleinschrittig zu planen und Verlauf und Ziel ihres Unterrichts klar zu strukturieren. Aber genau das kann in einem Projektprozess nicht zu jedem Zeitpunkt gewährleistet werden. Man muss die – gewohnte und hilfreiche – Routine verlassen. Das ist neben den anderen Anforderungen, die Schule und Unterricht jeden Tag bieten, keine leichte Aufgabe und nicht wenige scheuen es, sich auf diese Art der Improvisation einzulassen. Umso wichtiger scheint es, Lehrerinnen und Lehrer zu ermutigen und zu befähigen, sich auf Projektarbeit einzulassen. „Merklisten" für das Projektmanagement im Bereich der Wirtschaft und Industrie sollen sensibilisieren:

- „Den Überblick über eine komplexe Aufgabe bewahren.
- Die üblichen Arbeits- und Problemlösungspfade verlassen.
- Einen Arbeitsprozess koordinieren, an dem viele Mitarbeiter (…) mit verschiedenen Denkmustern beteiligt sind.
- Die Führung auf das Team ausrichten, was mit viel ‚Beziehungsarbeit' verbunden ist.
- Das Projekt hausintern vertreten, unter Umständen auch gegen Widerstände durchboxen." (LITKE/KUNOW 2002, 24)

Alle hier genannten Punkte verdeutlichen, warum es notwendig ist, Lehrpersonen möglichst früh Strategien zu vermitteln. Sie müssen dafür sensibilisiert werden,

- divergierende Aufgaben – sowohl zeitlich als auch inhaltlich – kompetent zu betreuen;
- alternative Lösungsstrategien zu entwickeln;
- unterschiedliche Ansätze zusammenzuführen und
- sich im Team einzubringen, ohne zu dominieren, aber auch ohne einfach nur mitzuschwimmen.

Möglicherweise ist gerade die Tatsache, dass für Pädagogen der Lernende, der Lernprozess, die methodisch-didaktischen Fragen, der Lehrgang und Lerngewinn im Vordergrund stehen, ein Grund dafür, dass der Projektprozess selbst und die Dynamik, die dieser Prozess innerhalb der Projektgruppe entwickelt, zu wenig beachtet werden. Deshalb erscheint die Beschäftigung mit Projekten als „Fall" sowohl in der ersten Ausbildungsphase als auch in der Weiterbildung durchaus berechtigt. KOLBE sieht in der Fallarbeit gute Möglichkeiten:

Den Begegnungen mit der Praxis innerhalb der Ersten Phase wird gerade in der Habitualisierung einer fallverstehenden Reflexivität Bedeutung zugesprochen. [...] Sie zielen auf die Entwicklung eines Habitus wissenschaftlicher Reflexivität. Ihm kommt neben dem Habitus praktischen Könnens deshalb eine entscheidende Rolle zu, weil pädagogisches Handeln sich nicht in der Verwendung von Routinen bzw. Erfahrungsmustern erschöpft, sondern deren Krisen bewältigen muss, welche wegen der Fallstruktur pädagogischer Handlungsprobleme immer neue Lösungen erforderlichen machen. (KOLBE 2004, 227)

Hier wird deutlich, dass durch die Bearbeitung von Fallbeispielen nicht ein „erfolgreiches Rezept" geliefert wird, sondern dass die Analyse und Reflexion von konkreten Fällen immer die Brüchigkeit des Gelingens deutlich werden lassen kann. Erfahrungsberichte sind nicht von vornherein Erfolgsgeschichten, sondern in einer gründlichen Dokumentation finden sich Hinweise auf Schwierigkeiten, auf misslungene Umsetzungen, auf Enttäuschungen und Frustrationen. Fallbeispiele sind zweifellos auch deshalb wertvoll, weil sie deutlich werden lassen, dass Unterricht – hier Projektunterricht – durchaus Schwachstellen aufweisen und manchmal Momente von Hilflosigkeit zeitigen kann.

Fallstruktur pädagogischer Handlungsprobleme: Brüchigkeit des Gelingens

Pädagogische Professionelle müssen nämlich in der Lage sein, das praktische Handeln hinsichtlich seiner Vorentscheidungen und seiner erfahrungsgestützten Ausführung auch rekonstruieren und explizit begründen zu können (...) Zugleich müssen professionelle Lehrer sich aber dabei auch auf den konkreten Fall im Handeln und ein Fallverstehen beziehen. (KOLBE 2004, 212)

KOLBE macht hier unmissverständlich deutlich, dass auch die Orientierung der Lehrperson am konkreten Fall immer der theoretischen Durchdringung und der Fähigkeit zur Reflexion bedarf:

Entscheidend ist ein Bezug auf Erfahrungsmuster und theoretische Erklärungsmuster mit der notwendigen Vorsicht und Skepsis in der Anwendung auf den konkreten Fall einerseits, und andererseits ein Verfügen über ein hermeneutisch-rekonstruktives Wissen, das reflexives Fallverstehen erlaubt. (Ebd.)

8.6 Lernanlässe schaffen im Studium – Aufbau und Kontinuität von Lernsituationen mit reflexivem Charakter

Markus Brenk

Das Studium verfügt, wenn man den Blick nicht nur auf die Organisationsformen der Vorlesung oder des Seminars richtet, über eine Vielzahl weiterer Möglichkeiten von Lernanlässen, in welchen pädagogische Situationen zur Deutung herausfordern. Dies kann einmal die Falldarstellung und -analyse in eben diesen Formen des gruppenbezogenen Studierens, aber auch das didaktische Projektseminar sein, in welchem eine geplante Unterrichtseinheit anschließend in einer Schule durchgeführt und reflektiert wird, wobei zugleich die Leistungen z. B. von Didaktik-Modellen oder Unterrichtstheorien überprüft werden können. Auch können Simulationen kleinerer Unterrichtsprojekte im Seminar oder Rollenspiele diese Funktion erfüllen. Wird das Lehren selbst zum Gegenstand eingehender Analysen gemacht, so kann dies in Micro-Teaching-Seminaren geschehen, in denen bestimmte didaktische Aufgabenstellungen, z. B. ein medial gestützter Lehrervortrag, mit Fachthematiken verbunden, während der Durchführung videographiert und anschließend in seiner Umsetzung analysiert werden.

Lernanlässe während der schulpraktischen Studien

Eine besondere Lernmöglichkeit besteht allerdings während der schulpraktischen Studien einschließlich des Praxissemesters. Bei der Anfertigung sogenannter Schulporträts (vgl. hierzu u. a. WITTENBRUCH/WERRES 1992) sind neben Erkundungen zu statistischen Gegebenheiten von Schulen (Schulgröße, Umgebungssituationen, Größe des Kollegiums usw.) auch Schulprogramme auf ihre Zieldimensionen und Umsetzungswege hin zu befragen, um so die Bedingungen für ein bestimmtes schulisches Handlungsfeld einer Einzelschule zu eruieren. Darüber hinaus stehen umfangreiche Beobachtungsaufgaben sowie die Planung, Durchführung, Analyse und Reflexion fremden und eigenen Unterrichts auf dem Programm. Nicht nur die Hospitation von studentischem Unterricht und dessen Nachbesprechung bieten hier wichtige Möglichkeiten zur Stärkung pädagogischer Nachdenklichkeit bzw. der pädagogischen Urteilskraft, sondern die anzufertigenden Praktikumsberichte, insbesondere die Stundenprotokolle und Episoden bieten ein reiches Fall-Material, um in Nachbereitungsseminaren z. B. über die Relation von Bedingungen, Zieldimensionen und eigenen didaktischen Entscheidungen Reflexionsprozesse anzuregen. Hier ist es von großer Bedeutung, dass die Reflexion kommunikativ in einen gruppenbezogenen Kontext eingeordnet wird, während der Seminarleitung bei der

Lektüre der Berichte die Aufgabe zukommt, geeignetes wissenschaftliches Wissen zur Konfrontation mit den theoretischen Perspektiven oder zur Aufschlüsselung und Interpretation von Fällen aufzubereiten und beizusteuern. Dieses forschende Lernen an bestimmten Thematiken kann dann zur Grundlage für eigene wissenschaftliche Forschungsaufgaben werden, für die das Angebot von Forschungsseminaren, z. B. zum Abschluss eines Masterstudiums, bestehen müsste. In ähnlicher Weise gilt dies für das Konzept „accompagnato" (vgl. Abschnitt 2.4.2). Gute Möglichkeiten bieten hierbei die Vielfalt von theoretischen Perspektiven und der Perspektivenwechsel, der durch die Vernetzung der Ausbildungsphasen erreicht wird. Die Folge von Lernanlässen und Lernsituationen lässt sich auf diese Weise als eine kontinuierliche, curricular aufbauende Ereignisreihe mit einer sich mehr und mehr steigernden Differenziertheit strukturieren (vgl. BRENK 2004, 18 f.).

Aufbereitung wissenschaftlichen Wissens zur Fallaufschlüsselung und -interpretation

Die hier angesprochenen Lernsituationen sind zum größten Teil nicht auf das Studium beschränkt, sondern auch in Lernformen der zweiten Phase der Lehrerausbildung umsetzbar. Dies gilt z. B. für Simulationen, Rollenspiele oder das Micro-Teaching. Wenn nicht der hier ja in einem breiten Angebot vorliegende Fachunterricht in Schulen Gegenstand gemeinsamen Nachdenkens ist, so eignen sich für die Arbeit im Seminar auch andere Lernanlässe. Von ihnen werden hier einige zum Abschluss des Kapitels exemplarisch vorgestellt.

8.7 Lernanlässe schaffen – Praxisbeispiele aus dem Studienseminar
Micheline Prüter-Müller

Reflexionsfähigkeit charakterisiert zwar das Besondere menschlichen Denkens, muss aber dennoch gelernt und eingeübt werden. Beobachtungsphantasie muss ausgeschärft werden. Angemessene Sprache und erhellende Kriterien sind notwendig. Außerhalb der Schule, in pädagogischen Seminarveranstaltungen, werden aus geschilderten Unterrichtserfahrungen Lernanlässe, die Methoden benötigen, um bearbeitet werden zu können. Eine kleine Auswahl soll hier vorgestellt werden:

Reflexionsfähigkeit: das Besondere menschlichen Denkens

Das Blitzlicht
Zu Beginn einer Seminarsitzung wird eine Frage zu aktuellen Schulerfahrungen gestellt, zu der alle Teilnehmer sich äußern sollen (nach COHN 1993):

1. Berichten Sie uns von einem Gewinn, den Sie durch die kollegiale Hospitation mitgenommen haben, und gegebenenfalls auch von einer Problematik, die Ihnen begegnet ist.
2. Beschreiben Sie kurz eine Methode, die Sie für eine Stunde geplant hatten, und erzählen Sie, welche Schlüsse Sie aus der konkreten Durchführung für weitere Stunden gezogen haben.
3. Beschreiben Sie einzelne, kleine Schritte, mit denen es Ihnen gelungen ist, Kontakt zu Schülern aufzunehmen.
4. Berichten Sie von einem Lerninhalt, mit dem es Ihnen gelungen oder nicht gelungen ist, dass die Schüler einen deutlichen Bezug zwischen dem Thema und ihrer Lebenswirklichkeit finden konnten.
5. Wie geht es Ihnen zurzeit?

Das Blitzlicht kann wie im letzten Beispiel mit sehr offenen Impulsen gestaltet werden. Gewinnbringender für alle Beteiligten ist es jedoch, einzelne, konkrete Fragen zu stellen. Eine kriteriengeleitete Darstellung schult dann gleichzeitig Sprache und Reflexionsfähigkeit.

Die Szene-Stopp-Reaktion

Die folgenden Beispiele für die Szene-Stopp-Reaktion (vgl. WAHL 2006) stammen von ANNETTE BÜHRIG-HOLLMANN und FERDI LÜTTIG (Zentrum für schulpraktische Ausbildung Detmold).

Religionsunterricht im Jahrgang 11:
In einem offenen Unterrichtsgespräch zur Auferstehung erklärt die Lehrperson: „Für einen aufgeklärten Christen ist es heute nicht wichtig, ob das Grab leer war." Daraufhin ruft ein Schüler, ohne aufgefordert worden zu sein, nach vorn: „Sie machen mir noch meinen Glauben kaputt. Am Sonntag hat unser Pastor noch über das leere Grab gepredigt. Da hab ich noch gedacht: Das ist doch jetzt endlich mal ein Beweis an wichtiger Stelle."

In dieser Methode geht es darum, spontan zu reagieren und prototypische Verhaltensweisen oder Muster herauszufinden, die sich dann durch das gemeinsame Gespräch weiterentwickeln können. Diese Muster können didaktisch, sachlich oder aber individuell bedeutsam sein. Die Analyse kann auf beiden Ebenen Varianten aufzeigen.

Das bedeutet konkret: Zwei Referendare arbeiten jeweils zusammen. Einer erhält die Lehrer- und einer die Schüleräußerung. Keiner kennt die jeweils andere Äußerung vorher. Der Dialog wird kurz angespielt. Derjenige, der die Rolle des Lehrers übernommen hat, muss nun unter Druck eine schnelle Antwort auf die Schüleräußerung finden. Nach dieser ersten Reaktion wird das Rollenspiel gestoppt und analysiert. Es geht um eine sehr präzise, detaillierte Analyse eines oder mehrerer Sätze oder sogar eines einzelnen Wortes: Wie habe ich die Situation aufgefasst und was hat mich veranlasst, so zu handeln? Woher kenne ich solche Situationen? Waren meine handlungssteuernden subjektiven Theorien angemessen? Welche neuen Problemlösungen sind denkbar?

Ein zweites Beispiel:

> Mathematikunterricht einer 9. Klasse:
> Lehrperson: „Beate, darf ich dich bitten, die Aufgabe an der Tafel zu versuchen?"
> Antwort der Schülerin: „Nein! – Ich will nicht. – Ich lasse mich doch von Ihnen nicht herumkommandieren."

Die Lehrerlandkarte
Aus dem systemisch-konstruktivistischen Ansatz stammt die Idee, Gedanken, Einstellungen, Erfahrungen in einer vorgegebenen Struktur zu visualisieren und durch gemeinsame Analyse bedeutsam zu machen. Das kann zum Beispiel heißen, jeder Referendar zeichnet einen großen Körperumriss auf ein Papier und füllt diesen Umriss individuell mit Worten oder Bildern zu vorgegebenen Aspekten aus. Denkbar sind Antworten auf Fragen wie:

- Wie sieht meine Vorstellung von einem idealen Lehrer aus?
- Welche Aspekte gehören zu meiner Idee von gutem Unterricht?
- Welche Eigenschaften meines früheren Lieblingslehrers habe ich noch in Erinnerung?
- Welche Eigenschaften hatte ein für mich prägendes Familienmitglied, von dem ich manchmal „unterrichtet" wurde?
- Wer ist mein Vorbild und welche Eigenschaften hat er?
- Was für ein Lehrertyp möchte ich werden?

Wirkung erzielt diese Methode in mehrerer Hinsicht: Die Selbstreflexion einer angehenden Lehrperson über ihre Rolle wird durch das Nachdenken und Zeichnen bzw. Schreiben geschärft. Das Verständnis für eigene Schwerpunkte oder Entscheidungen nimmt zu. Nach dieser individuellen Arbeitsphase kommt es in Gruppen zu einem fast noch wichtigeren Effekt: Die gemeinsame Besprechung mehrerer nebeneinanderliegender „Lehrerlandkarten" macht Unterschiede sichtbar. Diese Unterschiede werden zu Lernanlässen. Sie werden Reibeflächen zur Stabilisierung der eigenen Rollenausprägung oder aber Reibeflächen für Veränderung. Ein Verständnis für ganz andere Lernbiografien und damit einhergehend vielleicht ganz andere pädagogisch-didaktische Schwerpunkte wird angeregt, Empathie für ganz unterschiedliche Wege wird geweckt. Kein Relativismus soll entstehen, sondern Rollenklarheit im Abgleich mit anderen Rollenausprägungen. Authentizität vor dem Hintergrund valider didaktischer Erkenntnisse über guten Unterricht und sinnvolle Definitionen der Lehrerrolle. Authentizität, die dann helfen kann, den schwierigen Lehreralltag zu bestehen. Eigene Akzente, deren Begründung und Wichtigkeit man erkannt hat, können beispielsweise auf der Metaebene zu den Schülerinnen und Schülern transportiert werden und der Unterricht dadurch störungsfreier und effektiver ablaufen.

Das Schülerporträt

Fragehaltungen als Teil einer ausgeprägten Reflexionsfähigkeit

Zu einer ausgeprägten Reflexionsfähigkeit gehört auch, dass eine Fragehaltung erworben oder beibehalten wird. Neugier ermöglicht Beziehung und stabile Beziehungen ermöglichen einen guten Lernerfolg (vgl. BAUER 2008; 2010, 6 ff.). Um Beziehungen zu Schülerinnen und Schülern aufbauen zu können, benötigen wir Kenntnisse über Hintergründe. Nicht um alles zu verstehen und zu entschuldigen, sondern um darum zu wissen. Annahme und Anforderung schließen sich nicht aus – ein Missverständnis, dem gerade junge Kolleginnen und Kollegen oft erliegen. Eine geeignete Methode, diese Neugierhaltung zu fördern, ist die Anfertigung eines Schülerporträts. Ohne zu enge Kriterien wird die Aufgabe gestellt, über einen längeren Zeitraum eine Schülerbeobachtung vorzunehmen. Verpflichtend ist es allerdings, mindestens drei Gespräche zu führen und zu dokumentieren – mit dem Schüler selbst, mit Eltern, Klassenlehrer, Beratungslehrer usw. Nicht das Ergebnis der Gespräche, nicht die vertiefte Analyse möglicherweise pathologischer Fälle ist entscheidend, sondern die Erfahrung, wie viel Lehrpersonen nicht wissen und wie viel Verständnis durch ein paar kurze Gespräche geweckt werden kann. Es ist eine Möglichkeit, ein ganz klein wenig hinter die Fassade der Schülergesichter zu schauen, um einen für alle Seiten gelingenden Unterricht zu gestalten.

Eine Reflexionskultur in der Schule aufbauen

Claudia Hidding-Kalde

Welche Möglichkeiten gibt es, um eine Kultur der Reflexion in der Schule aufzubauen? Was ist hierbei zu beachten und welche Bedingungen in der Schule sind hierbei eher als förderlich oder eher als hinderlich einzustufen? Welche Voraussetzungen müssen in einer Organisation, die lange Zeit das Ethos des „Einzelkämpfertums" gepflegt hat, geschaffen werden, damit Lehrpersonen dies als gemeinsame Angelegenheit wahrnehmen und vielleicht entsprechende Kooperationen suchen? Welche Rolle kommt dabei der Schulleitung zu? Welche Bedeutung kann eine Beratung externer Art haben, in welcher Weise kann sie mithelfen, der gemeinsamen Reflexion mehr Raum zu geben? Dies sind die Themen des folgenden Kapitels.

9.1 Kooperation „von unten"?

Unterrichtsbesprechungen, generell die Reflexion von Unterricht und Schulleben, können ein punktuelles Ereignis im Schulalltag bleiben. Dagegen ist erst einmal nichts einzuwenden, denn auch eine einmalige Reflexion kann bereits hilfreiche Wirkungen zeitigen. Eingangs hatten wir aber beschrieben, dass die Praxisreflexion aus unserer Sicht kein beliebiger Soft Skill ist, sondern zum Kern der Lehrerprofessionalität gehört. Nimmt man diese These ernst, lautet die Folgerung, Praxisreflexion nachhaltig in der Schule zu verankern. Das bedeutet, sie zu einem selbstverständlichen Bestandteil des Schulalltags zu machen, so normal und unspektakulär wie Unterrichten, Klassenfahrten oder Zeugniskonferenzen. Daher sprechen wir davon, eine Reflexionskultur aufzubauen.

Praxisreflexion: selbstverständlicher Bestandteil des Schulalltags

Indes: Das Einführen von Neuerungen jeder Art findet an Schulen typischerweise von „oben nach unten" statt. Eine Reform wird in Schulministerien ersonnen, durch Erlasse geregelt und über Schulbehörden und Schulleitungen bis ins letzte Klassenzimmer transportiert. Dieser Weg ist in einem demokratisch verfassten Staat im Grunde auch selbstverständlich, weil er die demokratische Legitimation des Staatshandelns – und dazu gehört eben auch die Schule – sichert. Aus Forschungsprojekten aus verschiedenen Ländern, deren Bestandteil das Einführen von Praxisreflexion an Schulen war, ist überdies bekannt, dass die Initiative oftmals weniger von den betroffenen Lehrpersonen selbst ausgeht, als von den beteiligten berufsmäßigen Forschern. Auch das kontinuierliche Fortführen bedurfte der

Unterstützung. Dadurch entsteht die paradoxe Situation, dass Impulse und Interventionen von außen als notwendig angesehen werden, obwohl die betreffenden Projekte gerade darauf zielten, die Autonomie der Lehrkräfte zu stärken. Dass ein „innerer Antrieb" in Schulen oft fehlt, ist in der Handlungsforschung gut belegt (vgl. ALTRICHTER 1990, 178). Weshalb dies der Fall ist, ist weniger gut geklärt. Eine mögliche Ursache: Viele Lehrpersonen sehen die kooperative Reflexion (noch) nicht als typischen Bestandteil ihres Berufs an. Das Entstehen einer Hospitations- und Reflexionskultur an Schulen setzt voraus, dass sich das professionelle Selbstbild ändert: Erst wenn systematische Reflexion wie selbstverständlich dazugehört, wenn sie sich zu einem beruflichen Standard in Ausbildung und Praxis gewandelt hat, ist eine Änderung zu erwarten (vgl. näher HIDDING-KALDE 2010, 93 f.).

Praxisreflexion: verbindlich oder freiwillig?

Befürworter der Praxisreflexion setzen wohl vor diesem Hintergrund oft auf eine durch die Schulleitung gelenkte, „flächendeckende" Unterrichtsreflexion, an der alle Lehrkräfte teilnehmen (müssen). So heißt es in einem Anleitungsbuch zu Unterrichtsbesuchen klipp und klar: „Die Schulleitung führt den Prozess" (KEMPFERT/LUDWIG 2010, 87). Denn – so die Autoren weiter – es sei inzwischen unbestritten, dass Schulentwicklung ohne oder gar gegen die Schulleitung nicht funktionieren könne. Dabei können sie sich darauf berufen, dass den Schulleitungen die Aufgabe zugewiesen ist, die Schul- und Unterrichtsentwicklung voranzutreiben und zu koordinieren. Für die Lehrerinnen und Lehrer ist die Teilnahme an Hospitationen „im Rahmen ihres Pensums verbindlich" (KEMPFERT/LUDWIG 2010, 90), d. h., es gibt kein Prinzip der Freiwilligkeit. Eine organisatorische Weiterentwicklung wäre es, durch „professionelle Lerngemeinschaften" eine Art „mittleres Management" an Schulen zu etablieren (BONSEN/ROLFF 2006, 182). Das würde bedeuten, eine weitere Arbeits- und Verwaltungsebene zu bilden, bestehend aus Reflexionsgruppen, die regelmäßig zusammentreffen, um ihre pädagogische Arbeit zu verbessern.

Ist zentrale Steuerung, verbunden mit einem gewissen Zwang, der einzige Weg zur kollegialen Praxisreflexion? Oder ist es trotzdem möglich und sinnvoll, eine Reform „von unten" zu beginnen? Die Initiative selbst zu ergreifen, passt gut zu den Grundgedanken der kollegialen Praxisreflexion, wie wir sie verstehen. Denn die Lehrpersonen spielen dabei eine aktive Rolle. Schließlich geht es in erster Linie darum, den eigenen Schulalltag zu erforschen und zu verbessern (WITTENBRUCH 2007, 38). Der subjektive Ansatz, den wir beschrieben haben (siehe oben Abschnitt 2.1), bedingt geradezu die Eigentätigkeit und Selbststeuerung der Lehrerinnen und Lehrer. Und sosehr es erwünscht ist, auch „andere" Perspektiven und aktuelle erziehungswissenschaftliche Erkenntnisse in die Reflexion einzubeziehen – das Aufnehmen fremden Gedankenguts steht bei der Praxisreflexion nicht im Vordergrund. Hinzu kommt eine eher praktische Überlegung: Wer sich entschließt, den eigenen Unterricht für andere Lehrpersonen zu öffnen, sich der Beobachtung und letztlich auch der Kritik auszusetzen, tut einen großen Schritt. Es braucht dazu auch das Vertrauen in die Mitstreiter. Mit Steuerungsversuchen der Schulverwaltung oder eben mit Zwang ist daher hier wenig auszurichten.

Und schließlich: In modernen Schulgesetzen ist die Rolle der Lehrkräfte in der Regel bereits umfassend definiert und geht über das Unterrichten und Erziehen im engeren Sinne hinaus. Die Idee, die kollegiale Praxisreflexion in die eigenen Hände zu nehmen und „von unten" zu starten, kann sich daher sogar auf den Willen des Gesetzgebers berufen. So heißt es beispielsweise im nordrhein-westfälischen Schulgesetz (§ 57 Abs. 1):

> *Die Lehrerinnen und Lehrer wirken an der Gestaltung des Schullebens, an der Organisation und an der Fortentwicklung der Qualität schulischer Arbeit aktiv mit. Sie stimmen sich in der pädagogischen Arbeit miteinander ab und arbeiten zusammen.*

Damit ist natürlich nicht gemeint, dass es wünschenswert wäre, kollegiale Praxisreflexion gegen den Willen der Schulleitung durchzuführen. Ihre Unterstützung kann hilfreich und sinnvoll sein. Trotzdem ist es möglich, Praxisreflexion aus dem Kollegenkreis heraus zu initiieren. Dass sich das gesamte Kollegium einer Schule beteiligt, ist nicht erforderlich. Beginnen kann man mit einer „Keimzelle" von drei bis fünf Kollegen. Je geringer die Zahl der Teilnehmer, desto größer die Gefahr, dass die Reflexion eindimensional wird und „reflexive Irrtümer" (siehe dazu oben Abschnitt 7.1) entstehen. In zu großen Gruppen (mehr als fünf oder sechs Teilnehmer) wird es für die Gruppe schwierig, die Arbeit des Einzelnen kontinuierlich im Blick zu behalten; auch werden manche Teilnehmer dazu neigen, sich „auszuklinken".

Anfangs sollte man sich ein „machbares", kein zu anspruchsvolles Programm vornehmen. Das gilt zunächst für den vorgesehenen zeitlichen Umfang. Denn die Erfahrung aus Schulforschungsprojekten zeigt, dass eines der größten Hindernisse für das erfolgreiche „Erforschen" des eigenen Schulalltags das begrenzte Zeitbudget der Beteiligten ist (WITTENBRUCH 2007, 36). Wenig sinnvoll ist es, wenn eine zeitnahe Besprechung von Unterrichtshospitationen nicht möglich ist. Dies führt nur zu unnötigen Frustrationen.

Eine „Keimzelle" für die Reflexion

Deshalb sollte so geplant werden, dass sich die verschiedenen Reflexionseinheiten zwanglos in den Stundenplan einfügen. Hat eine Reflexionsgruppe vier Teilnehmer, so ist es realistisch, wenn in einem Schulhalbjahr reihum vier Hospitationen mit anschließenden Besprechungen stattfinden. Das bedeutet insgesamt bereits acht Termine (falls jeweils alle Teilnehmer bei jedem Kollegen hospitieren, was keinesfalls zwingend ist).

Zweitens sollte auch die Erwartung an den „Output" der kollegialen Praxisreflexion nicht zu hoch sein. Sie sollte nicht als pädagogisches Wundermittel angesehen werden, sondern als ein Baustein einer professionellen Berufsausübung. Erstes Ziel ist es daher nicht, das eigene pädagogische Handeln zu revolutionieren, sondern – viel bescheidener – kontinuierlich Feinjustierungen vorzunehmen.

9.2 Die Rolle der Schulleitung

Die Schulleitung zwischen Lern- und Leistungssituationen

„Und der Direktor, Herr S., bekommt alles mit. Wenn meine Stunde schiefgeht, habe ich die Sorge, kein Angebot für eine feste Stelle zu bekommen."

So ähnlich mag sich ein junger Lehrer mit befristetem Arbeitsvertrag äußern, wenn es um seine Teilnahme an der kollegialen Praxisreflexion geht. Wenngleich die Befürchtung, die berufliche Zukunft stehe infrage, vielleicht übertrieben scheint, ist mit der Rolle der Schulleitung bei der kollegialen Praxisreflexion doch ein heikles Feld berührt. An dem Beispiel zeigt sich ein Konflikt: Praxisreflexion verlangt nach Öffnung des Klassenzimmers oder Fachraums und setzt die Bereitschaft voraus, die eigene Arbeit den Blicken der Kolleginnen und Kollegen auszusetzen.

Wenn reflexives Lernen dokumentiert wird, wie es für den Aufbau einer kontinuierlichen Reflexionsarbeit sinnvoll sein kann (vgl. unten Abschnitt 9.4), entsteht außerdem eine fixierte „Datenspur" der Arbeit der einzelnen Lehrperson. Was läge für die Schulleitung näher, als Erkenntnisse aus der Praxisreflexion für andere Zwecke zu nutzen, als für die Entwicklung des Unterrichts: beispielsweise für dienstliche Beurteilungen. Hierin kann eine ernsthafte Gefahr für die Bereitschaft von Kollegien begründet sein, an Reflexionsprojekten mitzuwirken. Welche Möglichkeiten bestehen, dieser Gefahr zu begegnen, soll in diesem Abschnitt erörtert werden.

Zunächst ein kursorischer Blick auf die Rechte und Pflichten der Schulleitung. Ihre nähere Ausgestaltung variiert von Bundesland zu Bundesland.

Einige Kernpunkte sollen beispielhaft anhand der Rechtslage in Nordrhein-Westfalen aufgezeigt werden. Im dortigen Schulgesetz (siehe § 59) heißt es, dass Schulleiter für die Qualitätsentwicklung und Qualitätssicherung an ihrer Schule sorgen. Außerdem wirken sie an der Fortbildung der Lehrkräfte mit. Damit fällt auch die kollegiale Praxisreflexion in ihren Zuständigkeitsbereich. Zu den Aufgaben der Schulleitung gehören andererseits aber auch Personalangelegenheiten. Schulleitungen wirken an Personalentscheidungen mit oder treffen sie sogar selbst. Entscheidenden Einfluss können sie über die dienstlichen Beurteilungen ausüben, die sie beispielsweise vor einer dauerhaften Anstellung oder vor der Übertragung eines Beförderungsamtes erstellen müssen. Zusammenfassend lässt sich sagen: All diese Zuständigkeiten führen dazu, dass Lehrkräfte – selbstverständlich je nach ihrer eigenen Laufbahn-Position in unterschiedlichem Maße – vom Wohlwollen der Schulleitungen abhängig sein können.

Eines ist dabei noch einmal klar hervorzuheben: Unterrichtsbeobachtungen und -besprechungen im Rahmen der kollegialen Praxisreflexion sind nicht mit Unterrichtsbesuchen oder Lehrproben gleichzusetzen, die im Zusammenhang mit dienstlichen Beurteilungen oder bei Schulinspektionen durch die Schulaufsicht stattfinden. Die Unterschiede liegen auf der Hand: Kollegiale Praxisreflexion will Lernsituationen schaffen. Hier geht es um vertrauensvollen Austausch, nicht dagegen um Beurteilung, Kontrolle oder gar Maßregelung. Daher sind die Lernsituationen der kollegialen Praxisreflexion einerseits und die (wohl unvermeidlichen) Leistungssituationen des Beurteilungs- und Inspektionswesens andererseits voneinander zu trennen. Jederzeit sollte beispielsweise klar sein, ob eine Unterrichtsbeobachtung dem Ziel der kollegialen Praxisreflexion dient oder ob sie die Grundlage einer dienstlichen Beurteilung sein soll. Eine Vermischung der Bereiche muss möglichst vermieden werden, weil andernfalls eine angstfreie, unbefangene und vor allem freiwillige Teilnahme an der kollegialen Praxisreflexion nicht gewährleistet ist. Auch besteht die Gefahr, dass sonst der Beobachter keinen „authentischen", alltäglichen Unterricht zu sehen bekommt, sondern artifizielle Schaustunden abgehalten werden, wie man sie aus Lehrproben kennt. (Besonders schwierig durchzuführen ist die Trennung in der Referendarausbildung, siehe dazu Kapitel 10.)

Lernsituationen vs. Leistungssituationen

Die Trennung bedingt aber auch, dass Erkenntnisse aus der kollegialen Praxisreflexion nicht beiläufig oder stillschweigend in dienstliche Beurteilungen einbezogen oder sonst für Zwecke der Schulverwaltung verwendet werden dürfen. Eine Schulleiterin, die an der kollegialen Praxisreflexion teilnimmt (als Kollegin, nicht in ihrer Leitungsfunktion), kann durch dieses

Postulat freilich in Konflikte geraten. Darf sie beispielsweise offensichtliche pädagogische Fehlleistungen, von denen sie bei der gemeinsamen Besprechung einer Unterrichtsstunde erfahren hat, bei einer Beförderungsentscheidung unberücksichtigt lassen? Einmal davon abgesehen, dass es auch psychologisch schwierig sein dürfte, bestimmte Erkenntnisse einfach auszublenden.

Die Schulleitung als Impulsgeber und Koordinator

Aufgabenverteilung zwischen Schulleitung und Kollegium

Vor diesem Hintergrund plädieren wir für eine bewusste Aufgabenverteilung zwischen Schulleitung und dem übrigen Kollegium. Der erste Grundsatz lautet:

> Die Schulleitung kann den Anstoß für die kollegiale Praxisreflexion geben und den organisatorischen Rahmen setzen.

Diese Punkte sind unproblematisch. Denn Konflikte der oben beschriebenen Art können nicht auftreten, solange die Schulleitung nur den Rahmen setzt und inhaltlich nicht in die Praxisreflexion eingebunden ist. Folgende organisatorische und koordinierende Aufgaben sind denkbar:

- Die Schulleitung gibt Impulse, die kollegiale Praxisreflexion an der Schule zu erproben und – falls sie auf Interesse stößt – einzuführen, beispielsweise indem sie entsprechende Informationsveranstaltungen oder Fachgespräche mit Experten anbietet.
- Sie sorgt für die organisatorischen Voraussetzungen, indem sie Räume und (soweit erforderlich) Sachmittel bereitstellt.
- Im Stundenplan und generell bei der Planung des Schulbetriebs schafft sie zeitliche Freiräume, in denen die kollegiale Praxisreflexion stattfinden kann.
- Sie stellt Kontakte zu Schulen mit ähnlichen Projekten und/oder mit außerschulischen Beratern her.
- Allgemein sorgt sie für ein wohlwollendes Klima, in dem sich die kollegiale Praxisreflexion entfalten kann. Sie ermutigt die Lehrkräfte zur Teilnahme.
- Damit die Schulleitung ihren organisatorischen und koordinierenden Aufgaben nachkommen kann, wird sie von den an der Praxisreflexion beteiligten Lehrkräften regelmäßig informiert, wann und wo Hospitationen und Unterrichtsbesprechungen geplant sind bzw. stattfinden.

Die Schulleitung als Teilnehmer der kollegialen Praxisreflexion?
Schwieriger ist die Frage zu beantworten, ob die Schulleitung in die kollegiale Praxisreflexion auch inhaltlich einbezogen werden soll. Dies könnte beispielsweise bedeuten:

- Mitglieder der Schulleitung nehmen an Hospitationen und Unterrichtsbesprechungen teil; auch ihr eigener Unterricht wird besucht und besprochen.
- Sie beteiligen sich an der inhaltlichen Planung der Praxisreflexion, etwa bei der Frage, worauf sich der Fokus einer bestimmten Unterrichtsbeobachtung richten soll oder welche Handlungsschritte als Nächstes umgesetzt werden sollen.
- Sie werden generell über die Inhalte der kollegialen Praxisreflexion informiert und erhalten z. B. auch Einblick in Unterrichtsprotokolle und – soweit angefertigt – die Protokolle von Unterrichtsbesprechungen.

In Anleitungsbüchern zur Praxisreflexion wird bisweilen dafür plädiert, Mitglieder der Schulleitung inhaltlich völlig außen vor zu lassen und ihre Rolle ausschließlich auf organisatorische Tätigkeiten zu beschränken. So heißt es exemplarisch in dem von KEMPFERT/LUDWIG (2010, 91) vorgestellten Konzept: „Um eine Rollenvermischung zu vermeiden, ist eine Teilnahme der Schulleitung an dem Projekt ausgeschlossen." Auch auf „inhaltliche Informationen" aus den Unterrichtsbesuchen soll die Schulleitung – so KEMPFERT/LUDWIG weiter – nicht zugreifen dürfen. Schulleiter müssen demzufolge zwar nicht auf Hospitationen in ihrem eigenen Unterricht verzichten, doch sollen diese von schulfremden Kollegen durchgeführt werden, z. B. von den Schulleitern anderer örtlicher Schulen. Nach diesem Modell ist die kollegiale Praxisreflexion inhaltlich von der Schulverwaltung isoliert. Konsequenterweise sollen die Inhalte von Unterrichtsbeobachtungen und Unterrichtsbesprechungen aber nicht nur gegenüber der Schulverwaltung, sondern auch gegenüber dem übrigen Kollegium „vertraulich" bleiben und dürfen nicht weitergegeben werden. Anders ist dies nur, wenn jemand freiwillig über die Reflexion eigenen Unterrichts berichtet (KEMPFERT/LUDWIG 2010, 91). Wenn auch fraglich erscheint, ob eine solche Vertraulichkeit realistischerweise durchgehalten werden kann: Der Vorteil liegt jedenfalls darin, dass jegliche Zielkonflikte vermieden werden. Auch sollte nicht übersehen werden, dass KEMPFERT/LUDWIG die verbindliche Teilnahme aller Mitglieder eines Kollegiums an kollegialen Unterrichtshospitationen vorsehen. Innerhalb dieses Konzepts wirkt die Vertraulichkeit als eine Art Kom-

Isolation der Schulleitung von der Praxisreflexion?

pensation: Alle Lehrpersonen sind gezwungen mitzumachen, im Gegenzug bleibt dann aber der Inhalt der Sitzungen geheim.

Dem steht ein gravierender Nachteil gegenüber. Die Unterrichtsreflexion wird so nämlich zu einer „Privatangelegenheit" der jeweiligen Lehrergruppe, die sie betreibt. Eine wirkliche Öffnung des Unterrichts kann nicht stattfinden. Unterschwellig und psychologisch ungünstig erscheint damit das Geschehen hinter der Klassentür erst recht als etwas, das besser „geheim" bleiben soll. Dadurch wird es erschwert oder sogar unmöglich gemacht, Unterrichtsbeobachtungen und Reflexionen in die – von der Schulleitung koordinierte – pädagogische Schulentwicklung insgesamt einzubinden. Im Übrigen ist zu berücksichtigen, dass ein Hierarchiegefälle zwischen Schulleitung einerseits und den übrigen Lehrpersonen andererseits in der Schulpraxis nicht immer existiert. Gerade an Schulen mit zahlenmäßig kleinen Kollegien, die oft seit Jahren vertrauensvoll zusammenarbeiten, sehen sich viele Lehrerinnen und Lehrer nicht als „abhängig" vom Wohlwollen der Schulleitung. Hier erschiene es sogar fast als Vertrauensbruch, wollte man die Mitglieder der Schulleitung von der inhaltlichen Arbeit ausschließen.

Achtung Zielkonflikte!

Im Projekt „Schulentwicklung konkret" beispielsweise ist der Weg der „Geheimhaltung" dementsprechend nicht beschritten worden. Vielmehr war dort auch die Schulleitung in die inhaltliche Reflexionsarbeit eingebunden. Auch gab es keine Vertraulichkeits- oder Verschwiegenheitsvereinbarungen (vgl. WITTENBRUCH/LENNARTZ 2003). Wichtig und vorzugswürdig ist es, sich der Problematik möglicher „Zielkonflikte" stets bewusst zu sein. Gegebenenfalls müssen sich Mitglieder der Schulleitung aus der „inhaltlichen" Arbeit zumindest zeitweise zurückziehen, was von Fall zu Fall entschieden werden sollte. Der zweite Grundsatz lautet daher:

> Die Mitglieder der Schulleitung können auch an der inhaltlichen Arbeit der kollegialen Praxisreflexion teilnehmen. Wenn Konflikte mit ihrer Verwaltungstätigkeit absehbar sind, verzichten sie von sich aus auf ihre Beteiligung. Im Zweifel ist ein Konflikt anzunehmen.

Besonders schwierig sind Lern- und Leistungssituationen in der Ausbildung voneinander zu trennen, namentlich im Referendariat. Einerseits ist gerade dieser Ausbildungsabschnitt prädestiniert für die Reflexion von Unterricht. Andererseits dient er natürlich auch der Beurteilung der angehenden Lehrkraft. In Abschnitt 1.2.2 haben wir diese Problemlage bereits geschildert. Zu möglichen Auswegen siehe Kapitel 10.

9.3 Mit schulexternen Beratern zusammenarbeiten

Jede Schule hat ihre spezifische Kultur: Wie das Schulleben gestaltet wird, wie gelernt und gearbeitet wird, wie Lehrer, Schüler und Eltern miteinander umgehen – all dies unterscheidet sich von Schule zu Schule. Teils in Nuancen, teils ganz beträchtlich. Schon äußerlich sind Besonderheiten bisweilen erkennbar: So mögen Schulgebäude und Schulhof gepflegt oder verwahrlost, bunt oder grau und eintönig erscheinen. Die spezifische Schulkultur wird gerade dann augenfällig, wenn z. b. ein Lehramtsstudierender, ein Referendar oder eine junge Lehrerin durch häufige Wechsel des Ausbildungs- oder Einsatzortes die Gelegenheit hat, in kurzen Abständen verschiedene Schulen kennenzulernen und sich jeweils in die dortige Kultur einfinden zu müssen.

Die besondere Kultur einer jeden Schule kann sich allerdings auch nachteilig auswirken: Durch die teils langjährige Zusammenarbeit der Lehrpersonen miteinander geht bisweilen der Blick für Defizite verloren. Die Folge ist, dass frische Impulse ausbleiben, Fehlentwicklungen nicht erkannt werden und die Schule den Anschluss verliert. Schmort man zu lange „im eigenen Saft", beschäftigt man sich zu sehr mit sich selbst, besteht die Gefahr der sprichwörtlichen Betriebsblindheit.

Frische Impulse für die Schulkultur

Die kollegiale Praxisreflexion bietet die Chance, dem entgegenzuwirken. Ein geeignetes Mittel ist die Zusammenarbeit mit schulexternen Beratern (dazu WITTENBRUCH 2007, 39). Als schulexterne Berater kommen eine Vielzahl von Personen infrage: Lehrkräfte anderer Schulen, Fachleiter/innen, Schulpsycholog/innen, Lehramtsstudierende, im Rahmen gemeinsamer Forschungsprojekte auch Erziehungswissenschaftler/innen. Der gemeinsame Nenner all dieser Personen ist, dass sie außerhalb des Mikrokosmos der Schule stehen und dadurch potentiell einen Blick auf das Schulleben haben, der weder durch Routine noch durch persönliche Beziehungen zu den handelnden Akteuren getrübt wird. Außerdem können und sollen sie – selbstverständlich in unterschiedlichem Maße – Fachwissen einbringen. Daneben kann man auch neue Kollegen als Informationsquelle und Impulsgeber einsetzen. Wer an einen neuen Arbeitsplatz kommt, passt sich in der Regel zunächst an und scheut davor zurück, den Eindruck zu erwecken, alles neu und besser machen zu wollen. Man vergibt aber eine Lernmöglichkeit, wenn man den oder die „Neue" nach einer gewissen Zeit nicht befragt: Was ist dir an unserer Schule besonders aufgefallen? Wie wird an anderen Schulen auf dieses oder jenes Problem reagiert? Was hältst du für verbesserungsbedürftig?

Neue Kollegen als Informationsquelle

Die Mitarbeit schulexterner Berater kann sowohl sinnvoll sein, wenn sie punktuell eingeschaltet werden, als auch wenn sie die kollegiale Praxisreflexion über einen längeren Zeitraum begleiten. Im zyklischen Ablauf ist ihre Beteiligung demnach in unterschiedlicher Ausprägung und in verschiedenen Zyklusphasen möglich. Allgemeingültige Regeln lassen sich nicht aufstellen, daher einige Beispiele:

- Die Kollegien zweier benachbarter Schulen verabreden eine längerfristige Zusammenarbeit in der kollegialen Praxisreflexion. Die gemeinsamen Unterrichtshospitationen und Unterrichtsbesprechungen finden „über Kreuz" statt, indem zu jeder Reflexionsgruppe Lehrkräfte beider Schulen gehören.
- Eine Regelschule nimmt im Rahmen der Inklusion erstmals behinderte Schüler auf. Eine Kollegin einer benachbarten Schule, die bereits auf diesem Gebiet gearbeitet hat, gibt ihre Erfahrungen weiter und begleitet einige der ersten Unterrichtsstunden als Hospitantin und Beraterin.
- Eine Lehrerin möchte ihre Arbeit mit einem verhaltensauffälligen Schüler verbessern. Sie zieht eine Schulpsychologin hinzu, die eine Unterrichtshospitation durchführt und auch an der anschließenden gemeinsamen Besprechung teilnimmt.
- Ein Erziehungswissenschaftler führt in Zusammenarbeit mit einer Schule ein Forschungsvorhaben durch. Im Rahmen dieser Zusammenarbeit beobachtet er auch den Unterricht und gibt fachliche Einschätzungen ab.
- Ein Lehramtsstudent absolviert ein Schulpraktikum. Im Rahmen einer Hausarbeit hat er sich mit dem Thema des jahrgangsübergreifenden Unterrichtens beschäftigt. Jetzt bekommt er die Aufgabe, einige Unterrichtsstunden einer jahrgangsübergreifenden Klasse zu beobachten und in der anschließenden Besprechung seine Beobachtungsergebnisse mit seinen theoretischen Kenntnissen zu verknüpfen.

In der Handlungsforschung ist die Beteiligung von „kritischen Freunden" – und dabei handelt es sich um nichts anderes als externe Berater – ein wiederkehrender Topos (vgl. ALTRICHTER/POSCH 2007b, 32). Dementsprechend sind zahlreiche Erfahrungen dokumentiert. Auf welche Gesichtspunkte ist besonders zu achten? Sicherlich ist die Einbeziehung von Externen ein Schritt, der bereits etwas Erfahrung mit der kollegialen Praxisreflexion voraussetzt. Für Anfänger ist es sinnvoller, zunächst unter sich zu bleiben. Im fortgeschrittenen Modus kann man dann daran denken, externe Berater zu beteiligen. Die Einbindung von schulnahen Beratern wirft dabei die geringsten Probleme auf. Ohnehin üblich ist die punktuelle Zusammenarbeit mit einzelnen Fachleuten wie Schulpsychologen oder Sozialpädagogen. Damit verbunden sind bereits jetzt Unterrichtsbesuche keine Seltenheit, wenngleich sie nicht als kollegiale Praxisreflexion bezeichnet werden. Der Vorteil solcher schulnahen Berater liegt insbesondere darin, dass alle Beteiligten das Arbeitsfeld bereits kennen und eine Sprache sprechen. Die Arbeitsbereiche sind in der Regel aufeinander abgestimmt. Dadurch werden Reibungsverluste und Missverständnisse minimiert. Im Gegensatz zum punktuellen Einsatz erfordert eine langfristige Zusammenarbeit, z.B. die kollegiale Praxisreflexion mit Kollegen einer anderen Schule, allerdings einen hohen Koordinierungs- und Organisationsaufwand, der sich hemmend auswirken kann.

Die Zusammenarbeit mit Hochschulangehörigen wie Erziehungswissenschaftlern und Fachdidaktikern als externen Beratern ist als Gegenstand vieler (vorwiegend qualitativ orientierter) Forschungsprojekte umfangreich erforscht. Von den möglichen Schwierigkeiten soll nur das Problem der „Dequalifikation" (ALTRICHTER 2002, 214) genannt werden. Lehrpersonen sehen bisweilen ihre eigenen beruflichen Fähigkeiten als entwertet, weil sie wissenschaftliches Wissen anderer Berufsgruppen als überlegene Wissensform wahrnehmen – insbesondere dann, wenn ihnen dieser Eindruck unterschwellig vermittelt wird („Dequalifikation"; WITTENBRUCH/LENNARTZ 2003, 182). Fürchten sie, dass das Hinzuziehen externer Berater in erster Linie dazu führen wird oder gar dazu bestimmt ist, eigene Unzulänglichkeiten aufzudecken, ist die Bereitschaft dazu eher gering ausgeprägt. Hier hilft es sich klarzumachen, das wissenschaftliche Wissensbestände einerseits und praktisches Handlungswissen andererseits unterschiedliche Funktionen und damit jeweils einen eigenen Wert haben. Sie lassen sich daher auch nicht gegeneinander ausspielen.

Das Problem der Dequalifikation

9.4 Verbindlichkeit und Kontinuität schaffen

Idealerweise bleibt die kollegiale Praxisreflexion – ist sie erst einmal eingeführt – keine vorübergehende Episode. Sie soll sich vielmehr zu einer dauerhaften Einrichtung entwickeln. Dieses Ziel versteht sich von selbst, wenn Reflexion bzw. Reflexionsfähigkeit als Kern der Lehrerprofessionalität betrachtet werden (siehe oben Kapitel 2). Doch wie erreicht man Kontinuität und Dauerhaftigkeit, wenn die (hoffentlich bestehende) Anfangseuphorie abgeklungen ist?

Setzt man – wie beispielhaft KEMPFERT/LUDWIG – auf verpflichtende Teilnahme aller Lehrkräfte, stellt sich die Frage nach der Dauerhaftigkeit nicht in gleichem Maße (obwohl es auch dann zu Abnutzungserscheinungen kommen kann). In der von uns bevorzugten Variante einer freiwilligen gemeinsamen Praxisreflexion müssen die Beteiligten vorher überlegen, wie sie trotz Freiwilligkeit ein gewisses Maß an Verbindlichkeit herstellen. So sollten Lehrerinnen und Lehrer, die sich zu einer Reflexionsgruppe zusammenschließen, zu Beginn der Arbeit als Selbstverpflichtung vereinbaren, dass sie verbindlich an allen gemeinsam geplanten Hospitationen bzw. Unterrichtsbesprechungen eines Halbjahres oder ganzen Schuljahres teilnehmen. So wird verhindert, dass die kollegiale Praxisreflexion plötzlich abbricht.

Regelmäßigkeit und Routine

Im Übrigen helfen alle organisatorischen Maßnahmen, die für Regelmäßigkeit und Routine sorgen. Es bietet sich beispielsweise an, die Termine der gemeinsamen Praxisreflexion auf feste Tage und Zeiten zu legen, diese Termine bereits zu Schuljahresbeginn fix zu vereinbaren und allgemein zugänglich zu machen, etwa durch Aushang am Schwarzen Brett im Lehrerzimmer. Je nach Schultyp sind feste Termine mehr oder weniger leicht zu verwirklichen. Gerade an Grundschulen dürfte es sich wegen des flexibleren Stundenplans (jede Klasse wird vorwiegend vom Klassenlehrer unterrichtet) sogar einrichten lassen, nicht nur die Unterrichtsbesprechungen, sondern auch die Unterrichtsbeobachtungen jeweils am gleichen Tag in der gleichen Stunde stattfinden zu lassen. Finden Termine nachmittags statt, sollten Kollisionen mit Konferenzen u. Ä. ausgeschlossen sein.

Damit die kollegiale Praxisreflexion nachhaltig wirkt, kann und sollte man versuchen, ihre Ergebnisse schriftlich zu fixieren. So bietet es sich an, die erstellten Zeitleisten aufzubewahren und über die zugehörige Unterrichtsbesprechung ein (kurzes) Ergebnisprotokoll anzufertigen, in dem (neben den Rahmendaten wie Datum und Zeit der Besprechung) die wichtigsten behandelten Themen notiert werden. Auch könnten die besprochenen nächsten Handlungsschritte darin festgehalten werden. Zeitleisten und Protokolle lassen sich in einem allgemein zugänglichen Ordner (beispielsweise in der Lehrerbibliothek) aufbewahren. Auf diese Weise kann eine Art „Organisationsgedächtnis" entstehen. Neben derartigen offenen Dokumentationen besteht die Möglichkeit, dass die beteiligten Lehrpersonen – je für sich – ein regelmäßiges Reflexionstagebuch führen (siehe zu Forschungstagebüchern von Lehrern ausführlich ALTRICHTER/POSCH 2007a, 30 ff.). Hier lassen sich beispielsweise Erkenntnisse aus Unterrichtsbesprechungen erhalten oder geplante (Verhaltens-)Änderungen skizzieren. Das Reflexionstagebuch dient zugleich als Erinnerungsstütze, als „Landkarte" für geplante Veränderungen und zur Selbstkontrolle. Diese Aufzeichnungen sollten allein dem jeweiligen Lehrenden zugänglich sein – so besteht die Chance größtmöglicher Offenheit.

Reflexives Lernen in Studium und Referendariat

Markus Brenk

Die über lange Zeit praktizierte, strikte Trennung von Wissenschaft und Praxis im Bereich der universitären Lehrerbildung kann weitgehend als obsolet bezeichnet werden. Trotz der unterschiedlichen Gewichtung von wissenschaftlich untersuchbaren pädagogischen Fragestellungen (Hochschule) und der Arbeit an praktischer Handlungsfähigkeit (Schule, Studienseminar) lassen sich durch Forschung gestützte Argumente für einen reflexiven Bezug von Theorie und Praxis von Anfang an nennen (vgl. CZERWENKA 2009, 671 f.). Für sinnvoll gehalten werden u. a.

Reflexives Lernen von Anfang an

- eine lernbiographische Konsekution und Verknüpfung fachwissenschaftlicher, fachdidaktischer und schulpädagogischer Studieninhalte durch entsprechende Lehrerbildungscurricula,
- Arrangements von Lernsituationen, in denen Erkundungen des schulischen Berufsfeldes und der sie bedingenden außerschulischen Felder (Praktika) einerseits und wissenschaftliche Studieninhalte andererseits in ein reflexives, die pädagogische Professionalität stärkendes Verhältnis gebracht werden (forschendes, reflexives Lernen), sowie
- eine Kooperation der Institutionen der ersten und zweiten Phase der Ausbildung einschließlich ihrer Koordination (vgl. BRENK 2010b, 113).

Nun gibt es sicherlich unterschiedliche Vorstellungen davon, was Kompetenzorientierung meint. Für uns gehört zum Bedeutungskern die Verbindung von Praxisgestaltung und -reflexion, bei der Wissen und Handeln erkennend, deutend und legitimierend aufeinander bezogen werden. Die Arbeit an der eigenen Wahrnehmungs-, Deutungs- und Urteilsfähigkeit vollzieht sich immer im Rahmen einer Differenzierung und Erweiterung von subjektiven Theorien durch den reflexiven Bezug auf Praxis und Wissenschaft (vgl. PLÖGER 2006, 46 ff.). Wichtige Merkmale sind ferner die Einbettung des pädagogischen Handelns in einen Sinnhorizont, die Verknüpfung von Kompetenzentwicklung und Identitätsentwicklung, die individuell-personale Dimension von Kompetenz und die Kernaufgabe der Weiterentwicklung von subjektiven Theorien im Horizont einer wissenschaftlichen Disziplin (Schulpädagogik), die stets in einen Bezug zu alltäglichen Anforderungen an das pädagogische Handeln zu stellen ist. Daher ist nicht zu sehen, dass diese Aufgabe zwischen Hochschule und Zentren für schulpraktische Ausbildung bzw. Schule strikt aufgeteilt werden kann. Vielmehr kann bei pädagogischer Wissenschaft einerseits und praktischer pädagogischer Handlungsexpertise andererseits von sich ergänzenden, polaren Zuständigkeiten gesprochen werden. Daher votieren wir für Konzepte, die geeignet sind, einen phasenübergreifenden, wenngleich nicht vereinheitlichenden Theorie-Praxis-Bezug in der Lehrerbildung zu stärken (BASTIAN 2007, 118), bei Anerkennung einer gewissen, notwendigen Arbeitsteilung. Im Folgenden sollen diese Vorstellungen für Studium und Referendariat skizziert werden.

Phasenübergreifender Theorie-Praxis-Bezug

10.1 Das Studium als Ort forschenden und reflexiven Lernens

Innerhalb der mit dem Programm „Reflexives Lernen" verknüpften Porträtierung von Schulen (vgl. Abschnitt 8.6) bieten sich besondere Möglichkeiten, pädagogische Praxis und Theorie forschend und handelnd miteinander zu verknüpfen. Die Darstellung der Profilmerkmale einer Schule, die Ausleuchtung ihres Innenlebens, die variable Auswahl von Untersuchungsschwerpunkten, welche eine Einbeziehung erziehungswissenschaftlicher Forschungsergebnisse in die Verständigung über pädagogische Praxis erlaubt, sowie eine stärkere Fokussierung des „subjektiven Faktors" machen die Schulporträtforschung auch im Kontext schulbezogener Studien sinnfällig. Unter dem Aspekt der Mitarbeit an Forschungsprojekten können Studierende darüber hinaus bestimmte Aufgaben bei der Datensammlung, der teilweise sehr komplexen, arbeitsteiligen Beobachtungsaufgaben, der Protokollierung und anderer Tätigkeiten übernehmen. In welchem der beiden Kontexte auch immer, das Augenmerk der Studierenden wird in einem solchen Arbeitszusammenhang vor allem auf die Realfaktoren von Schule und Unterricht, auf Regelungen, Vorgänge, Handlungen, Lehr- und Lernaktivitäten in der einzelnen Schule und auf die Auffassungen von Lehrern, Schülern und Eltern als die das soziale Handlungsfeld Schule konstituierenden Akteure gerichtet sein. Ermöglicht wird hierbei eine kritisch-reflexive Aneignung alternativer Deutungs- und Handlungsmuster, um zu grundlegenden und gesicherten Einsichten zu gelangen (vgl. LAMNEK 2005, 681).

Schulporträtforschung: ein Ansatz schulpraktischer Studien

Die Schulporträtarbeit, die hier als Beispiel gewählt wird, bietet die Möglichkeit zu einer kontinuierlichen Kompetenzerweiterung in Seminaren und schulpraktischen Studien. Sie bildet den Hintergrund, vor dem Dokumentations- und Beobachtungsaufgaben zu ausgewählten Aspekten von Unterricht (z. B. Inszenierungsmuster, Klassenführung, Medienverwendung,

Kommunikations- und Interaktionsstrukturen, Sozialformen, Unterrichtsformen) und außerunterrichtlichem Schulleben angefertigt und interpretiert werden können (zu den Instrumentarien vgl. Kapitel 4). Fallbeispiele gelingenden oder weniger gelingenden Unterrichts erscheinen somit nicht auf nur wenige innerunterrichtliche didaktische Aspekte beschränkt, sondern stehen in einem stark erweiterten Interpretationsrahmen.

Über einen obligatorischen Unterrichtsbesuch mit gemeinsamer Auswertung (Mentor/in, Studierender und Dozent/in) einer Unterrichtsstunde hinaus, bei welcher die einzelnen Positionen der Beteiligten im Sinne der doppelseitigen pädagogischen Reflexivität zum Austausch gelangen, bietet die nachbereitende Seminararbeit, die sich material auf die bereits angefertigten Praktikumsakten stützt, folgende Lernmöglichkeiten:

- Vergleich von Schulporträts: Reflexion der Besonderheiten bzw. konstituierenden Faktoren von jeweiliger pädagogischer Praxis, ◄ ◄ ◄
- gemeinsame Auswertung bestimmter Einzelkapitel aus den Schulporträts,
- Auswertung von Beobachtungsaufgaben: Reflexion z. B. der Ziel-Methoden-Bezüge, der Reichweite methodischer Zugänge, der gewonnenen fachlichen Kompetenzzuwächse usw., schließlich Konstruktion von „didaktischen Alternativen",
- Auswertung eigener unterrichtlicher Ansätze: Reflexion allgemeindidaktischer Grundlagen, fachdidaktischer Profilierung, gruppenbezogener, intentionaler, methodischer, medienbezogener usw. Entscheidungen,
- Konstruktion und Analyse von Fallbeispielen.

Die rahmende Seminararbeit ermöglicht, erziehungswissenschaftliche Theorieelemente zur Herstellung von reflexiven Bezügen zur schulischen Praxis so heranzuziehen, wie dies beim ursprünglichen Programm „Reflexives Lernen" auch der Fall ist (vgl. Abschnitt 2.4.1).

Das Methodenrepertoire der Einzelschulforschung, zu der die Schulporträtforschung zu zählen ist, und die Einführung in Formen Reflexiven Lernens können somit, von Fallanalysen in Seminaren und Simulationen ausgehend, in Praktika und in Forschungsseminaren fortgeführt werden. Ihr Einsatz folgt aber nicht einer szientifischen Logik, sondern bildet eine Voraussetzung zum Aufbrechen verfestigter pädagogischer Denkmuster, Deutungsschemata und Wertungsstrukturen, d. h., es werden produktive „Problematisierungen, Irritationen, (Selbst-)Reflexionen, Sensibilisierungen" (OELHAVER/WERNET 1999, 24) mit Distanz zu selbstverständlichen und unhinterfragten Habitualisierungen hergestellt.

Einsatz von Methoden der Einzelschulforschung

Kooperation der drei Institutionen der Lehrerbildung

Reflexives Lernen stellt weiter auch in der Organisationsstruktur des Praxissemesters (z. B. als Bestandteil des Masterstudiengangs Lehramt) ein wichtiges Element dar. In fast allen Modellen der Bundesländer sind kooperative Strukturen zwischen Hochschulen, Zentren für schulpraktische Ausbildung und Schulen vorgesehen. Alle drei Institutionen übernehmen Ausbildungsteile, sodass eine Breite an reflektierten praktischen bis hin zu wissenschaftlichen Kompetenzen zur Verfügung steht. Zentrale Merkmale für die Kooperation von Zentren für schulpraktische Ausbildung, Schulen und Hochschulen sollten nach unserer Auffassung sein:

- keine einseitigen Zuweisungen von Aufgaben, kein koordiniertes Nebeneinander, sondern Verschränkungen der Ebenen von Reflexion, Wissenschaft und Praxis auch durch personelle Präsenz,
- Offenlegung der Perspektiven und Interessen aller Beteiligten (Was ist eine Forschungsfrage, was eine Frage des Handlungswissens? Welche Erfahrungen und theoretischen Überzeugungen gehen in sie ein? Wie stehen beide theoretischen Ebenen zueinander?),
- ein breites Spektrum von Erfahrungen, subjektiven Theorien und methodisch gesichertem Wissen, das sich fruchtbar, d. h. kritisch auswirken kann,
- über die Einzelbeiträge der Institutionen hinaus gemeinsame Hospitations- und Reflexionszeiten, damit eine kooperative, vielleicht auch konfrontative, umfassende Reflexionsarbeit (vgl. Kapitel 5) möglich ist,
- Nutzung und Weiterentwicklung der vorhandenen Strukturmodelle, die vielfach doch nur ein Nebeneinander der Arbeit statt kooperativer oder konfrontativer Verhältnisse vorsehen, sodass alle Beteiligten sich zu kollegialer Praxisreflexion einfinden können.

Hierfür bieten sich insbesondere die beiden Organisationsstrukturen (accompagnato, Lehrerfortbildungsprogramm Reflexives Lernen) an, die in Kapitel 2 beschrieben wurden. Für die Weiterentwicklung dieser Ansätze im organisatorischen Kontext des Praxissemesters wären die Kriterien heranzuziehen, die sich einerseits aus dem Gedanken einer Reflexivität von Praxis, Theorie und wissenschaftlichen Erkenntnissen ergeben. Andererseits stellt das organisatorische Muster der gemeinsamen Betrachtung und kooperativen Reflexion von Unterricht aus fachlicher, didaktischer und erzieherischer Sicht eine mögliche Grundlage dar. Die Fragestellungen sollten dabei so kommuniziert werden, dass „alle Beteiligten einander als mündige und urteilsfähige Partner akzeptieren und nicht in ihren Kompetenzen missachten" (LÖNZ 1998, 227).

10.2 Reflexives Lernen im Referendariat
Micheline Prüter-Müller

Trotz seiner spezifischen Perspektive auf die Verbesserung des praktischen Handelns und der Einstellungen von Lehramtsanwärtern steht das Referendariat nicht außerhalb des Theorie-Praxis-Zusammenhangs. Von einer phasenübergreifenden Perspektive kann unseres Erachtens eine Stärkung der für die pädagogische Ausbildung in der zweiten Phase erforderlichen Kompetenzen erwartet werden, allerdings unter Beachtung auch der besonderen administrativen Aufgaben und Rahmenbedingungen dieser Ausbildungsphase, wozu eben auch ein genuiner Ansatz des Vermittelns eines Handwerks durch Experten gehört, was nicht übersehen werden darf: „Es ist das Handwerk des Zeigens, das dem Erziehen vor aller Reflexion und als Maßgabe für das Nachdenken über Erziehung das *fundamentum in re* verschafft" (PRANGE 2012, 24).

Referendariat steht nicht außerhalb des Theorie-Praxis-Zusammenhangs

Ein Blick auf die Standards für die pädagogische Ausbildung am Studienseminar Koblenz aus dem Jahre 2005, die hier als Beispiel aus dem Bundesland Rhein-Pfalz gewählt werden, verdeutlicht aber, wie wichtig das im Studium zu erwerbende Wissen dennoch ist, auf das die im Referendariat zu vermittelnden Handlungskompetenzen rekurrieren:

▶ *Beispiel für standardorientierte Ausbildung: Studienseminar Koblenz*[1]

Standards	Kompetenzbereiche
Standard 1: über anschlussfähiges pädagogisches und didaktisches Wissen verfügen	u. a.: über Wissen in Pädagogik, Didaktik verfügen, mit Bewertungsansätzen vertraut sein
Standard 2: über Konzepte und Methoden erzieherischen Handelns verfügen	u. a.: Förderung der Selbst- und Sozialkompetenz der Schüler, über Strategien bei Konflikten und Unterrichtsstörungen verfügen, Kenntnisse über Beratungskonzepte haben
Standard 3: über anschlussfähiges Wissen zu Lehr- und Lernprozessen verfügen	u. a.: Ergebnisse der Lehr-Lernforschung kennen und nutzen, Kriterien guten Unterrichts kennen, Einsatz und Wirkung von Medien kennen

[1] Quelle: www.studienseminar-koblenz.de/seminarprogramm/standards.htm. (letzter Zugriff am 31.5.2013).

...	...
Standard 7: über Diagnose- und Evaluationsverfahren verfügen	u. a.: über Verfahren zur Schwierigkeitsanalyse verfügen, über Handlungsoptionen im Umgang mit Fehlern verfügen
Standard 8: sich selbst und mit anderen das System Schule entwickeln	u. a.: Methoden nutzen zur Analyse und Reflexion eigenen und fremden Unterrichts, Erfahrungen haben mit der Reflexion des pädagogischen Selbstkonzeptes, über Kenntnisse zur Schulentwicklung verfügen

Bezug von Wissenschaftswissen auf Handlungswissen im Referendariat

In den Konkretisierungen der Standards begegnen dem Leser am häufigsten Verbalterme wie „kennen und nutzen", „Erfahrungen haben", „über Strategien verfügen", „reflektieren" usw. Sie zeigen an, dass in allen Standardbereichen bekanntes Wissenschaftswissen auf Handlungswissen bezogen werden muss. So wird an diesem Beispiel deutlich,

- *erstens,* wie sehr von einer Nähe der Inhalte der beiden Ausbildungsphasen ausgegangen werden muss,
- *zweitens,* dass alle angegebenen Standards eine reflexive Dimension für die Wahrnehmung, Gestaltung und Beurteilung von Praxis betonen,
- *drittens,* dass die reflektierende Lehrperson die entscheidende Instanz für die Vermittlung dieser Ebenen darstellt, und
- *viertens,* dass bei genauerem Hinsehen eine eindeutige Zuweisung der Kompetenzen zur Studien- oder Referendariatsphase schwierig ist.

Handlungserfahrungen im Bereich Evaluation oder Unterrichten (z. B. durch das Durchführen einer Gruppenarbeit) stellen aus hochschuldidaktischer Sicht ja z. B. auch Vermittlungsverfahren im Kontext wissenschaftlicher Aneignung dar.

Insgesamt lässt sich bei Betrachtung der Standards feststellen: Auch im Referendariat geht es um die Förderung der pädagogischen „Nachdenklichkeit" und darum, Bedingungen aufzuzeigen, die das Handeln im Unterricht bestimmen. Nicht nur im Studium, sondern auch hier hat die Stärkung der Wahrnehmungs-, Deutungs-, Urteils- und Handlungskompetenzen ihren Platz. Es gilt auch hier, Erfahrungen „am eigenen Leibe", auf die das Lernen der Lehrenden sich beziehen kann und die schon immer von subjektiv-pädagogischen Theorien aus strukturiert, erfasst und gedeutet werden, kognitiv zu durchdringen und mit pädagogisch-wissenschaftlichem Wissen so zu konfrontieren, dass eine Integration in das alltägliche pädagogische „Sehen" und „Handeln" möglich wird.

Unterstützend für die Vermittlung der Standards ist unabweisbar eine gemeinsame Reflexion. Allerdings sind hier Stolpersteine zu beachten: Zwar sind die Stärkung bzw. Bestärkung des eigenen Tuns oder fruchtbare Verunsicherungen mögliche Wirkungen reflexiver Lernprozesse, aber das Ablegen von Rechenschaft und die Infragestellung der eigenen pädagogischen Praxis, das Aufdecken von Fehlern durch einen externen Beobachter oder durch eine Hospitationsgruppe können in Bewertungssituationen als Belastung empfunden werden. Hier wäre es wichtig, dem gemeinsamen Lerninteresse ein größeres Gewicht zu geben. Allerdings wird dies wohl eher im Rahmen der Hospitationen durch das Kernseminar (früheres Hauptseminar) zu realisieren sein, da es hier keine Stundenbenotungen gibt.

Dem gemeinsamen Lerninteresse ein größeres Gewicht geben

Über den eigenen Unterricht und denjenigen von Kollegen zu sprechen, erfordert nicht nur Einübung in den unterrichtsbezogenen Diskurs, sondern auch den Willen zur Etablierung einer Gesprächskultur, „die getragen ist von Zurückhaltung und Fairness gegenüber dem Andersdenkenden, von Aufgeschlossenheit für dessen Standpunkt und Argumente, von Toleranz [...] gegenüber seinen pädagogischen Vorstellungen und von der Bereitschaft, eigene Irrtümer – sich selbst und anderen – einzugestehen" (WITTENBRUCH 2002, 105). Hier könnten mögliche Schwierigkeiten des Ansatzes Reflexiven Lernens deutlich werden, da es ja immer auch der potentielle Konkurrent um eine Stelle ist, auf den man sich beziehen muss. In der Studienphase wird dies noch keine große Bedeutung haben, da dort Lernsituationen nicht so häufig mit Leistungssituationen verknüpft sind. Vielleicht wären aus diesem Grunde aber auch die Gratifikationssysteme des Referendariats zu hinterfragen. Reflexive Distanz (im Medium von Wissenschaft) einzunehmen bedeutet jedenfalls ein Stück weit auch die Aufhebung des Anpassungsverhaltens an eine bestehende Praxis (vgl. OELKERS 2007, 110).

Aufhebung des Anpassungsverhaltens an eine bestehende Praxis

Wie in den Kapiteln 2 und 5 deutlich wurde, ist ein Einbezug der verschiedenen Organisationsformen Reflexiven Lernens schon jetzt gegeben. Kollegiale Praxisreflexion in Form von gegenseitiger Hospitation oder Gruppenhospitationen könnte für nicht bewertete Unterrichtsstunden mit einer anwesenden Seminargruppe genutzt werden. Ein mögliches Element Reflexiven Lernens auch im Referendariat wäre die Vertiefung der „praktischen" Ausbildungsdimension durch Praxisforschung, also das eigene Erforschen von Unterricht, wie es bereits in der Studienphase ein- und ausgeübt werden kann (vgl. u. a. WITTENBRUCH/WERRES 1992, 297). Umgekehrt müssten folgerichtig auch stärker Impulse der Referendarsausbildung in die Studienphase aufgenommen werden, denn die handwerkliche Seite von Unterrichten und Erziehen erfordert verstärkt Übung und Training. Eine

Praktische Umsetzung von Handlungswissen bedarf der Übung

Umsetzung von Handlungswissen geschieht ja nicht nur einmalig, sondern muss im Zirkel von Aktion und Reflexion konsequent praktisch weiter verfolgt werden, z. B. sollte Wissen zur Lehrerfrage mit der Erarbeitung und permanenten Beobachtung eigener Fragetechniken verknüpft werden. Das Wissen darum oder das Reflektieren (Wahrnehmen, Deuten, Urteilen) allein reichen nicht aus, da diese praktische Bezugspunkte benötigen.

Reflexionskompetenzen stellen somit nicht den einzigen Kompetenzbereich des Lehrerhandelns dar, es müssen weitere Kompetenzbereiche wie z. B. die Entwicklung von Selbstkompetenzen (Coaching) gefördert werden. Im Duktus der Kompetenzformulierungen aus Rheinland-Pfalz heißt das: „Erfahrungen haben mit der Reflexion und Kommunikation ihres pädagogischen Selbstkonzeptes" (vgl. Standard 8). Um diese Erfahrungen zu ermöglichen, zu stärken und um ggf. notwendige Veränderungen oder Weiterentwicklungen zu initiieren, gibt es in der neuen Ausbildungsordnung des Landes NRW den Baustein „Personenorientierte Beratung mit Coachingelementen". Hier lernen angehende Lehrkräfte im Gespräch mit einem Ausbilder, der nicht auch beurteilen muss, ihre professionelle Rolle auf der Basis der formulierten Standards authentisch auszuprägen. Sie lernen, ihre eigenen Ressourcen zur Bewältigung eines sehr komplex gewordenen Berufes zu erkennen und zu nutzen. Reflektiertes, selbstbewusstes und entschiedenes Standing vor der Klasse, um sinnhaftes Lernen zu ermöglichen, ist auch hier das Ziel.

Zusammenfassend lässt sich sagen, dass für eine Fortführung des Ansatzes Reflexiven Lernens auch im verkürzten Referendariat plädiert werden muss.

Zusammenfassung und Ausblick

Markus Brenk und Claudia Hidding-Kalde

In den vorangegangenen Kapiteln dieses Buches wurde der pädagogische Ansatz Kollegialer Praxisreflexion, der auf dem Konzept „Reflexives Lernen" beruht, vorgestellt. Von den Anfängen her war dieser Ansatz darauf ausgerichtet, Unterrichtspraxis, Alltagstheorien und wissenschaftliche Theorien fruchtbar miteinander zu verbinden. Es ging hierbei nicht um die Perspektive eines Forschungsinteresses an Schule, d. h. darum, Aufklärung zu erlangen über die leitenden pädagogischen Ideen, Konzepte und realen Prozesse, mit denen eine Schule bestimmte Aufgaben (z. B. die Umsetzung von Grundschulrichtlinien, von Ansätzen jahrgangsübergreifenden Lernens, die Realisierung einer europäischen Dimension des Lernens oder ästhetischer Erziehung als Ganzkonzept) angeht. Dies geschah vielmehr, um ein Kollegium zugleich teilhaben zu lassen an aktueller Forschung zu diesen Bereichen und diese nutzbar zu machen für das Verstehen und Gestalten eigener schulischer Praxis (Begleitforschung). Hieraus wurden unterschiedliche Formen der Begegnung von Wissenschaft und Praxis entwickelt, neben Begleitforschungsprojekten z. B. auch mehrtägige Formen der schulinternen Lehrerweiterbildung mit wissenschaftlichen Beratern, die im Kontext von Schulprogrammentwicklung standen. An diese Formen knüpft der spezifische Ansatz Kollegialer Praxisreflexion an.

Teilhabe eines Kollegiums an aktueller Forschung

Zunächst ging es in Kapitel 1 darum, die Bedeutung der Reflexion im Schulalltag sowie in der Lehrerausbildung aufzuzeigen und mögliche Chancen wie auch sich entgegenstellende Hemmnisse zu skizzieren, die die Erfahrungen mit Praxisreflexion in den unterschiedlichen Phasen von Lehrerbildung vermitteln. Schließlich wurde aufgezeigt, dass innerhalb der Schulforschung Argumente für eine kollegiale Kooperation, möglichst unter Hinzuziehung externer Berater, eindeutig überwiegen. Die Arbeit an Wahrnehmungs-, Deutungs- und Urteilskompetenzen, die im Begriff des Reflektierens bzw. einer Reflexiven Praxis zusammengefasst wurden, nimmt vom Subjekt im Alltag seinen Ausgang. Seine Überzeugungen, die inneren pädagogisch-didaktischen Skripts, seine Deutungsmuster und Urteilsprämissen werden nicht ausgeblendet, sondern im „Angesicht" von Praxisfällen sind gerade sie interessant.

Dies verdeutlichte Kapitel 2: Weder Regelwerke noch bereits feststehende pädagogische Techniken des Handelns sind es, die allmählich und immer besser umgesetzt werden sollen, sondern im Kreislauf von Reflexion und

Aktion soll das eigene Tun bedacht und entsprechend gehandelt werden, durch Bezug auf eigenes theoretisches Wissen, Anschauungen und Kenntnisse, aber auch durch Konfrontation mit wissenschaftlich abgestützter Theorie. Daher setzt die Kollegiale Praxisreflexion auf das Reflektieren als eine Grundkompetenz, die bei Lehrkräften aufgrund ihrer Ausbildung und Erfahrung vorausgesetzt werden muss. Sie selbst sind nach unserer Überzeugung in der Lage, ihr Handeln zu durchdringen, sich Rechenschaft zu geben und ihr eigenes Tun zu beurteilen.

Mit diesem Gedanken eng verbunden sind die Ausführungen über die Merkmale „guten Unterrichts" in Kapitel 3. Die in der Lehr-Lernforschung auf allgemeinster Ebene erarbeiteten Kriterienkataloge wurden hier nicht als verbindliche, von außen herangetragene Praxiskontroll- und Praxisverbesserungsinstrumente betrachtet. Vielmehr sollten Lehrerinnen und Lehrer, allerdings in der Auseinandersetzung mit den teilweise recht unterschiedlichen wissenschaftlichen Vorstellungen, selbst Kriterien und Maßstäbe entwickeln (können). Hierzu wollte dieses Kapitel anregen und Mut machen, auf den eigenen pädagogischen Verstand zu vertrauen und ihn zu gebrauchen.

Kollegiale Praxisreflexion benötigt eine sichere Grundlage bei der Beobachtung und Dokumentation von Praxis. Daher wurden in Kapitel 4 einige wichtige theoretische Zusammenhänge zur pädagogischen Beobachtung mit einer Vorstellung von Beobachtungsinstrumentarien verknüpft, die sich in den verschiedenen Arbeitsbereichen Reflexiven Lernens, sowohl in der wissenschaftlichen Begleitforschung, in der Praxisforschung von Lehrkräften, der schulinternen Lehrerbildung als auch in den schulpraktischen Studien bewährt haben. Wenn pädagogische Praxis theoretisch so durchdrungen werden soll, dass eine Würdigung des Geschehens aus kritischer Distanz und für alle Beteiligten auf faire und akzeptable Weise möglich ist, so ist es sinnvoll für Unterrichtsnachbesprechungen, dass sie gut und klar strukturiert werden.

Reflexives Lernen braucht organisatorische Rahmenbedingungen

Es sind, wie Kapitel 5 aufzeigte, ferner Vereinbarungen über Kriterien und thematische Schwerpunkte zu treffen sowie bestimmte organisatorische Rahmenbedingungen zu beachten. Dies gilt für alle Formen und Phasen der Lehrerbildung, in denen es um Nachbesprechung und Verbesserung des Unterrichts geht, allerdings mit einer etwas unterschiedlichen Spezifik.

Hierzu sollten in Kapitel 6 nicht nur Hilfestellungen und Hinweise gegeben werden, sondern es wurden auch kurze Praxisbeispiele für Reflexionen vorgestellt, die die Vielfalt möglicher Lernanlässe zeigen und hier als Anregung verstanden werden sollen.

Ebenfalls mit dieser exemplarischen Absicht verbunden war das Thema des Kapitels 7: „Leitideen gewinnen". Auch hier ging es um übertragbare Muster für die Transformation von möglichen Fragestellungen aus den Zielquellen „Richtlinien/Lehrpläne" bzw. „Schulprogramm". Bereits in diesem Kapitel deutete sich eine Vielfalt denkbarer Leitperspektiven an.

Kapitel 8 verstärkte diesen Aspekt noch einmal, um deutlich zu machen, dass es einerseits keinen unmittelbaren und sicheren Deutungszugang, keinen Königsweg gibt, aber andererseits eine Vielzahl möglicher Perspektiven zur Verfügung stehen, unter denen man Praxis reflektieren kann. Hierbei war es uns wichtig, auf die Gefahr des „innerpädagogischen Zirkels" (LICHTENSTEIN-ROTHER) hinzuweisen. Erst wenn das eigene Handeln auch im Lichte gesellschaftlicher Funktionen und Einflussgrößen von Schule gesehen wird – hier ließen sich z. B. die aus Pädagogensicht häufig abgelehnten, dennoch aber manifesten Funktionen der Selektion, Qualifikation und Allokation nennen –, dann kann diese distanzierte Reflexion aufklärend und entlastend wirken.

Reflexion von Praxis: Vielzahl möglicher Perspektiven

Vorschläge dazu, wie nun eine Reflexionskultur in der Schule aufgebaut werden kann, skizzierte Kapitel 9 mit dem Votum für eine Reform „von unten". Thematisiert wurden zunächst die Realverhältnisse: zumeist knappe zeitliche Ressourcen, die schwierige, aber notwendige Trennung von Lernsituationen und Beurteilungssituationen und die ebenfalls schwer auszubalancierende Rolle der Schulleitungen, welche Teilnahmemöglichkeiten und geeignete Rahmenbedingungen bereitstellen müssen. Auf die mögliche Hilfestellung durch externe Berater wurde ebenso eingegangen wie auf das Erfordernis von Verbindlichkeit und Kontinuität, damit Kollegiale Praxisreflexion gelingen kann.

Die Realbedingungen rückt besonders Kapitel 10 mit dem Vergleich von Studien- und Seminarsituation in den Blick. Hier herrschen jeweils anders akzentuierte Perspektiven auf die Professionalisierung von zukünftigen Lehrerinnen und Lehrern vor, mit erheblichen Folgen für die Gestaltung von Lernsituationen, die auch das reflexive Verhältnis von Theorie und Praxis prägen.

Kollegiale Praxisreflexion auf der Basis Reflexiven Lernens stellt eine Möglichkeit dar, mit Beginn der ersten Studienphase und über die gesamte Berufsspanne hinweg pädagogische Nachdenklichkeit im Sinne von Wahrnehmungs-, Deutungs- und Urteilsfähigkeit zu fördern. Von der Studienphase ausgehend ist das notwendige Rüstzeug für forschendes Lernen zu erwerben und dadurch eine forschende Haltung zu ermöglichen, die permanent weiterentwickelt wird. Hierzu seitens der Bildungspolitik und

Mehr Vertrauen in die Kompetenz von Lehrpersonen!

Schuladministration die personellen, zeitlichen und sächlichen Ressourcen bereitzustellen, wäre eine lohnende Aufgabe, die allerdings mehr Vertrauen in die Kompetenzen von Lehrkräften voraussetzt. Dies gilt am drängendsten hinsichtlich der Verankerung Reflexiven Lernens in der dritten Lehrerbildungsphase, der Weiterbildung.

Die Schulen sollten, dafür sprechen unsere Erfahrungen, noch stärker als bisher ermutigt werden, gemeinsame Praxisreflexion als feste Einrichtung zu verankern. Dazu brauchen sie hinreichende Ressourcen, insbesondere auch, um für den Ausbau von Entwicklungsschwerpunkten externe Berater heranzuziehen. Die durch sinkende Schülerzahlen freiwerdenden personellen Ressourcen könnten als eine Chance gesehen werden, auf die „Unterrichtsversorgung" nicht nur mit „quantitativem Blick" zu schauen und die Qualitätsverbesserung nicht nur als einen Top-down-Prozess zu verfolgen, sondern „von unten" her aufzubauen. Dies bedeutet letztlich, eine radikalere Form von Schulautonomie zu etablieren: Schulen sollten eigene Wege beschreiten können, dann wären ihre Wege ein Stück weit individueller, wenn auch weniger vergleichbar.

Unter den vielen Problematiken, mit denen sich Schule heute auseinandersetzen muss, stehen die Themen Diagnose und Inklusion sicher recht weit oben. Diagnose bezieht sich nach unserem Verständnis nicht auf eng gefasste Gebiete allein (Probleminseln), die möglichst mit rein psychologischen Methoden zu vermessen sind, sondern auf das in Einzelfragestellungen unterteilbare Gesamtgebiet pädagogischer Prozesse in einer Schule (Schüler-Lehrer-Interaktion, Lehrerfeedback, pädagogische Leistungskultur, Lehr- und Lernzieldimensionen und ihre didaktische Umsetzung, moralische Bildung usw.). Die hier vorgestellten Verfahren und Instrumentarien können hierzu einen grundlegenden Beitrag leisten.

Um das gesellschaftspolitisch ambitionierte Ziel von Inklusion hinsichtlich seiner Voraussetzungen und -möglichkeiten abzuschätzen und beratend mitzuwirken, kommen gegenwärtig Förderschullehrer (nicht nur) in die Grundschulen. Die Aufgabe der Inklusion gelingt nicht von heute auf morgen, nicht durch erlernbare Techniken und Verfahren, sondern nur durch eine reflektierte Praxis und eine längere, spiralhafte Prozessabfolge von Beobachtungen, Deutungen, Urteilsbildung und deren Einmündung in neue Handlungen. Auch in diesem Feld können die vorgestellten Kriterien, Verfahren und Instrumentarien genutzt werden. Sie geben damit auch konkrete Ausgangspunkte von Schulentwicklungsprozessen ab, die in die Ebenen von Personal- und Organisationsentwicklung hineinstrahlen. Hierzu möchte das Buch die Leser und Leserinnen ermuntern.

Nachtrag: Reflexives Lernen hat Tradition. Historische Notizen zur „Kultur der didaktischen Reflexion"

Wilhelm Wittenbruch

I. Vorbemerkungen

Aufmerksamen Beobachtern der aktuellen Debatte um Bildungs- und Schulpolitik bleibt nicht verborgen: Im letzten Jahrzehnt haben die Begriffe „Reflexive Kompetenz" oder „Reflexives Lernen" in Katalogen für Lehrerkompetenzen, die die Grundlage für verantwortliches Handeln im Lehrerberuf auflisten sollen, Hochkonjunktur.

Ein Blick in die von der KMK 2005 veröffentlichten „Standards für die Lehrerbildung" oder in die „Empfehlungen" der Hochschulrektorenkonferenz von 2006, die sich auf „Kompetenzen" beziehen, über „die eine Lehrkraft zur Bewältigung der beruflichen Anforderungen verfügen" sollte, scheint dies zu bestätigen. Der Eindruck verstärkt sich, wenn man die Lehrerausbildungsgesetze der Länder (z. B. des Landes NRW von 2009) oder die an sie angelehnten „internen Curricula" zur Fachausbildung in den jeweiligen Ausbildungsinstitutionen sichtet. Eine Kernaussage ist diesen Verlautbarungen – trotz ihrer verschiedenen Argumentation oder schillernden Begrifflichkeit – gemeinsam:

Lehrpersonen brauchen in den Kompetenzbereichen Unterrichten, Erziehen, Beurteilen und Innovieren theoretisch begründetes und methodisch kontrolliertes Reflexions- und Konstruktionswissen, um ihre berufliche Aufgabe lösen zu können. Wie die dazu benötigten Fähigkeiten, Fertigkeiten und Einstellungen, die der Sammelbegriff „Kompetenz" erfasst, auch immer formuliert und gewichtet werden, eines fällt auf: „Bereitschaft und Kompetenz zur Reflexion des eigenen pädagogischen Denkens und Handelns" werden durchgängig als „Schlüssel zur Professionalität im Lehrerberuf" (vgl. KRAINER 2003, 970) angesetzt, wobei „Professionalität" als qualifizierte Ausbildung und Orientierung an Standards der Berufsausübung interpretiert wird (vgl. BONSEN/ROLFF 2006, 169).

Lehrpersonen brauchen Reflexions- und Konstruktionswissen

Der erste Augenschein, mit den Forderungen z. B. nach „Reflexion der eigenen beruflichen Erfahrungen und Kompetenzen und deren Entwicklung" oder der „Reflexion von Lehr-Lernprozessen" u. a. (vgl. KMK 2005) handele es sich wieder um ein stupendes Beispiel für den begrifflichen Kon-

Reflexion: notwendige Denkform jeder Lehrerbildung

junkturzyklus oder ein weiteres modisch aufgesatteltes Argumentationsmuster im erziehungswissenschaftlichen Diskurs, täuscht.

Denn die Vorstellung, dass die Reflexion, das innehaltende Nachdenken über das eigene Erziehen und Unterrichten, eine notwendige Denkform jeder Lehrerbildung und Selbstbildung der Lehrperson ist, hat eine lange Tradition. Dieser Grundzug ist – allen Verdrängungs- und Akzentuierungsprozessen zum Trotz – tief im „Kollektiven Gedächtnis" von Lehrerinnen und Lehrern verankert. Wenn der Begriff „Kollektives Gedächtnis" für die über Generationen „gehärteten Texte, Bilder und Riten", Denkformen und Handlungsvollzüge steht, die unsere Wahrnehmung, unser Selbst- und Weltbild prägen und die nicht „auf jeden Trend mit unmittelbaren Verhaltensänderungen" antworten (vgl. SCHLEMBACH 2012, 12), dann hat auch das „Reflexive Lernen" dort seinen Platz. Die humane Denkform, in der Menschen über Sinn und Zweck, über Wege, Verfahren und Ergebnisse, über Kontrolle und Weiterführen ihres Lernens reflektieren (vgl. WEBER 1999, 63 ff.), gehört zur „Tradition in uns" (SCHLEMBACH 2012, 12). Und diese entwickelte sich in enger Verbindung mit der Geschichte der öffentlichen Schule. Denn die Einsicht, dass die im 19. Jahrhundert durch den Staat erzwungene allgemeine Schulpflicht mit der planmäßigen Unterrichtung der Heranwachsenden nicht nur eine besondere Einrichtung, die „Schule", sondern auch professionelle Lehrende als Fachleute für Erziehung und Bildung voraussetzt, lenkte das öffentliche Interesse auf die Lehrerbildung. Ihr kam der Auftrag zu, den Unterricht an dem aufwendigen „Großsystem" Schule effizient zu organisieren und wissenschaftlich zu begründen (vgl. WITTENBRUCH 2011).

Zu diesem Programm der Ausbildung und Fortbildung der Lehrerschaft gehört – wenn auch in wechselnder Semantik und Formgestalt – die permanente Forderung nach „Reflexivem Lernen". Das belegt ein Rückblick auf zwei Konzeptionen, die vor 150 bzw. 50 Jahren entworfen wurden und bis heute Lehrerbildung und Selbstreflexion der Lehrkräfte beeinflussen. In der knapp abgefassten „Rückblende" (Abschnitt II und III) wird ihr soziokultureller Entstehungskontext nicht angemessen zu berücksichtigen sein. Die Aufmerksamkeit wird vielmehr auf diese frühen Formen des „Reflexiven Lernens" bzw. der „reflexiven Kompetenz der Lehrerinnen und Lehrer" gerichtet, um – jenseits aller „pädagogischen Archäologie" – unsere Wissensbasis über den komplexen Kreislauf von Reflektieren und Agieren zu verbreitern und eine angemessene Erforschung seiner Voraussetzungen, Ausformungen und Strukturen zu erleichtern (Abschnitt IV).

II. ZILLERS geregeltes reflexives Verfahren zur Stärkung der Lehrerprofessionalität: Theoretikum – Praktikum – Kritikum

TUISKON ZILLER (1817–1882) zählt zu den Pädagogen, die die anspruchsvolle Theorie HERBARTS (1776–1841) zum „Erziehenden Unterricht" durch vereinfachende Imperative und ein formalisiertes Regelwerk für die Schulpraxis handlich machen wollten. Er war bemüht, in der Spur der systematischen Vorgaben HERBARTS die Erziehungs- und Unterrichtskompetenz der Lehrerschaft in einem eigenen pädagogischen Seminar zu fördern. Damit kam er den damaligen bildungspolitischen Forderungen nach Verbesserung der Lehrerbildung und der wissenschaftlichen Fundierung des Unterrichts entgegen. Das Seminar gründete er 1861 in Leipzig, wo er sich 1853 (mit einer juristischen Arbeit) habilitierte und 1864 a. o. Professor für Philosophie und Pädagogik wurde. Dem Seminar war eine Übungsschule angegliedert, die Praktikanten ausbildete, die sich freiwillig für diesen Typ von Lehrerbildung entschieden, der zwar nicht mit einem Staatsexamen abschloss, der aber sehr konsequent dem Zirkel von „Theorie-Praxis-Kritik" folgte (vgl. MUSOLFF/HELLEKAMPS 2006, 105 ff.): Die Praktikanten, die wöchentlich Lehrstunden in der Übungsschule übernehmen mussten, bereiteten sich in den Vorlesungen und Übungen ZILLERS zum „Erziehenden Unterricht", in dem der Lehrstoff nach strengen psychologischen Grundsätzen zu vermitteln war, auf ihre „Probelektionen" vor. Diese wurden dann nachträglich in den wöchentlichen Konferenzen des Seminars kritisch beurteilt, indem z. B der „theoretische" Lektionsentwurf mit der Realisation verglichen wurde (vgl. PRANGE 1989, 21 ff.). Mit dieser Trias (Theoretikum – Praktikum – Kritikum), einer „Struktur", die weit bis ins 20. Jahrhundert die Lehrerbildung in Deutschland prägte, versuchte ZILLER, seine „Allgemeine Pädagogik" (erster Entwurf 1854) zu operationalisieren und unterrichtliche Einzelfragen „entscheidbar" zu machen.

ZILLER demonstrierte seinen Praktikanten im Seminar drei Formen der Reflexion (vgl. 37): Im „Theoretikum" wird mit der Präparation einer Unterrichtseinheit der Bezug zu ZILLERS pädagogischen Kernaussagen „projektiv" reflektiert. Im „Praktikum" wird Unterricht gemäß ZILLERS Konzeption „begleitend" reflektiert, indem nach dem aufgestellten Plan gehandelt wird bzw. unvorhergesehene Situationen angemessen entschieden werden. Hier ist „Pädagogischer Takt" gefragt, der sich in der Sicherheit und Schnelligkeit pädagogisch-didaktischen Handelns zeigt. Er setzt sich von bloßer Routine ab, indem er auf ein abgesichertes pädagogisches Regelwerk zurückgreifen kann. Im „Kritikum" werden Ausführungen und Entscheidungen „beurteilend" reflektiert.

Woher stammt das dreifach herangezogene bzw. beanspruchte Regelwerk? Zillers Normen und Regeln fußen auf einer dogmatischen Setzung: „Herbarts System soll gelten" (38). Es wird von Ziller, wie von allen anderen „Herbartianern", die die Problemvielfalt herbartscher Gedanken auf schulpraktische Anwendungen hin reduzierten und sehr einseitig rezipierten (vgl. Wittenbruch 2011, 239 ff.), nicht prinzipiell infrage gestellt: Die im Unterricht angestrebte Konstruktion des „sittlich-religiösen Gedankenkreises" im Schüler wollte Ziller durch drei Theoreme absichern: Seine „Formalstufentheorie" forderte einen Unterricht, der nach einem einheitlichen Stufenschema gegliedert sein sollte. Die „Theorie der Kulturstufen" ordnete den Lehrstoff nach dem genetischen Prinzip, das von der Korrespondenz zwischen kindlicher und Menschheitsentwicklung ausgeht, und die „Konzentrationsidee" verlangte die Fokussierung aller unterrichtlichen Anstrengungen auf den Erziehungszweck, auf die Förderung der sittlich-religiösen „Gesinnung" durch „Gesinnungsstoffe" aus Religion, Geschichte und Literatur. Diese (für uns heute schwerlich rational nachvollziehbare) Einengung sollte es den Praktikanten ermöglichen, die Bedeutung der Reflexion am Einzelfall und an konkreten pädagogischen Situationen zu erfahren. Sie führte zu einer ausgefeilten Kasuistik und zu „mustergültigen" Erfahrungsberichten, wie sie das Leipziger „Seminarbuch" (1874) dokumentiert, und sicherte die Geschlossenheit der Zillerschen Schule ab: Was nach den Regeln der „Formalstufentheorie" geplant wurde, wurde nach eben diesen Regeln nachträglich reflektierend beurteilt. Und was sich sonst noch im Unterricht ereignete, wurde nach den „approbierten" Regeln beurteilt und an den gesammelten Musterfällen gemessen (vgl. Prange 1989, 38 oder Musolff/Hellekamps 2006, 116 ff.) bzw. blieb unberücksichtigt. Die in der Praxis auftauchenden kritischen Episoden und Fragen wurden nicht zur Erweiterung oder Korrektur des Regelwerkes genutzt, sondern dogmatisch abgehandelt. Das Programm der „Herbartianer" ist in der Zwischenzeit in ausführlichen kritischen Studien und facettenreichen Abhandlungen als ein Stück „Wissenschaftsgeschichte" interpretiert und als ein Beispiel für Pedanterie, Schematisierung oder Orthodoxie in der Pädagogik analysiert worden (vgl. z. B. Coriand/Winkler 1998).

Heranbildung von Lehrerprofessionalität nach geregelten, organisierten Verfahren

Aber Zillers Versuch, Erziehungs- und Unterrichtsprozesse „kalkulierbar, beschreibbar und beurteilbar" zu machen, ist weder „unsinnig" noch „überholt" (vgl. Prange 1989, 389). Auch heute noch gibt seine Anstrengung, Lehrerprofessionalität in einem geregelten, streng organisierten Verfahren heranzubilden und die Bedeutung der Reflexion für praktisches erzieherisches Handeln zu demonstrieren, den Maßstab für das Unterfangen ab, die „Reflexive Kompetenz" der Lehrerinnen und Lehrer zu stärken. Dies gilt insbesondere für folgende Programmpunkte:

- ZILLERS Ausbildungskonzept folgt dem in der aktuellen Unterrichts- und Lehrer-Expertise-Forschung bekannten Paradigma, dass Unterricht von Anfängern, „Novizen", anders vorbereitet, analysiert und reflektiert wird als von „Experten".
- Dabei ist für ZILLER die Verfügung über berufsfeldspezifisches Wissen, das er den Praktikanten in seinen Vorlesungen bereithielt, eine wichtige zu schaffende Voraussetzung für die Entwicklung der Lehrerkompetenzen, eine Forderung, die heute durch empirische Forschung untermauert wird und durch die Ausdifferenzierung von verschiedenen „Wissensformen", die die Qualität des Unterrichts mitprägen, an Gewicht gewinnt (vgl. PLÖGER/SCHOLL 2011, 653 f.).
- ZILLER begnügt sich allerdings nicht mit einer immer wieder in Angriff genommenen Beschreibung von Lehrerkompetenzen, an der in der aktuellen Fachliteratur kein Mangel herrscht, sondern strebt im Rahmen seiner Seminarorganisation an, dass seine Praktikanten ihr Wissen in selbst realisiertem konkreten Unterricht in Bezug zu ihrem Können setzen, sodass es zum „Handlungswissen" wird.
- Ein wichtiger Baustein für den Auf- und Ausbau von Lehrerkompetenzen ist die von ZILLER in seiner „Trias" geforderte und geübte „Schriftlichkeit der Kommunikation" (vgl. PRANGE 1989, 30 ff.). Sie sichert zum einen den Zusammenhang von Präparation, Unterrichtsrealisation und nachträglicher Kontrolle und somit „Kalkulierbarkeit und Kritisierbarkeit" von Unterricht. Zum anderen dokumentieren Disputations- und Unterrichtsprotokolle oder „theoretisch angeleitete und kritisch überprüfte Einzelerfahrungen" (34), wie sie das Leipziger „Seminarbuch" erfasst, den permanenten Erkenntniszuwachs: Pädagogische Erfahrungen werden „kartographiert" und reflektiert, um die im Seminar gewonnenen Einsichten zu „verfestigen". Damit wird ein Grundmotiv dieser „Kontinuitätspädagogik" angesprochen: Lehrerkompetenzen sind lehr- und lernbar. Die Mythen vom „geborenen Erzieher" oder „Lehrer als Künstler" werden zumindest infrage gestellt.

  Reflexion pädagogischer Erfahrungen: Verfestigung von Einsichten

- Mit dem Signalwort „Pädagogischer Takt" wird an die Bedeutung eines „Mittelgliedes" zwischen Theorie und Praxis, wie es HERBART benennt und ZILLER und andere „Herbartianer" aufgreifen, für den Aufbau von Lehrerprofessionalität bzw. die Entwicklung von Lehrerkompetenz erinnert.

Pädagogischer Takt: Mittelglied zwischen Theorie und Praxis

HERBART folgt dem Gedanken, dass bei einem „guten Theoretiker", der praktisch handeln muss, sich ein „Mittelglied" zwischen Theorie und Praxis schiebt, ein „gewisser Takt", der eine schnelle Beurteilung und sensible Entscheidung im pädagogischen Ernstfall erlaubt (vgl. MUßENER 1986, 187 ff.). Ausschlaggebend für die Güte eines Erziehers ist nach HERBART nun, wie sich dieser „Takt" in ihm bildet: Damit er in rechter Einstellung an seine Aufgabe geht, braucht er – in der herbartschen Begrifflichkeit – eine wache „Aufmerksamkeit" gegenüber pädagogisch relevanten Fällen (vgl. 194), einen beweglichen „Untersuchungsgeist", um Pläne, Modelle, um Theorien auf Praxis zu übertragen bzw. sie zur Bewältigung pädagogischer Herausforderungen zu nutzen (vgl. 196 f.) und schließlich eine umfassende Beobachtungsgabe, die die Individualfälle wahrnimmt und theoriegeleitet bearbeitet (vgl. 198).

Für HERBART zeichnet sich Praxis durch „Engagement und Unmittelbarkeit" und Theorie durch „Reflexion und Distanziertheit" aus. Mit dem Komplement „Takt" will er diese Komponenten verbinden. Das ist der Grundzug seiner „Theorie der Lehrerbildung" (202), die auf der Einheit von Theorie und Praxis fußt und herausstellt: „Takt" ist lehr- und lernbar (vgl. 205): Er bildet sich in der Praxis aus, wo eine Fülle konkreter Fälle zu entscheiden ist. Dazu bedarf es der Beurteilungsmaßstäbe, die aus der distanzierten Reflexion, aus der Theorie zu gewinnen sind. In diese „Vermittlung" bringt die Theorie „das Maß an unverzichtbarer Reflexion" (206) und die Praxis die Authentizität und Komplexität des Falles ein. Auch ZILLERS Seminarkonzeption zählt zu diesen „Vermittlungsversuchen".

Pädagogischer Takt ist lehr- und lernbar!

HERBARTS begriffliche Anstrengung um das „Mittelglied" ist im gegenwärtigen Disput um Lehrerkompetenzen präsent, wenn es darum geht, die Kerntätigkeit der Lehrperson und ihre Eigenart theoretisch genauer zu erfassen: „Pädagogischer Takt" wird dann als unerlässliches „Einfühlungs- und Urteilsvermögen" gekennzeichnet, das befähigt, „die Potentialität eines letztendlich unplanbaren, obwohl bewusst angestrebten pädagogischen Moments wahrzunehmen, die günstige Gelegenheit zu nutzen und aufgrund des vorher erstellten Unterrichtsplans flexibel und adaptiv zu handeln" (SCHRATZ u. a. 2011, 111).

III. Die „Berliner Didaktik" und ihr Analyseinstrumentarium: „Kultivierung der didaktischen Reflexion"

Die „Berliner Didaktik", als Element einer umfassenden didaktischen Konzeption in den 1950er/1960er Jahren an der Pädagogischen Hochschule Berlin entstanden, hat die „Reflexionskultur" in Lehrerbildung und Lehreralltag entscheidend gestärkt und verbessert.

Als „Berliner Modell" bot es den angehenden praktizierenden Lehrerinnen und Lehrern mit der „Strukturanalyse des Unterrichts" ein Instrumentarium für Unterrichtsbeobachtung und Unterrichtsanalyse an. In der „retrospektiven Reflexion" sollten die formalen Strukturen des Unterrichts herausgestellt und wertfrei beschrieben werden. Damit sollte zugleich die „prospektive Reflexion" unterstützt werden, die Unterrichtsvorbereitung und Unterrichtsplanung einfordern.

„Berliner Didaktik": retro- und prospektive Reflexion

Mit dieser „Kultivierung der didaktischen Reflexion" ist ein Kernpunkt des Programms von PAUL HEIMANN (1901–1967) markiert. Mit seiner Person und seinem Wirken hängen Entstehung und Entwicklung der „Berliner Didaktik" eng zusammen. Das vom Berliner Abgeordnetenhaus 1958 beschlossene Lehrerbildungsgesetz nahm er mit Kollegen der Pädagogischen Hochschule (PH) zum Anlass, für den dort festgeschriebenen einheitlichen schulpraktischen „Ausbildungskomplex" ein „Didaktikum" zu konzipieren (vgl. HEIMANN 1962, zit. nach 1972, 110). Es sollte eine zentrale Funktion für die „Integration aller Studiendisziplinen" an der PH und das „Ineinander von Theorie und Praxis" in der Lehrerbildung übernehmen.

Die theoretische Begründung der „Berliner Didaktik", die sich bis heute trotz harscher Kritik und darauf antwortender Modifizierungen und Weiterentwicklungen (z. B. zur „Hamburger Didaktik") als praxisnahes und anwendungsorientiertes Raster für Unterrichtsanalyse und Unterrichtsplanung ihren Platz im Schulalltag und im erziehungswissenschaftlichen Diskurs sichert, hat HEIMANN seit den 1950er Jahren in seinen Schriften dargestellt.

Seine „Didaktik als Theorie und Lehre" sollte die Basis für die Bewältigung von drei Aufgaben abgeben, die die alltäglichen Lehrertätigkeiten bestimmen: für die Analyse von Hospitationssituationen, für die Planung von Unterrichtsvorhaben und für „didaktische Experimente", die zur Überprüfung von Hypothesen angestellt werden (vgl. 111).

Für diese Zwecke wollte er der analysierenden, agierenden und reflektierenden Lehrperson ein „Mindestmaß an didaktischen Grundkategorien und Denkmethoden" bereitstellen, die für die „Erhellung von Unterrichtsprozessen" und die „konstruktive Leistung" der Unterrichtsplanung unverzichtbar sind (vgl. 111).

Seinen Anspruch, eine didaktische Theorie zu erstellen, die einer „weitgehend erfahrungswissenschaftlich orientierten Durchforschung und Klärung" der Unterrichtswirklichkeit genügen sollte, um „unterrichtliches Handeln rationaler und erfolgreicher zu gestalten", löste HEIMANN mit folgender Argumentation ein (vgl. 111 ff.):

Er definiert unterrichtliche Lehr-Lern-Prozesse als „dynamische Interaktionsprozesse", die trotz ihrer „Singularität und Augenblicksgebundenheit" einer feststellbaren „Strukturgesetzlichkeit" folgen würden (vgl. 119).

Mit diesem Schritt, der durch Vereinfachung das äußerst komplexe Unterrichtsgeschehen für Studierende im „Didaktikum" oder Lehrende in der Praxis durchsichtiger machen soll, geht HEIMANN phänomenologisch vor (vgl. PLÖGER 1999, 107 ff.). Unterricht zeigt sich für ihn „von sich selbst her" in „konstanten Strukturen": Im Unterricht „geht es offenbar immer darum, irgendwelche Gegenstände (Lernanlässe) in bestimmter Absicht (zu Lernzwecken) und in bestimmten Situationen in den Erkenntnis-, Erlebnis- und Tätigkeitshorizont von Kindern und Jugendlichen zu bringen, wobei man sich bestimmter Verfahrensweisen und Medien bedient" (HEIMANN 1972 124).

Sein „kategorial-analytisches Vorgehen" erkennt in diesem „naiven Beschreibungsversuch" sechs konstant bleibende Strukturmomente von Unterricht: Intentionen, Inhalte, Methoden und Medien und schließlich anthropologisch-psychologische und situativ-kulturelle Vorbedingungen. Diese Strukturmomente stehen miteinander in einem strengen „interdependenten" Verhältnis: Sie sind nicht als isolierte Elemente zu betrachten. Sie bedingen und beeinflussen sich untereinander und sind gleichwertig, eine These, die die von HEIMANN beabsichtigte „Totalerfassung" aller unterrichtlichen Faktoren ermöglicht.

Unterscheidung von zwei Reflexionsstufen: Struktur- und Faktorenanalyse

HEIMANN empfiehlt, jede Unterrichtsanalyse mit der Ermittlung dieser formal konstanten Strukturen zu beginnen, um damit auf der 1. Reflexionsstufe das didaktische Problembewusstsein von Studierenden und Lehrenden „zu wecken, zu differenzieren und zu aktivieren" (134). Es wird schon eingefordert, wenn es die vier Entscheidungsfelder (Intention, Inhalt, Methoden, Medien) von den personalen und sozialkulturellen Bedingungsfeldern zu unterscheiden und im Hinblick auf Planungs- und Ausgestaltungsoptionen zu differenzieren gilt.

Mit den sechs Strukturelementen stellt HEIMANN nicht nur eine „Matrix für unterrichtliche Handlungsmöglichkeiten" (134) bereit, sondern schafft Voraussetzungen für die 2. Reflexionsstufe, die Faktorenanalyse, die auf die Bedingungsprüfung von den Unterricht beeinflussenden Faktoren zielt. Sie soll sich mit „Normenkritik" befassen, die zur Reflexion z. B. der Unterrichtsziele oder -inhalte und deren Prüfung durch gesellschaftliche Normen anhält (vgl. 136 f.), und mit „bedingungssetzenden" Sachfaktoren, die (wie z. B. curriculare Organisationsformen oder Daten aus der Jugendforschung) auf das Lehr-Lern-Geschehen einwirken (vgl. 137).

Die dritte in kritischer Distanz zu reflektierende Faktorengruppe umfasst das Arsenal vorgefundener didaktischer Aktions- oder Situationstypen, um eine kreative Weiterentwicklung historischer Methodensysteme zu begünstigen (vgl. 139 f.).

Die „Berliner Didaktik" war ursprünglich vornehmlich als Analyseinstrument gedacht, das eine wertfreie, pragmatisch handhabbare Beschreibung von Unterrichtssequenzen mittels weniger Strukturelemente ermöglichen sollte. Mit den Jahren trat diese deskriptive Funktion in den Hintergrund. Die Nutzung als Planungsmodell für Unterricht, also die antizipierende, prospektive Funktion dominierte. Für beide Funktionen reklamiert HEIMANN den „reflektierenden Praktiker". Wenn er auch bei der Analyse das „Verhalten" als „distanziert und emotional neutralisiert, erkennend, Zusammenhänge aufsuchend, zergliedernd, objektivierend" beschreibt und bei der Unterrichtsplanung als „konstruktiv, kombinatorisch erfinderisch, entscheidungsbedacht, engagiert" (121), auf eines sollte selbst die knapp gefasste „Rückblende" aufmerksam gemacht haben: HEIMANN geht es offensichtlich um eine „Didaktik der Wachheit und immerwährenden Reflexion", die das didaktische Engagement in eine rational kontrollierte Tätigkeit mit professionellem Anspruch verwandeln will (vgl. 141).

Reflektierender Praktiker: „Wachheit" und „immerwährende Reflexion"

Die „Berliner Didaktik" wurde schon vor einem halben Jahrhundert von Studierenden, Lehrkräften und Dozenten als eine Konzeption akzeptiert und geschätzt, die die Reflexion von Lehr-Lern-Prozessen nicht nur als unverzichtbar für das Aufgabenfeld des Lehrers proklamierte, sondern auch für die spezifische Reflexion der Lehrperson, die eine kritische Distanz zu ihrem eigenen pädagogischen Handeln einnimmt, differenzierte Hilfestellungen und praktikable Entwicklungsimpulse bereitstellte.

Ihr Beitrag zur „Reflexionskultur", der allerdings – nicht zuletzt wegen der Neigung zu einem einseitigen positivistischen Wissenschaftsverständnis und zur technologischen Rationalität oder wegen eines unbestimmten „Lernbegriffs" (vgl. z. B. PLÖGER 1999, 148 ff.) – mit erheblichen Einschränkungen belastet ist, lässt sich näher bestimmen und im Hinblick auf das „Reflexive Lernen" zusammenfassen:

- Mit den sechs „Elementar-Strukturen" des Unterrichts wurde – gerade Berufsanfängern – ein griffiges, übersichtliches Analyseinstrumentarium angeboten, das präzisere Beobachtungen und Protokollierungen von Unterrichtssequenzen oder die Kommunikation über didaktische Probleme erleichterte, auf die „Reflexives Lernen" angewiesen ist.
- Das analytische Besteck der „Berliner Didaktik" brachte (insbesondere nach Hospitationen) eine erste Ordnung in die Fülle der Eindrücke und

schützte gerade durch die Aufforderung zur planvoll angelegten und mit einer Suchhaltung vorgehenden Beobachtung und zu einer begrifflich angemessenen Auseinandersetzung mit zentralen Aspekten von Unterricht vor didaktischer „Naivität" mit (möglichen) vorschnellen Beurteilungen und Klärungsversuchen.
- Durch das Angebot einer methodisch kontrollierten Selbstreflexion und der gemeinsamen Reflexion mit Hospitierenden oder Schülerinnen und Schülern (vgl. WITTENBRUCH 1985, 137 ff.) wurde durch die „Berliner Didaktik" insbesondere die herkömmliche „Nachbesinnung" aufgewertet. Jahrzehntelang wurde sie jedem schriftlichen Unterrichtsentwurf in der 1. und 2. Lehrerausbildungsphase angehängt, und mit der „Pädagogischen Rückschau" gehörte sie zum Standard-Repertoire der Lehrer-Ratgeber-Literatur. Aber zumeist wurde sie von Studierenden und Referendaren als lästige Pflichtübung absolviert. Mit der „Berliner Didaktik" wurde die Chance wiederentdeckt und genutzt, in der „rückblickenden Besinnung" das eigene pädagogische Handeln kritisch in den Blick zu nehmen und die Kernfrage zu stellen, ob und wie das eigene Unterrichtsarrangement die Schülerinnen und Schüler zum Lernen aufforderte.
- Mit dem „Interdependenz-Theorem" werden in der Unterrichtsanalyse die Aufmerksamkeit und das Problembewusstsein für die wechselseitigen Beziehungen und Abhängigkeiten unter den Unterrichtsfaktoren geweckt und jene bekannten Engführungen erschwert, bei der Analyse Unterrichtsvorgänge und -vorfälle „monokausal" zu deuten. Zudem wird in diesen Reflexionsprozessen für die Beteiligten fassbar, dass sich die Komplexität des konkreten erfahrenen Unterrichts nicht auf sechs Faktoren reduzieren lässt. Es wächst die Einsicht, dass die „Berliner Didaktik", wie alle „Ausbildungsdidaktiken", eine theoretische Konstruktion von Unterricht ist, die sich durch Vereinfachungen und Akzentuierungen auszeichnet, um die „Unterrichtswirklichkeit" durchsichtiger zu beschreiben und sie dem Zugriff von Lehrerinnen und Lehrern zugänglich zu machen (vgl. WITTENBRUCH 2011, 237 ff.).
- Reflexionsprozesse „nach dem Unterricht" können allerdings auch den Blick auf Unterricht ausweiten und auf bestimmte, bislang weniger beachtete Dimensionen von Unterricht lenken, wie Reports zum Umgang mit dem „Berliner Analysebesteck" und Erfahrungen mit ihm belegen. So mündete z. B. der „Reflexionsertrag", dass die „Berliner Didaktik" die Mitgestaltungsmöglichkeiten auf Schülerseite gering veranschlagt und stattdessen auf die Steuerbarkeit des Unterrichts durch die Lehrperson setzt, in ein Alternativkonzept, an dem sich Schülerinnen und Schüler,

Lehrpersonen und Dozenten beteiligten (vgl. SCHNEIDER/WITTENBRUCH 1982, 719 ff.).

In der Spur des Gegenentwurfs einer „nicht-vorschreibenden Unterrichtsplanung", der den Schüler als „Mitplaner seiner Lernsituation" ansieht und als Aufgabe des Lehrenden angibt, die „Planung von Planung" zu projektieren, wurden Unterrichtsvorhaben reflektiert und dem „Test der Praxis" unterzogen: Aus der Kritik der Schwächen bzw. Einseitigkeiten der „Berliner Didaktik" und der Reflexion ihrer Vorgaben entwickelten sich u. a. Konzepte wie „Unterricht über Unterricht" oder „Meta-Unterricht", die die Schülerinnen und Schüler über reglementierte schulische Kontexte und Lehr-Lern-Prozesse informieren und diese problematisieren. Gerade in der reflektierten „Nachschrift" solcher Vorhaben, die ihre Überzeugungskraft durch die offen eingestandenen Brüche zwischen dem „didaktischen Modell" und den vergleichsweise bescheidenen Vollzügen in ihrer Spur gewinnen, werden reflexive Lernprozesse und die kritische Selbstvergewisserung über eigene Lernbereitschaften und -fähigkeiten gestärkt.

IV. Historische Notizen und ihre Erträge

In Zeiten, in denen auch Studierende oder Lehrkräfte vor Anfällen eines „historischen Analphabetismus" nicht gefeit sind, ist ein Rückgriff auf Studien von Schulpädagogen, die sich vor 150 oder 50 Jahren zu Lehrerbildung und Unterricht äußerten, ein problematisches Unternehmen.

Bedeutung historischer Beispiele für Reflexives Lernen

Denn zum einen aktivieren Stichwörter wie „Zillerschule" oder „Berliner Didaktik" nicht automatisch abgesunkene historische Wissensbestände. Vielmehr sind die Theorie- und Praxiselemente dieser Pädagogen nicht als bekannt vorauszusetzen und müssen zunächst vorgestellt werden, bevor man sie – wie oben geschehen (vgl. Abschnitt II und III) – auf ihren möglichen Gegenwartsbezug befragen bzw. interpretieren kann. Und zum anderen ist mit dem Einwand zu rechnen, ob mit solch einer „Rückschau" nicht nur ein Ritual der wissenschaftlichen Veröffentlichungspraxis bedient wird, für die eine jede pädagogische Fragestellung ohne historische Dimension nicht angemessen zu bearbeiten und der „Vollständigkeit halber" deshalb zu berücksichtigen ist. Auch der Zweifel, ob mit dem wachsenden Abstand zwischen der Entstehungszeit zu unserer Gegenwart die Aussagekraft und der Orientierungswert von historischen pädagogischen Entwürfen und Erfahrungen sich nicht abschwächen, macht einen Rückblick nicht gerade attraktiver. Und die immer wieder zitierten Beschwörungsformeln, dass die Auseinandersetzung mit historischen pädagogischen Konzeptionen unser

„Problembewusstsein" erweitert, die „Reflexionsfähigkeit" gegenüber dem Erziehungsalltag stärkt und „Orientierungshilfen" für die Lösung heutiger didaktischer Aufgabenstellungen bereithält (vgl. z. B. WEHNES 1982), signalisieren nur Erwartungen und überdecken Hypothesen, die noch zu präzisieren wären und sich zu bewähren hätten.

Zum Schluss der historischen Notizen wird ein bescheidener Weg gewählt. Er geht von der „Gegenwartsprägung allen historischen Interesses" (JEISMANN) aus und lässt sich von der schlichten Vorstellung leiten, dass die Beschäftigung mit ZILLERS „Trias" oder mit dem Analyse-Besteck HEIMANNS lohnend ist, auch und vor allem im Bezug zur „didaktischen Reflexionskultur" in der Gegenwart. Damit wird nicht der naiven Annahme gefolgt, dass sich pädagogische Erfahrungen und Reflexionen aus der Vergangenheit rest- und bruchlos auf heutige Problemlagen übertragen lassen. Dieser Weg, für den es auch wissenschaftstheoretische Begründungen gibt, verlangt eine gewisse „Gelassenheit", sich auf die historischen Notizen „einzulassen", und einen gewissen „Interessevorschuss" (vgl. GUMBRECHT 2010, 94 ff.). Er kann allerdings mit einem Erkenntnisgewinn belohnt werden, wie er sich in ersten Konklusionen zu ZILLER und HEIMANN (vgl. Ende der Abschnitte II und III) schon andeutete. Worin könnte er liegen?

Erkenntnisse aus den historischen Beispielen „Ziller" und „Berliner Didaktik"

- Beide Konzeptionen wollen eine wissenschaftliche Grundlage für den Unterricht schaffen und zugleich der praktizierenden Lehrperson eine Hilfestellung geben, um Unterricht zu planen, durchzuführen, zu analysieren und zu reflektieren. Selbst der knappe Exkurs verdeutlichte, dass ZILLER und HEIMANN recht unterschiedliche Umschriften von Unterricht bevorzugen und recht unterschiedliche Empfehlungen für Studierende im Praktikum oder Lehrpersonen anbieten. Das kann nicht überraschen, denn sie sind in einem bestimmten historischen Kontext entstanden und geben Antworten auf Fragestellungen, die in der Entstehungszeit anstanden. Sie „reflektieren die Problemlagen von Unterricht und Schule in ihrer jeweiligen Zeit und sie spiegeln zugleich die spezifische Problemwahrnehmung ihrer Verfasser wider" (BAUMGART/LANGE/WIGGER 2005, 16). Das ist eine triviale Einsicht. Sie stellt aber auch aktuelle Aussagen und Ansätze von Unterrichtstheorien in einen Traditionszusammenhang und erinnert an ihre Zeitgebundenheit (vgl. 18).

Historisch relativiert werden dadurch auch jüngst geäußerte Pauschalurteile, die aus Sicht der empirischen Lehr-Lern-Forschung für die deutsche Erziehungswissenschaft die „Abwesenheit von wissenschaftlichen Theorien über Unterricht" konstruieren (PROSKE 2011, 9), für die Theoriebildung insgesamt eine „Auseinandersetzung mit Unterricht" beobachten, die rein „pragmatisch-praktizistischen Erwartungen der Schul- und Ausbildungspraxis" (10) folgen und sich den „Steuerungserwartungen" der Bildungsadministration anpassen (vgl. 11). Als Gegenentwurf zur allgegenwärtigen „Reflexionsdogmatik des Berufsfeldes" wird nun für neue Wissensformen von Unterricht plädiert, die einen externen Beobachtungsstandpunkt zu ihm einnehmen, die sich von „Alltagsüberzeugungen, Motivierungsnotwendigkeiten und Gelingenserwartungen" frei machen und die in kritische Distanz zum Unterricht gehen (vgl. 12). Diese Spezifik wird den vorliegenden bekannten Unterrichtstheorien ebenso abgesprochen wie die Funktion, für die Komplexität des Unterrichts und die „Unkalkulierbarkeit" seiner Wirkungen zu sensibilisieren. Der Blick auf die zwei historischen Exempla könnte die Sicherheit, mit der solche Werturteile ausgesprochen werden, erschweren. Er regt darüber hinaus an, die Triftigkeit der Forderung zu überprüfen, erst durch die Abkoppelung vom Berufsfeld „Schule" würden sich Unterrichtstheorien „emanzipieren". Neuere Ergebnisse der Lehrerforschung verweisen dagegen auf die Bedeutung von Unterrichtstheorien für „fähige Lehrkräfte", die ein Anwendungswissen bereitstellen, das auch eine „technologische Nutzung" für Lehrerhandlungen und „Interaktionssteuerung" erlaubt (vgl. KIPER 2011, 127) und aus dem Urteilskategorien zu entwickeln sind, um die eigene Praxis reflektieren zu können.

Bedeutung von Unterrichtstheorien für pädagogische Praktiker

- Ohne einer rückwärts gerichteten Projektion heutiger pädagogisch-didaktischer Lesarten auf ZILLERS oder HEIMANNS Theorien zu verfallen, so sollte doch darauf verwiesen werden, dass in ihrer Spur schon sehr früh und sehr eindrucksvoll Brückenschläge von der „Sichtstruktur" hin zur „Tiefenstruktur des Unterrichts" angestoßen, versucht und realisiert wurden, die für die Prozesse reflexiven Lernens charakteristisch sind. Mit „Sichtstruktur" wird in der heutigen Lehrer- und Unterrichtsforschung die konkrete Ebene des direkt beobachtbaren Unterrichts bezeichnet. Mit „Tiefenstruktur" ist das Wissen der Lehrperson gemeint, mit dem sie Unterricht zu analysieren, planen und gestalten versucht (vgl. PLÖGER/SCHOLL 2011, 651 f.). Sie ist nur durch Interpretation und reflexive Kommunikation zugänglich und erschließbar. Die in ihr verfügbaren Begriffe, Prinzipien oder Grundfiguren des Unterrichts, ihr Umfang und ihre Vernetzung, bestimmen die Möglichkeiten und Grenzen einer Lehrperson, Unterricht wahrzunehmen und zu reflektieren, zu planen und zu gestalten, insbesondere ihre kritische „Distanz zum routinisierten Alltag" (653).

Historische Beispiele: Inbezugsetzung von „Sicht-" und „Tiefenstruktur" des Unterrichts

Ohne Zweifel stellte Z‍ILLER im „Theoretikum" seinen Praktikanten ein differenziertes Wissen bereit, um fundierte Entscheidungen zur Gliederung des Unterrichts oder zur Auswahl der Unterrichtsinhalte zu treffen. Und nach dem „Praktikum" konnte es als Reflexionswissen im „Kritikum" die Analyse des Unterrichts strukturieren und Kommunikationsprozesse anstoßen, in denen das Wissen vom Unterricht zum beobachteten und gezeigten Können im Unterricht in Beziehung gebracht wurde. Das heißt, die wahrgenommene „Sichtstruktur" wurde in Beziehung zur „Tiefenstruktur des Unterrichts" gesetzt, wobei das Sinnganze des Unterrichts, so wie es die „Herbartianer" modellierten, bei allem analytischen Eifer immer im Blick blieb. Ähnliche Leistungen und „Brückenschläge", die reflexive Lernprozesse erleichtern bzw. anstoßen, sind in H‍EIMANNS Konzeption auszumachen. Mit dem begrifflichen Rahmen, der mit sechs Elementen den Strukturzusammenhang des Unterrichts beschreibt, wird eine sinnvolle Erfassung der „Sichtstruktur" des Unterrichts möglich. Mit H‍EIMANNS Aufforderung, die Normen, Fakten und Formen des Unterrichts einer strengen Bedingungsprüfung zu unterziehen, wird der Schritt vom erfahrenen, beobachteten Unterricht, der „Sichtstruktur", zur „Tiefenstruktur" vollzogen. Damit kann die Fixierung auf das „Gesehene" abgelöst werden zugunsten einer Hinwendung zur „Tiefenstruktur", zu einem Nachdenken über den Unterricht nach dem Unterricht, zu einer selbstreflexiven Auseinandersetzung mit eigenen Auffassungen von Unterricht und Erziehung und erziehungswissenschaftlichen Theorien. Dazu ist allerdings ein gerüttelt Maß an Wissen vonnöten. Es reicht vom „Anwendungswissen", z. B. zu Handlungsformen oder Lernkontrollen im Unterricht, über „Reflexionswissen", das als „Nutzerwissen" der Lern- und Unterrichtsforschung entnommen wird, bis hin zum „Berufswissen" über die „Technologieunsicherheit des Erziehers" oder über das „Risiko des Scheiterns" (vgl. S‍TROBEL-E‍ISELE 2011, 79 ff.).

Die zwei Stichproben lassen die berechtigte Vermutung zu, dass bei einer umfassenderen Sichtung historischer Exempla der „didaktischen Reflexionskultur" weitere hilfreiche Auskünfte über Vorbedingungen, institutionell-organisatorische Absicherung, Formen (und Fehlformen) des „reflexiven Lernens", Umfang und Differenzierung des zur Unterrichtsanalyse notwendigen Reflexionswissens und über die Reflexions-Qualitätsstufen (Beschreiben, Erklären, Bewerten) zu erwarten sind. Auch kann diese Rückschau für die Plausibilität der These sprechen, dass die Forderung nach einer empirisch abgesicherten Lehrer- und Unterrichtsforschung nicht ausdrücklich die Denkanstrengungen und Erträge „degradiert […], die das Praxiswissen und das Alltagsverständnis der Lehrerinnen und Lehrer" (M‍EYER/P‍RENZEL/H‍ELLEKAMP 2008, 9) bekräftigen.

Literatur

AEBLI, H. (1987): Zwölf Grundformen des Lehrens. 3. Aufl. Klett-Cotta: Stuttgart.
ALTRICHTER, H. (1990): Ist das noch Wissenschaft? Profil: München.
ALTRICHTER, H. (2002): Aktionsforschung als Strategie zur Förderung professionellen Lernens. In: Breidenstein, G. u. a. (Hrsg.): Forum qualitative Schulforschung 2. Leske+Budrich: Opladen.
ALTRICHTER, H./POSCH, P. (2007a): Lehrerinnen und Lehrer erforschen ihren Unterricht. 4. Aufl. Klinkhardt: Bad Heilbrunn.
ALTRICHTER, H./POSCH, P. (2007b): Zwölf Tipps für die Unterrichtsevaluation. In: Pädagogik H.2. Beltz: Weinheim, 30–33.
ALTRICHTER, H./FEINDT, A. (2011): Lehrerinnen und Lehrer erforschen ihren Unterricht: Aktionsforschung. In: TERHART, E./BENNEWITZ, H./ROTHLAND, M. (Hrsg.): Handbuch der Forschung zum Lehrerberuf. Waxmann: Münster, 232–242.
APEL, H. J./KNOLL, M. (2001): Aus Projekten lernen. Oldenbourg: München.
ASCHERSLEBEN, K. (1974): Einführung in die Unterrichtsmethodik. Kohlhammer: Stuttgart.
ASCHERSLEBEN, K. (1987): Moderner Frontalunterricht. Neubegründung einer umstrittenen Unterrichtsmethode. Peter Lang: Frankfurt/Main u. a.
BASTIAN, J. (2007): Miteinander lehren – voneinander lernen. Ein Konzept zur Intensivierung eines phasenübergreifenden Theorie-Praxis-Bezuges in der Lehrerbildung. In: DASCHNER, P./DREWS, U. (Hrsg.): Kursbuch Referendariat. Beltz: Weinheim. 118–130.
BAUER, K.-O. (2004): Lehrerinteraktion und -kooperation. In: HELSPER, W./BÖHME, J. (Hrsg.): Handbuch der Schulforschung. Verlag für Sozialwissenschaften: Wiesbaden.
BAUER, J. (2008): Lob der Schule. Hoffmann und Campe: München.
BAUER, J. (2010): Die Bedeutung der Beziehung für schulisches Lehren und Lernen. In: Pädagogik H.7/8. Beltz: Weinheim, 6–10.
BAUERSFELD, H. (1999): Fallstudien in der Lehrerbildung – wozu? In: OHLHAVER, F./WERNET, A. (Hrsg.): Schulforschung, Fallanalyse, Lehrerbildung. Leske + Budrich: Opladen, 191–207.
BAUMGART, F./LANGE, U./WIGGER, L. (2005) (Hrsg.): Theorien des Unterrichts. Klinkhardt: Bad Heilbrunn.
BECKER, G. E. (1998): Unterricht auswerten und beurteilen. Handlungsorientierte Didaktik Teil III. Juventa: Weinheim – Basel.
BONSEN, M./ROLFF, H.-G. (2006): Professionelle Lerngemeinschaften von Lehrerinnen und Lehrern. In: Zeitschrift für Pädagogik H. 2, 167–184.
BONSEN, M. (2011): Schulleitung, Schuleffektivität und Unterrichtsentwicklung – was wissen wir über diesen Zusammenhang? In: ROLFF, H.-G./RHINOW, E./RÖHRICH, T. (Hrsg.): Unterrichtsentwicklung – Eine Kernaufgabe der Schule. 2. Aufl. Carl Link: Köln, 44–58.
BRENK, M. (1997): Der Ort von Schulpartnerschaft und Schulaustausch im „Lernfeld Europa". In: VORSMANN, N./WITTENBRUCH, W.: Schulen auf Europa-Kurs. Klinkhardt: Bad Heilbrunn.

Brenk, M./Brenk, H.-H. (1998): Musikalische Miniaturen. Computergestützte Gestaltungsarbeit in der Sek. I. In: Musik und Bildung H. 5. Schott: Mainz, 32–37.

Brenk, M. (2003): Wenn „Reflexives Lernen" zum Leitmotiv der Schulentwicklung werden soll ... In: Wittenbruch, W./Lennartz, A. (Hrsg.): Zeit zu handeln: Grundschulentwicklung voranbringen. Dieck: Heinsberg, 174–176.

Brenk, M. (2004): Ideographische Schulforschung am Beispiel des Lehramtsstudiums an Musikhochschulen. In: Realschule in Deutschland. H. 3, 12–17 (1. Teil) und H. 4, 17–20 (2. Teil).

Brenk, M. (2010a): Musik, Bildung und Identität. In: Kurth, U. (Hrsg.): Identität. Spurensuche. Medien: Bielefeld, 103–120.

Brenk, M. (2010b): Ideographische Schulforschung – ein Kernelement im kompetenzorientierten Lehramtsstudiengang. In: Brenk, M./Salomon, T. (Hrsg.). Schulporträtforschung und Schulentwicklung. Grundlegung, Modelle, Projekte, Instrumentarien. Peter Lang: Franfurt/M. u. a., 113–124.

Butler, J. (2003): Kritik der ethischen Gewalt. Suhrkamp: Frankfurt/M.

Cohn, R. (1993): Lebendiges Lehrern und Lernen, TZI macht Schule. Klett Cotta: Stuttgart.

Combe, A./Kolbe, F.-U. (2004): Lehrerprofessionalität. Wissen, Können, Handeln. In: Helsper, W./Böhme, J. (Hrsg.). Handbuch der Schulforschung. VS Verlag für Sozialwissenschaften: Wiesbaden, 833–851.

Coriand, R./Winkler, M. (1998) (Hrsg.): Der Herbartianismus – die vergessene Wissenschaftsgeschichte. Beltz Deutscher Studienverlag: Weinheim.

Czerwenka, K. (2009): Schulpädagogik und schulpraktische Studien: Der Theorie-Praxis-Bezug in der Lehrerbildung. Funktionen praxisbezogener Elemente in Lehramtsstudiengängen und in der Lehrerausbildung. In: Hellekamps, St./Plöger, W./Wittenbruch, W. (Hrsg.): Schule. Handbuch der Erziehungswissenschaft 3. Schöningh: Paderborn, 667–676.

Dahlhaus, C. (1970): Analyse und Werturteil. Schott: Mainz.

Dubs, Rolf (2005): Bildungsstandards: Das Problem der schulpraktischen Umsetzung. In: Seminar – Lehrerbildung und Schule. H. 4, 34–39.

Eickhorst, A. (2011): Das Unterrichtsverständnis der empirischen Lehr-Lern-Forschung. In: Meseth, W./Proske, M./Radtke F.-O. (Hrsg.): Unterrichtstheorien in Forschung und Lehre. Klinkhardt: Bad Heilbrunn, 50–66.

Fend, H. (2009): Die sozialen und individuellen Funktionen von Bildungssystemen: Enkulturation, Qualifikation, Allokation und Integration. In: Hellekamps, St./Plöger, W./Wittenbruch, W. (Hrsg.): Schule. Handbuch der Erziehungswissenschaft 3. Schöningh: Paderborn, 43–55.

Flanders, N.A. (1976): Grundlegende Lehrfertigkeiten, abgeleitet aus einem Modell des Sprechens und Zuhörens. In: Zifreund, W.: Training des Lehrverhaltens und Interaktionsanalyse. Beltz: Weinheim.

Frey, K. (1998): Die Projektmethode, 8. Aufl. Beltz: Weinheim – Basel.

FUSSANGEL, K./GRÄSEL, C. (2011): Forschung zur Kooperation im Lehrerberuf. In: TERHART, E./ BENNEWITZ, H./ROTHLAND, M. (Hrsg.): Handbuch der Forschung zum Lehrerberuf. Waxmann: Münster, 667–682.

GAGARIN, L./VON SALDERN, M. (2010): Professionalisierung der Lehrkräfte. In: Die Deutsche Schule 11. Beiheft. Waxmann: Münster, 49–63.

GASSER, P. (1999): Neue Lernkultur. Eine integrative Didaktik. Bildung Sauerländer: Aarau.

GRUSCHKA, A. (2011): Verstehen lehren. Ein Plädoyer für guten Unterricht. Reclam: Stuttgart.

GUDJONS, H. (2007): Frontalunterricht neu entdeckt. 2. Aufl. Klinkhardt: Bad Heilbrunn.

GUMBRECHT, H.-U. (2010): Unsere breite Gegenwart. Suhrkamp: Berlin.

HAMMERER, F. (2010): Bau-Elemente für Schulporträts. In: BRENK, M./SALOMON, A. (Hrsg.): Schulporträtforschung und Schulentwicklung. Peter Lang: Frankfurt/M. u. a., 83–97.

HEIMANN, P. (1972): Didaktik als Theorie und Lehre. In: KOCHAN, D. C. (Hrsg.): Allgemeine Didaktik – Fachdidaktik – Fachwissenschaft. Wissenschaftliche Buchgesellschaft: Darmstadt, 110–142.

HELMKE, A. (2010): Unterrichtsqualität und Lehrerprofessionalität. Diagnose, Evaluation und Verbesserung des Unterrichts. 3. Aufl. Klett: Stuttgart.

HELMKE, A./SCHRADER, F.-W. (2011): Qualitätsmerkmale „guten Unterrichts". In: HELLEKAMPS, ST./ PLÖGER, W./WITTENBRUCH, W. (Hrsg.): Schule. Handbuch der Erziehungswissenschaft 3. Schöningh: Paderborn, 699–710.

HELSPER, W. (1998): Pädagogisches Handeln in den Antinomien der Moderne. In: KRÜGER, H.-H./HELSPER, W. (Hrsg.): Einführung in Grundbegriffe und Grundfragen der Erziehungswissenschaft. Leske+Budrich: Opladen, 15–34.

HERRIGER, N. (2006): Empowerment in der Sozialen Arbeit. Kohlhammer: Stuttgart.

HERRMANN, U. (2002): Wo lernen Lehrer ihren Beruf? Beltz: Weinheim – Basel.

HERZOG, W. (2011): Was dem Lehren und Lernen zugrunde liegt. Ein Mehrebenenmodell des Unterrichts. In: MESETH, W./PROSKE, M./RADTKE F.-O. (Hrsg.): Unterrichtstheorien in Forschung und Lehre. Klinkhardt: Bad Heilbrunn, 146–160.

HIDDING-KALDE, C. (2010): Das Programm „Reflexives Lernen" in Schulentwicklung und Lehrerfortbildung. Peter Lang: Frankfurt.

HOCHSCHULREKTORENKONFERENZ (2006): Empfehlungen zur Zukunft der Lehrerbildung in den Hochschulen. Bonn.

HÖHN, E./SEIDEL, G. (1976): Das Soziogramm. Die Erfassung von Gruppenstrukturen. 4. Aufl. Hogrefe: Göttingen.

HOMFELDT, H.-G. (1983): Student sein – Lehrer werden. Fink: München.

HORSTER, L./ROLFF, H. G. (2000): Unterrichtsentwicklung. Grundlagen, Praxis, Steuerungsprozesse. Beltz: Weinheim.

HUBER, L. (1993): Die Person des Lehrers. In: KUNERT, K. (Hrsg.): Schule im Kreuzfeuer, Schneider: Hohengehren, 44–57.

HUBERMAN, M. (1989): The Professional Life Cycle of Teachers. In: Teachers College Record. Volume 91. Number 1. Fall 1989, 32–57.

Hürter, E. U. O. (1997): Die Kunst der Konfrontation in der Supervision in: Supervision, H. 31, 104–112.

Kahlert, J. (2005): Zwischen Grundlagenforschung und Unterrichtspraxis. Erwartungen an die Didaktik (nicht nur des Sachunterrichts). In: Cech, D./Giest, H. (Hrsg.): Sachunterricht in Praxis und Forschung. Klinkhardt: Bad Heilbrunn, 37–56.

Kalde, C./Wittenbruch, W./Lennartz, A. (2003): Porträts der Grundschule Gievenbeck-Südwest. In: Wittenbruch, W./Lennartz, A. (Hrsg.): Zeit zu handeln: Grundschulentwicklung voranbringen! Dieck: Heinsberg, 36–65.

Kempfert, G./Ludwig, M. (2010): Kollegiale Unterrichtsbesuche. Besser und leichter unterrichten durch Kollegen-Feedback. 2. Aufl. Beltz: Weinheim – Basel.

Kiel, E. (2012) (Hrsg.): Unterricht sehen, analysieren, gestalten, 2. Aufl. Klinkhardt: Bad Heilbrunn.

Kiper, H. (2011): Von der Beschreibung einzelner Unterrichtsmerkmale zum Nachdenken über zielführende Prozesse. In: Meseth, W./Proske, M./Radtke F.-O. (Hrsg.): Unterrichtstheorien in Forschung und Lehre. Klinkhardt: Bad Heilbrunn, 116–129.

Klafki, W. (1985): Neue Studien zur Bildungstheorie und Didaktik. Zeitgemäße Allgemeinbildung und kritisch-konstruktive Didaktik. Beltz: Weinheim – Basel.

Klafki, W. (1994): Neue Studien zur Bildungstheorie und Didaktik. Zeitgemäße Allgemeinbildung und kritisch-konstruktive Didaktik. Beltz: Weinheim – Basel.

KMK (2005): Standards für die Lehrerbildung. In: Zeitschrift für Pädagogik H. 2, 280–290.

Koch, L. (2010): Kompetenz: Konstrukt zwischen Defizit und Anmaßung. In: Vierteljahresschrift für wissenschaftliche Pädagogik H. 3, 321–331.

Kolbe, F.-U./Combe, A. (2004): Lehrerbildung. In: Helsper, W./Böhme, J. (Hrsg.): Handbuch der Schulforschung. Verlag für Sozialwissenschaften: Wiesbaden, 853–877.

Kolbe, F.-U. (2004): Verhältnis von Wissen und Handeln. In: Blömeke, S./Reinhold, P./Tulodziecki, G./Wildt, J. (Hrsg.): Handbuch Lehrerbildung, Klinkhardt: Bad Heilbrunn, 206–232.

Krainer, K. (2003): Bereitschaft und Kompetenz zur Reflexion eigenen pädagogischen Denkens und Handelns. In: Erziehung und Unterricht. Österreichische pädagogische Zeitschrift H. 9–10, 970–977.

Kraus, G. (2002): terminal P. Formen und Möglichkeiten der Kompetenzerweiterung für pädagogische Berufstätige. Verlag des Pädagogischen Instituts des Bundes in der Steiermark: Graz.

Kretschmer, H./Stary, J. (1998): Schulpraktikum. Eine Orientierungshilfe zum Lernen und Lehren. Cornelsen Scriptor: Berlin.

Kron, F. W. (2004): Grundwissen Didaktik. 4. Aufl. Reinhardt: München – Basel.

Kurth, U. (Hrsg.) (2010): Identität – Spurensuche, Identity – Uncovering Traces, Medien-Verlag: Bielefeld.

Ladenthin, V. (1995): Wissenschafts- und erfahrungsanaloger Unterricht. In: Regenbrecht, A./Pöppel, K. G. (Hrsg.): Erfahrung und schulisches Lernen. Aschendorff: Münster, 15–29.

Lamnek, S. (2005): Qualitative Sozialforschung. 4. Aufl. Beltz: Weinheim – Basel.

LINDNER, M. (2011): Gute Frage! Lehrerfragen als pädagogische Schlüsselkompetenz. Tectum: Marburg.
LIPOWSKY, F. (2011): Theoretische Perspektiven und empirische Befunde zur Wirksamkeit von Lehrerfort- und -weiterbildung. In: TERHART, E./BENNEWITZ, H./ROTHLAND, M. (Hrsg.): Handbuch der Forschung zum Lehrerberuf. Waxmann: Münster, 398–417.
LITKE, H.-D. / KUNOW, I. (2002): Projektmanagement. 2. Aufl. Hanser: Freiburg.
LÖNZ, M. (1998): Problemlösen im „Haus des Lernens" – Über einige Aspekte der schulinternen Lehrerfortbildung. In: Pädagogische Rundschau H. 2, 213–231.
LÖNZ, M. (2002): Schulentwicklung, innere Schulreform, schulinterne Lehrerfortbildung. In: Pädagogisches Institut in Steiermark (Hrsg.): terminal P. Graz, 55–69.
MERKENS, H. (2001): Zum Verhältnis von pädagogischer Forschung und pädagogischer Praxis. In: HELLEKAMPS, ST./KOS, O./SLADEK, H. (Hrsg.): Bildung, Wissenschaft, Kritik. Beltz: Weinheim, 175–189.
MEYER, H. (2010): Qualitätsmerkmale guten Unterrichts in der Diskussion. In: FISCHER, C./ SCHILMÖLLER, R. (Hrsg.): Was ist guter Unterricht. Aschendorff: Münster, 6–38.
MEYER, M. A./PRENZEL, M./HELLEKAMPS, ST. (2008) (Hrsg.): Editorial: Perspektiven der Didaktik. In: Zeitschrift für Erziehungswissenschaft. Sonderheft 9, 7–10.
MÜßENER, G. (1986): J. F. Herbarts „Pädagogik der Mitte". Wiss. Buchgesellschaft: Darmstadt.
MUSOLFF, H.-U./HELLEKAMPS, ST. (2006): Geschichte des pädagogischen Denkens. Oldenbourg Verlag: München.
OELKERS, J. (2007): Befunde und Fragen zur Wirksamkeit von Lehrbildung. In: DASCHER, P./ DREWS, U. (Hrsg.): Kursbuch Referendariat. Beltz: Weinheim – Basel, 104–117.
OHLHAVER, F./WERNET, A. (1999) (Hrsg.): Schulforschung – Fallanalyse – Lehrerbildung. Leske + Budrich: Opladen.
OSER, F. (2001): Die Wirksamkeit in der Lehrer- und Lehrerinnenausbildung. In: KOWARSCH, A. (Hrsg.): Forschung und Qualitätssicherung an Pädagogischen Hochschulen. Studien-Verlag: Innsbruck, 140–171.
PLÖGER, W. (1999): Allgemeine Didaktik und Fachdidaktik. Wilhelm Fink Verlag: München.
PLÖGER, W. (2006a): Das Theorie-Praxis-Verhältnis. In: BEYER, K. ET AL. (Hrsg.): Schulpraktikum. Schneider: Baltmannsweiler, 167–176.
PLÖGER, W. (2006b): Was ist Kompetenz? – Eine theoretische Skizze. In: PLÖGER, W. (Hrsg.): Was müssen Lehrerinnen und Lehrer können? Schöningh: Paderborn, 17–58.
PLÖGER, W./SCHOLL, D. (2011): Unterrichts- und Lehrerexpertise. Perspektiven für ihre künftige Erforschung. In: Pädagogische Rundschau H. 6, 647–663.
PLÖGER, W./SCHOLL, D. (2012): Analysekompetenz von Lehrpersonen – Diagnose und Entwicklung. Köln. Universität Köln.
PRANGE, K. (1989): Zillers Schule. In: ZEDLER, P./KÖNIG, E. (Hrsg.): Rekonstruktionen pädagogischer Wissenschaftsgeschichte. Deutscher Studienverlag: Weinheim, 21–41.
PRANGE, K. (2012): Erziehung als Handwerk. Studien zur Zeigestruktur der Erziehung. Schöningh: Paderborn.

PRENGEL, A. (1997): Perspektivität anerkennen – Zur Bedeutung von Praxisforschung in Erziehung und Erziehungswissenschaft. In: FRIEBERTSHÄUSER, B./PRENGEL, A. (Hrsg.): Handbuch Qualitative Forschungsmethoden in der Erziehungswissenschaft. Juventa: Weinheim – München, 599–627.

PROSKE, M. (2011): Wozu Unterrichtstheorie? In: MESETH, W./PROSKE, M./RADTKE F.-O. (Hrsg.): Unterrichtstheorien in Forschung und Lehre. Klinkhardt: Bad Heilbrunn, 9–22.

RIEDL, A. (2004): Grundlagen der Didaktik. Stuttgart. Franz Steiner Verlag: Wiesbaden.

ROSEMANN, B./BIELSKI, S. (2001): Pädagogische Psychologie. Eine Einführung. Weinheim. Beltz.

SALZMANN, C. (1969): Impuls, Denkanstoß, Lehrerfrage. Neue Deutsche Schule Verlagsgesellschaft: Essen.

SCHILMÖLLER, R. (2003): Entwicklung und Sicherung einer Leistungskultur in der Grundschule. In: WITTENBRUCH, W./LENNARTZ, A. (Hrsg.): Zeit zu handeln: Grundschulentwicklung voranbringen! Dieck: Heinsberg, 116–135.

SCHILMÖLLER, R. (2006): Guter Unterricht – eine Technik? In: Vierteljahresschrift für wissenschaftliche Pädagogik H. 1, 70–88.

SCHILMÖLLER, R. (2010): Guter Unterricht – Gute Schule. Notwendige Kontexte gelingender Unterrichtspraxis. In: FISCHER, C./SCHILMÖLLER, R. (Hrsg.): Was ist guter Unterricht? Aschendorff: Münster 2010, 76–102.

SCHLEMBACH, C. (2012): Die Reform des kollektiven Gedächtnisses. In: Politische Studien. März/April 2012, Hanns-Seidel-Stiftung, 12–15.

SCHNEIDER, E.-K./WITTENBRUCH, W. (1982): Unterrichtsmodelle auf dem Prüfstand. In: Musik und Bildung, Heft 10 und 11/1982, 630–641; 716–726.

SCHÖN, D. (1983): The Reflective Practitioner. (Ohne Erscheinungsort).

SCHRATZ, M./SCHWARZ, J. F./WESTFALL-GREITER T. (2011): Auf dem Wege zu einer Theorie lernseits von Unterricht. In: MESETH, W./PROSKE, M./RADTKE F.-O. (Hrsg.): Unterrichtstheorien in Forschung und Lehre. Klinkhardt: Bad Heilbrunn, 103–115.

SCHWINDT, K. (2008): Lehrpersonen betrachten Unterricht. Kriterien für die kompetente Unterrichtswahrnehmung. Waxmann: Münster.

STÖGER, C./LION, B./NIERMANN, F. (2010): Professionalisierung im Lehrberuf. Ziele erreichen – Potentiale nutzen. Beltz: Weinheim – Basel.

STROBEL-EISELE, G. (2011): Die Funktion des Begriffs von Unterricht für die Lehrerbildung. In: MESETH, W./PROSKE, M./RADTKE F.-O. (Hrsg.): Unterrichtstheorien in Forschung und Lehre. Klinkhardt: Bad Heilbrunn, 68–84.

TERHART, E. (1991): Pädagogisches Wissen – Überlegungen zu seiner Vielfalt, Funktion und sprachlichen Form am Beispiel des Lehrerwissens. In: 27. Beiheft der Zeitschrift für Pädagogik, 129–141.

TERHART, E. (2000) (Hrsg.): Perspektiven der Lehrerbildung in Deutschland. Abschlussbericht der von der Kultusministerkonferenz eingesetzten Kommission, Beltz: Weinheim – Basel.

TERHART, E. (2009): Didaktik. Eine Einführung. Reclam: Stuttgart.

Venus, D. (1984): Unterweisung im Musikhören. Bosse: Regensburg.
Vorsmann, N. (1997): Auswertungsschwerpunkt: Zur Methodenstruktur des Unterrichtes im EPG-Projekt. In: Vorsmann, N./Wittenbruch, W.: Schulen auf Europakurs. Berichte – Schulporträts – Untersuchungen zum Europa-Profil von Gymnasien in freier Trägerschaft (EPG). Klinkhardt: Bad Heilbrunn, 198–228.
Vorsmann, N. (2009): Frontalunterricht – Formenkreis und Problematik. Hellekamps, St./Plöger, W./Wittenbruch, W. (Hrsg.): Schule. Handbuch der Erziehungswissenschaft 3. Schöningh: Paderborn.
Vorsmann, N./Wittenbruch, W. (1997): Schulen auf Europa-Kurs. Berichte – Schulporträts – Untersuchungen zum Europa-Profil von Gymnasien in freier Trägerschaft (EPG). Klinkhardt: Bad Heilbrunn.
Wahl, D. (2006): Lernumgebungen erfolgreich gestalten. Vom trägen Wissen zum kompetenten Handeln. Klinkhardt: Bad Heilbrunn.
Walberg, H. (1984): Improving the Productivity of America's Schools. In: Educational Leadership. 41 H. 8.
Weber, E. (1999): Pädagogik. Bd. 1, 8. Aufl. Auer Verlag: Donauwörth.
Wehnes, F.-J. (1982): Zur historischen Dimension der Alternativen Schulen. In: Behr, M./Jeske, W. (Hrsg.): Schulalternativen. Schwann Verlag: Düsseldorf, 10–36.
Weisbrod, F. (1982): Methoden der Hörerziehung und der Gehörbildung. In. Schmidt-Brunner, W. (Hg.): Methoden des Musikunterrichts. Schott: Mainz, 221–247.
Werning, R. (2011): Beobachten und Fördern. In: Rolff, H.-G./Rhinow, E./Röhrich, T. (Hrsg.): Unterrichtsentwicklung – Eine Kernaufgabe der Schule. 2. Aufl. Carl Link: Köln, 123–134.
Werres, W. (1992): Beobachtungs- und Auswertungsgesichtspunkt: Sozialformen des Unterrichts. In: Wittenbruch, W./Werres, W.: Innenansichten von Grundschulen. Deutscher Studien-Verlag: Weinheim.
Werres, W. (1996): Schüler in Schule und Unterricht. Berichte und Untersuchungsverfahren. Lang. Frankfurt/M. u. a.
Werres, W. (2001): Unterrichtsbeobachtung in Theorie und Praxis. Ein Beitrag zur „Mobilen Lernwerkstatt Münster". In: Brenk, M./Kurth, U. (Hrsg.): SCHULe erLEBEN. Festschrift für Wilhelm Wittenbruch. Peter Lang: Frankfurt/M. u. a.
Winkel, R. (2006): Der gestörte Unterricht. Schneider: Baltmannsweiler 2006.
Wisbert, R. (2006): Das Schulpraktikum und die Theorie-Praxis-Frage in der Lehrerbildung. In: Beyer, K. et al. (Hrsg.): Schulpraktikum. Schneider: Baltmannsweiler, 177–191.
Wittenbruch, W. (1985): Schulpraktikum. Kohlhammer: Stuttgart.
Wittenbruch, W. (1991): „Reflexives Lernen". In: Engagement H. 4, 379–396.
Wittenbruch, W. (1992): Erziehen in der Grundschule. 2. Aufl. Kamp: Bochum.
Wittenbruch, W./Werres, W. (1992): Innenansichten von Grundschulen. Berichte – Portraits – Untersuchungen zu katholischen Grundschulen. 2. Aufl. Deutscher Studien-Verlag: Weinheim.

WITTENBRUCH, W. (2000): Mobile Lernwerkstatt Münster. „Reflexives Lernen"; ein Konzept für „kollegiumsinterne Lehrerfortbildung". In: ISENBERG, W. (Hrsg.): Kompetenz für die Praxis? Innovative Modelle der Religionslehreraus- und -fortbildung (Bensberger Protokolle 101). [o. V.] Bensberg, 75–93.

WITTENBRUCH, W./BRENK, M./DREES, A. (2000): „Fördern" und „Auslesen". Texte und Dokumente aus acht Jahrzehnten zur Konfliktstruktur der Grundschule. Dieck: Heinsberg.

WITTENBRUCH, W. (2002): Programm „Reflexives Lernen" und Simulation einer „Mobilen Lernwerkstatt". In: KRAUS, G.: terminal p. Formen und Möglichkeiten der Kompetenzerweiterung für pädagogische Berufstätige. Verlag des Pädagogischen Instituts des Bundes in der Steiermark: Graz, 98–118.

WITTENBRUCH, W. (2003): Kompetenzen für die Praxis! Schulpädagogische Anmerkungen zum Programm „Reflexives Lernen". In: Erziehung und Unterricht. Österreichische pädagogische Zeitschrift H. 9-10, 958–969.

WITTENBRUCH, W. (2004): Grundschulpädagogik – Eine Verständigungsbrücke zwischen Schulforschung und Schulpraxis? In: Pädagogische Rundschau 58, 691–709.

WITTENBRUCH, W. (2006): Europa als schulisches Lernfeld. Schulpädagogische Notizen und Anmerkungen. In: Pädagogische Rundschau 60 H. 4, 359–374.

WITTENBRUCH, W. (2007): Stichwort: Reflexives Lernen. In: Engagement H. 1, 31–43.

WITTENBRUCH, W./LENNARTZ, A. (Hrsg.) (2003): Zeit zu handeln: Grundschulentwicklung voranbringen! Dieck: Heinsberg.

WITTENBRUCH, W./BRENK, M. (2010): Instrumentarium „Zeitleiste". In: BRENK, M./SALOMON, A. (Hrsg.): Schulporträtforschung und Schulentwicklung. Peter Lang: Frankfurt/M. u. a., 180–181.

WITTENBRUCH, W. (2011): Theorien des Unterrichts. In: HELLEKAMPS, ST./PLÖGER, W./WITTENBRUCH, W. (Hrsg.): Schule. Handbuch der Erziehungswissenschaft 3. Schöningh: Paderborn, 231–249.

WULF, C./GÖHLICH, M./ZIRFAS, J. (2001) (Hrsg.): Grundlagen des Performativen. Eine Einführung in die Zusammenhänge von Sprache, Macht und Handeln. Juventa: München – Weinheim.